총지배인이 말하는
호텔리어로 산다는 것

총지배인이 말하는 호텔리어로 산다는 것

발행   2022년 05월 09일
저자   운담(芸談) 유영준
펴낸이   한건희
펴낸곳   주식회사 부크크
출판사등록 2014. 07. 15(제2014-16호)
주소   서울특별시 금천구 가산디지털1로 119 A동 305호
전화   1670-8316
E-mail   info@bookk.co.kr
ISBN   979-11-372-8230-8

www.bookk.co.kr

총지배인이 말하는
호텔리어로 산다는 것

유영준 지음

BOOKK✏

차 례

Chapter 3
호텔&리조트의 직장생활 속으로

Chapter 4
호텔&리조트에서 생활하며 필요한 것들

Chapter 5
호텔&리조트 취업을 준비하는 후배들에게

Chapter 6
호텔&리조트에서 호텔리어로 성장한다는 것

Prologue

인생에 정답은 없다. 그러나 우리의 인생과 삶은 그 정답을 만들어 가는 과정이다.

코로나19로 우리는 많은 도전과 변화에 직면해 있다. 특히 대면 업종인 관광산업의 뿌리가 흔들리고 있다. 한편으론 마음이 아프다. 현장에 남아 있는 호텔리어들과 잠시 휴식을 취하고 있는 모두에게 힘겨운 시기임에는 틀림이 없다. 그럼에도 불구하고 호텔리어들의 동분서주가 빛을 바라고 있다. 인력은 예전만큼은 아니지만 지속 채용하고 있고, 꾸준한 성과를 이루고 있다.

모두들 힘겨워하는 이 시기에 현직과 예비 호텔리어를 향해 용기와 희망을 주는 일이 무엇보다도 필요하겠다 싶었다. 더불어 호텔리어의 포장된 멋진 외면 보다 내면도 보여줄 필요성을 느꼈다. 특히 진로 선택과 직업인으로서 호텔리어를 꿈꾸는 분들께 좀 더 도움이 되는 이야기를 들려주고 싶었다. 무엇보다도 호텔리어도 직장인으로서 꾸준한 자기성찰과 성장이 필요하다. 지금의 어려움과 고통을 딛고 꿈꾸며 한 단계 더 성장하길 바란다.

호텔리어들이여!

꿈을 꾸고 비상하라!

2022년 5월

저자 유 영 준

Chapter 1

호텔&리조트의
호텔리어로 일한다는 것

호텔과 리조트 업계에서 30년간 일을 하며
겪었던 일화와 좌절, 자괴감 등을
이겨내는 과정과 호텔리어의 마음자세에 관한 제안

안되는 게 어디 있어
오기가 발동되다

호텔 판촉·세일즈팀으로 일하면서 언제부터인가 '하면 된다.'에서 '안되는 게 어디 있어.'라는 오기가 발동되었다. 살아남기 위한 나만의 몸부림이었고 또한 내가 할 수 있는 최선이라고 생각을 했다. "이봐, 해보기나 했어?"라는 정주영 회장님의 어록을 항상 떠올렸다. 도전하고 성실히 노력하는 일과 남들 보다 한 발자국 더 뛰는 것 이외에 내가 할 수 있는 일이 아무것도 없었다. 그런 마음과 주어진 일에 최선을 다하는 노력들 하나하나가 모여 작은 성취로 이어지고 커다란 성과로 다가왔다.

호텔 세일즈는 실물을 보여주지 못하는 상태에서 고객을 유치하는 일이다. 다른 세일즈에 비해 눈에 보여주는 상품이 아니라서 아무에게나 판매할 수 있는 상품이 아니다. 반대로 누구나 이용이 가능해서 아무에게나 판매가 가능한 특이한 상품이다. 이렇게 애매하지만 특별한 상품이란 뜻이다. 다행히도 내게는 오랜 현장 경험이 유일한 강점이었다. 세일즈팀 발령 이후 초기에 막막함을 자신감으로 바꾸는데 엄청난 용기와 노력이 필요했다. 적극적이고 긍정적 마인드는 나중의 일이었다. 하루가 지나고, 일주일이 되었지만 길 잃은 것 같아 앞이 캄캄할 뿐이었다. 나는 나의 강점을 찾아야 했고 나의 위치를 찾아야 한다고 생각했다. 그러나 누군가 쥐여 주는 것이 아니기에 스스로가 그것을 찾아야만 했다. 내가 내린 결론은 '내 눈에 보이는 것부터 차근차근 시작해서 나를 알리자'였다. 명함을 가방과 차량에 한 통씩 준비했다. 언제 어디서든 나를 알리기 위한 방법이었다.

우선 기존에 호텔을 이용한 기업 고객 명단과 연락처를 확보했다. 그리고 확보한 명단과 연락처를 위주로 찾아다녔고 명함을 교환하기 시작했다. 주기적으로 지속 방문을 하다 보니 앞면이 트이고 기관에선 간혹 외부 손님이 오시는 경우 내게 전화하여 객실 예약을 부탁했다. 전화가 오면 즉시 받았다. 업무 중이면 곧 전화를 드린다는 문자를 드렸다. 주머니에서 메모지와 볼펜을 꺼내 누가 연락이 왔는지 메모를 하였다. '소도 비빌 언덕이 있어야 비빈다.'라고 하였다. 중요한 것은 아무 연고도 없는 지역과 처음 경험하는 세일즈에서 누군가 부탁을 해 온다면 얼마나 감사한 일인가? 부탁하는 그분을 통해 나의 업무 반경을 넓혀 나갔다. 예약 후, 예약 문자를 발송하고, 한 번 더 개인 문자로 확인 문자를 발송하였다. 호텔이라고 하면 왠지 아주 고급스럽고 품격이 있어 보인다는 기본 생각이 있다. 그래서인지 특히 예약 변경과 취소를 할 때는 많이 어려워했다. 그분들의 어렵고 부담스러운 일들을 해결해 드렸다. 그랬더니 그분들은 나에게 믿음과 신뢰로 대해 주셨다.

　내가 찾아다니는 주요 고객이 기업과 기관단체의 대표이사, 지부장, 병원장, 사무국장, 총무팀장, 사업지원팀장 등이었다. 그러나 처음부터 그분들을 뵙기란 쉽지 않았다. 다른 방법을 찾아야 했다. 이때 도움을 주신 분들이 전화로 호텔 예약을 부탁하신 고객분들이었다. 그분들께 부탁드렸다. 그간의 일에 감사하다며 흔쾌히 도움을 주셨고 지역사회에서 전화 한 통화로 형님, 동생 하며 소개를 해주셨다. 더불어 누가 찾아갈 거라 전화를 넣어 주셨다. 그때부터는 입구에서 어깨 딱 펴고 당당하게 들어섰다. '어디서 온 누군데, 대표님 찾아왔다.'고 하면 아주 정중하게 맞아주었다. 물론 만나는 대표님들 모두 호의적인 것은 말할 것도 없었다. 그렇게 관계가 쌓이고 고객사의 직원들은 외부 VIP 고객을 모시고 중식과 석식 뷔페 등을 호텔에서 편안히 이용하였다. 그러면서 기업과 기관의 기념행사도 호텔로 유치가 자연스럽게 이어졌다. 그리고 다른 회사와 기관도 연결되었다. 이를 통해 호텔과 회사의 업무협약도 이어졌고 그 회사의 어카운트는 나의 실적으로 이어졌다. 좌충우돌 몸으로 부딪치고 시장을 개척하다 보니 뿌옇던 시야가 조금씩 밝아 오는 듯했다. 이렇게 업무 영역을 넓히고 소문이 나자 그 영역이 타 도시로 연결이 됐다. 외지 출장을 다니기 시작했다. 통상 외지 출장 시 회사에서 교통비와 식비 정도는 제공이 되기도 하고, 월 일정

금액까지만 제공하기도 한다. 하지만 그때 당시 내겐 급여 외에 제공되는 것이 없다 보니 자비에 의존해야 했다. 대책은 직장인 마이너스 통장을 활용할 수밖에 없었다. 상황이 이렇다 보니 적은 비용으로 최대의 효과를 낼 수밖에 없었다. 그러다 막다른 골목에 내몰린 처지가 되어 버렸지만 후회는 없었다.

'오라는 데는 없어도 갈 곳은 많다.' 이렇게 종횡무진 움직이다 보니 나중에는 시간이 부족했다. 그 시간 부족을 해소해야 했다. 낮에는 만날 수 있는 최대한의 사람들을 만났다. 중요한 것은 실속 있게 자신을 소개하고 무엇 때문에 방문했는지 표현하고 명함을 주고받는 일이었다. 그렇게 거점을 만들고 주변에 갈 때 그곳을 반드시 들렀다. 이렇게 낮에는 사람을 열심히 만났고, 저녁 퇴근시간에 맞추어 들어와 명함을 정리하고 휴대폰에 저장을 하였다. 아울러 수첩 속에 적힌 행사 견적 또는 호텔 소개서를 메일로 발송하고 다시 한번 더 문자로 메일 발송을 했다는 안내 문자를 발송했다. 간혹 걸려오는 전화에 "네, 지부장님 안녕하세요." 하고 전화를 받는다. 받는 고객 입장에서는 깜짝 놀란다. '나를 기억해 주고 알아봐 주네'하고 대화가 시작되면 그분은 영원한 나의 고객이 된다. 더불어 나는 이렇게 사람을 만나고 대화할 때가 제일 행복했다. 나를 찾아주고 부탁을 받을 수 있다는 사실이 기뻤다. 조직을 위해 일할 수 있었고 조직에 쓰임이 있는 사람, 조직에 필요한 일원이 된 느낌이었다. 그래서 그 순간이 즐겁고 행복했고 좋았다. 정말 감사할 일이었다.

한 번은 늦은 저녁, 메일로 답변을 보내고 하루를 정리하는데 누군가 사무실 문을 여는 것이다. 관리 부장이 쓰윽 훑어보고 나간 것이다. 나중에 안 일이지만 통상 퇴근시간이 저녁 6시다 보니 직원식당 이용에 지친 직원들이 외부 식당에서 식사하고 술 한잔하는 것이 일상이었다. 직원들 대부분이 타지 생활이었고 유일한 낙은 직원들과 퇴근 후 소주 한 잔에 외로움과 하루에 피로를 위로 삼았다. 그런 형태의 일상 중에 다들 퇴근한 2층에 자리 잡은 사무실에서 저녁 늦게까지 불이 켜진 단 한 곳이 관리 부장 입장에선 이상했던 것이다. 그 일을 알고부터는 가능하면 최대한 일찍 마무리하려고 노력했지만 시간이 지날수록 퇴근은 늦을 수밖에 없었다. 한곳에 빠지면 끝장을 보는 성격 탓에 고객이 늘어나는 만큼 업무와 실적은 점점 늘어났다. 언젠가 찾아온 관리 부장으로부터 면담을 통해 일부 출장비 지원을 받기 시작했다. 음으로 양으로 많은 도움을 받았다. 그러나 개인적인 비용도 늘어나다 보니 아쉽게도 이직을 선택할 수밖에 없었다. 나는 세일즈팀 근무를 통해 열정과 시장 개척, 도전, 성과를 맛보게 되는 계기였다. 다만, 첫 세일즈 파트의 수업비용이 과다한 것이 아쉬움으로 남는다. 나중에 이런 열정과 도전의 경험이 내게 새로운 기회를 가져다주었다.

세일즈팀에서 일하는 동안 내겐 기본 원칙이 있었다. 신규 방문지를 7할 방문하면 기존 안면이 있는 곳 3할을 반드시 방문했다. 기존 방문했던 업체는 고객관리 차원도 있지만 나에겐 말 못 할 스트레스와 고민을 해소하는 일 중에 하나였다. 어떻게 하다 보면 사전 전화 약속을 하고 기관과 업체를 방문하는 것이 기본이다. 그

안되는 게 어디 있어 13

러나 때때로 현장에서 호텔 행사 유치를 위해 신규업체를 발견하면 연락 없이 방문을 하는 경우도 종종 발생한다. 최근 들어 점점 보안이 강화되다 보니 입구를 통과하는 것이 쉽지 않고 경비에게 발견되면 난감한 일이 벌어진다. 설령 통과를 해도 잡상인 취급받기가 십상이다. 의자에 앉아 대화를 나누는 것은 꿈도 꾸지 못한다. 그러다 보니 어떤 때는 자괴감이 들었다. 그리고 자신감도 뚝 떨어졌다. 사람을 만나는 것이 두려워지기도 한다. 이럴 때 기존 업체를 가면 반갑게 만나주고 커피도 한 잔 마실 수 있다. 또한 주변에 업체나 기관을 소개받기도 한다. 환영받지 못하는 직업이 아니라 환영받는 직업으로 거듭나기 위해 다시 용기와 기력을 회복하기 위해 7 대 3의 법칙을 고수했다.

때때로 '나는 할 수 있다.'에서 '하면 된다.'로 '안되는 게 어디 있어.'라고 중얼거린다. 나만의 암시법이고 각인법이다. 그 순간 살아남으려 발버둥 쳤고 최선을 다하려 노력했다. 내가 할 수 있는 일은 그것이 전부였다. 이렇게 나는 한 단계씩 성장하고 또 다른 기회를 만들어갔다.

기회는 노크하지 않는다. 그것은 당신이 문을 밀어 넘어뜨릴 때 모습을 드러낸다.

- 카일 챈틀러 -

선한 영향력으로 통하다

감사의 마음으로

선한 영향력이란 한 사람의 생각이나 행동이 긍정적인 방향으로 다른 사람에게 영향을 주는 것을 말한다. 또한 요즘은 팬덤 문화로도 발전하고 있다. 팬덤 문화는 특정한 인물이나 분야에 열정적으로 좋아하는 사람들 또는 그런 현상을 지칭하는 것을 말한다. 이 모든 것이 하나의 문화로 자리 잡고 있는 긍정적인 현상이다. 특히 호텔에서의 선한 영향력에 대한 언론 보도나 소식을 접할 때면 부럽고 한편으론 호텔리어로써 뿌듯함을 느끼곤 한다.

요즘 대세는 방탄소년단(BTS)임은 부정할 수 없는 사실이다. 이 BTS가 공식 트위터를 통해 "인종차별에 반대합니다. 우리는 폭력에 반대합니다. 나, 당신, 우리 모두는 존중받을 권리가 있습니다.

함께 하겠습니다"라는 인종차별과 폭력 반대 캠페인에 소신참여를 통해 선한 영향력을 행사했다. 이렇게 어떤 형태로든 사람들에게 위로와 힘이 된다는 것이 선한 영향력을 행사하는 일이다. 선한 영향력에 대해 어렵게 생각할 필요가 없다. 우리가 할 수 있는 작은 선한 행동들이 모여 영향력을 행사하기도 한다.

한 번은 9시 뉴스에서 방영된 '결식아동 급식카드 사절'이라는 문구와 함께 홍대의 파스타 레스토랑을 본 일이 있다. 자극적인 문구여서 다시 보게 되었다. 이 집은 결식아동들과 소방관에게 무료로 식사를 제공하는 레스토랑으로 유명했다. 급식카드를 거부하는 것이 아니라 오히려 무료 제공하는 것이다. 레스토랑 주인은 아동들이 하루에 급식비용 5천 원으로 먹을 수 있는 음식이 거의 없음을 알기에 시작한 일이다. 대부분의 결식아동들은 편의점의 삼각김밥과 빵, 우유 등으로 식사를 간단히 하는 것이 안타까워 시작한 일이라고 한다. 이런 식당 주인의 선한 영향력은 입에서 입으로 전해졌다. 전국에서 착한 식당 주인을 혼내주기 위해 상경투쟁을 한다고. 이런 좋은 취지의 일을 알게 된 사람들은 이 레스토랑을 응원하고자 응징하겠다고 나섰다고 한다. 이용후기를 보니 저렴하고 맛 또한 좋았다는 평이다. 역설적인 문구에 마음이 훈훈해 진다.

특급호텔에서 근무할 때의 일이다. 저녁 체크인 시간에 많이 본 젊은 고객이 체크인을 하였다. 유명 스타 텔런트(?)다. 그는 텔런트로 가수로 영화배우로 종횡무진 국내는 물론 일본에서도 유명세를 알리고 있었다. 사실 출근하자마자 로비가 젊은 여학생들로 북적였다. 커다란 곰 인형에 꽃다발, 그리고 초롱초롱한 눈망울들. 덩달아 함께 일하던 여직원들은 어쩔 줄 몰라 한다. 호텔 프런트 데스크에 근무하게 되면 많은 유명 인사들과 가수, 영화배우, 스포츠 선수, 탤런트들을 맞게 된다. 사실 나는 참고로 이런 것에 둔감한 편이다. 많이 자주 보는 것도 있지만 그분들도 휴식을 취하기 위해 호텔에 오는 것인데 우르르 몰려가며 사진을 찍고 사인을 받고 한다는 것이 불편하게 하는 것 같다는 생각 때문이다. 그러나 내가 지켜본 유명 연예인과 스포츠 스타들은 귀찮을 법도 할 텐데 가던 길을 멈추고 정성을 다해 인증 사진과 사인도 해 주었다. 사인을 받고 너무 행복해 하는 프런트 여직원들, 어느 틈엔가 주방 직원들도 나타나 사진을 찍고 있다. 그는 그날 적십자 자원봉사자들을 위한 행사를 참석하기 위해 호텔에 투숙했다. 그의 친절하고 배려하는 봉사의 모습을 바라보면 번거로울 수도 있을 텐데 '그래서 그분들이 스타구나'하는 아우라를 한 번 더 확인하게 된다. 그날 저녁 언론에는 그의 남모르게 실천한 기부와 선행들이 상세하게 보도되었다. 그의 행사 참석은 자원봉사자들의 위로가 되었고 그의 남모를 선행이 새롭게 알려지며 행사를 더욱 빛나게 했다. 아울러 요즘은 연예인들의 펜들도 이전처럼 가는 곳마다 따라다니거나 하지 않는다. 그들의 팬심은 팬클럽 등의 모임을 통해 기부와 봉사로 이어지고 있으니 한 사람의 선한 영향력은 계속 진화함을 느낀다.

식음료 매니저 시절의 일이다. 8명의 소규모 행사를 치를 때 일이다. 호텔 사장님의 초청행사로 자주 모시는 분들이었다. 식사를 하며 술을 곁들인 행사였다. 초청 인사 중 외국에서 의료봉사와 사업을 함께 하시는 한 분의 귀국을 축하하고 위로하는 자리였다. 한참을 환담이 오가는데 초청받은 그분께 호텔 사장님이 귀중한 말씀을 청하자 인상 깊은 말씀을 남겼다. '사업가가 된 이유는 내 삶의 주인이 되자. 봉사로 이 사회에 선한 영향력을 미치는 사람이 되자'라는 말씀이었다. 그는 일을 통해 돈도 벌지만 한편으론 봉사를 통해 사회의 일원으로 도움이 필요한 사람에게 진정한 봉사를 위한 마음가짐이 더 중요하다고 했다. 돈과 권력, 명성은 그 과정에서 필연적으로 따라온다고 말씀도 덧붙였다. 그분은 삶의 가치 중에 최고는 선한 영향력이다. 내가 살아온 과정과 흔적이 누군가에게 선한 영향력을 미쳐서 그 사람이 세상에 또 다른 가치를 전할 수 있다면 얼마나 행복한 일인가 말씀하셨다. 저마다 동행하신 분들 모두 길고 여운이 있는 박수가 이어졌다. 호텔리어는 간혹 이런 자리를 통해 삶에 귀동냥도 하게 된다. 그날의 행운은 내 삶에도 긴 여운을 남겼다.

호텔리어들이 얼마나 선한 영향력을 행사하는가. 어쩌면 자신들도 모르고 있다. 그러나 내가 지켜본 많은 호텔리어들은 선한 영향력을 무궁무진하게 지니고 있고 실천하는 사람들이라고 생각한다. 그 사실을 알려고 하며 외부에 나가 다른 사람들과 함께 생활해 보면 바로 알 수 있다. 이미 친절과 매너, 배려하는 마음이 몸에 배어있기 때문에 나는 종종 어디서 오셨냐는 질문을 받는다. 그럼 그들은 '아하, 역시 호텔리어,'하고 바로 끄떡인다.

　선한 영향력을 너무 어렵게 생각할 필요가 없다. 우리가 할 수 있는 커다란 기부나 사회봉사활동도 있다. 그러나 만나는 사람에게 상냥하고 친절하게 대해주는 것, 힘든 사람의 등을 토닥여주는 작은 손길, 택배원이나 배달원에게 수고했다고 건네는 말 한마디도 선한 영향력을 실천하는 일이다. 이처럼 상대방을 배려하는 마음과 감사하는 마음을 표현하는 일체의 행동들이 선한 영향력을 실천하는 일이다.

　집을 나서며 냉장고에서 시원한 식혜 음료를 하나 꺼냈다. 아파트를 나서며 경비원 아저씨에게 전해주기로 한다. 우리의 작은 선한 영향력이 전해지고 또다시 전파되고 전염되기를 간절히 기원한다.

　서로를 밝혀주는 빛이 되는 것, 그래서 서로가 그 빛에 의해 드러나는 것, 그것이 바로 사람 사이란 것입니다.

- '나는 별이다.' 중에서 -

괜찮아, 잘 될 거야

나에게 관대해지기

    사람이 살다 보면 뜻하지 않는 어려움에 처하게 된다. 길을 걷다 돌부리에 걸려 넘어지고 한다. 뼈아픈 실수를 했을 경우 당황스럽고 나 자신을 용서하기가 쉽지 않다. 그리고 그것을 해결해 가는 과정에서의 고통도 만만치 않다. 나 또한 그런 경험들을 겪었다. 자신의 결정으로 인한 자책과 아픔의 순간들. 쥐구멍이 있으면 들어가 영원히 나오고 싶지 않은 그런 순간들을 어찌 보면 지금까지 잘 견뎌 왔다고 생각한다. 그러나 그럴수록 더욱더 우리는 자신에게 관대해져야 한다. 누구나 실수를 하고 살며 오히려 그 일을 통해 우리는 조금씩 성장하고 있는 지모를 일이다.

    아침에 출근할 때 즐겁게 출근했지만 퇴근할 때는 정말 지옥이 따로 없는 경우가 우리에게는 발생한다. 지금 이 글을 쓰고 있는 나 자신도 그때의 일을 생각하면 얼굴이 후끈거린다. 왜, 그때는 그런 결정을 했을까, 왜 다른 것은 보이지 않았을까. 아무리 생각해도 도저히 이해할 수 없는 무엇인가에 홀린 기분이다. 혹은 주변 조언을 무시했거나 들리지 않을 때도 있다. 그때는 그랬다. 멀쩡히 순항 중이던 일이 암초에 부딪친 것 같은 충격으로 나를 강타한다. 정신이 혼미해진다.

서울 근무할 때의 일이다. 팀원들의 만류에도 한사코 그 일을 강행했다. 그때는 반드시 해낼 수 있을 것이라고 생각했다. 방향을 바꾸어야 했고 새롭게 도전해야 하는 시기였다. 그러나 팀원의 반대가 있었다. 대안이 없는 반대였다. 그러나 손을 놓고 있을 수는 없는 일이었다. 끝없는 시도와 노력 끝에 많은 성과를 일구어 냈기에 자신감이 너무 넘친 탓도 있었다. 그렇게 그 일은 진행되었고 2주 후 내게 모든 일을 책임져야 하는 극한의 스트레스로 다가왔다. 거래처와 내부에서 엄청난 압박이 밀려왔다. 심지어 반대했던 직원에게서도 딱히 대안이 없는 상황이었다. 괴로웠다. 많이 아팠다. 아무리 자책을 해 보아도 방법이 보이지 않았다. 그냥 외면하고 그 일로부터 도망치고 싶은 생각도 들었다. 신중하고 사려 깊었더라면 하는 아쉬움이 남았다. 답답한 마음을 안고 걷기 시작했다. 뾰족한 대안이 떠오르지 않았다. 그렇게 돌아와 종이에 내가 할 수 있는 일들을 적어보았다. 지금 당장 할 수 있는 일들과 순서를 정했다. 먼저 할 수 있는 일부터 수습을 하기로 했다. 사람이 궁하면

통하는 모양이다. 그럼에도 불구하고 한 곳의 거래처는 완강했다. 직접 찾아가 보았으나 소용이 없었다. 하루 종일 고민에 고민이 더해졌다. 정말 머릿속이 백지가 되는 경험을 했다. 휴대전화를 들어 관련사를 검색했더니 그곳 회사 임원의 연락처가 떴다. 천우신조였다. 부랴부랴 전화를 넣어 사정 이야기를 했다. 지금은 퇴직을 했지만 같은 부서에 근무하던 직원이란다. 그분은 직원의 특성과 업무를 훤히 알고 있었다. 도움을 주기로 했다. 다음날 담당자를 만나 없던 일로 하겠다는 약속을 얻어냈다. 돌아오는 길, 다리에 모든 힘이 쭉 빠졌다. 정말 끝날 것 같지 않았던 일이 그렇게 해결이 되었다.

그 당시 나는 스스로에게 되뇌었다. '괜찮아, 잘 될 거야'하고 계속 주문처럼 중얼중얼 거렸다. 세상일이 죽으란 법은 없다. 궁하면 구해지는 법이다. 내겐 지혜와 용기가 필요한 시기였다.

한 번은 대형 체육행사를 유치하였다. 통상적인 행사 견적서에 따라 잘 진행되었다. 그러나 실제로 행사가 진행이 되고 나자 생각지도 못했던 문제들이 발생한 것이다. 많은 사람들이 숙박을 했지만 경기 결과에 따라 되돌아가는 사람들이 발생을 했고 식사 인원도 들쑥날쑥 한 것이다. 그런데 문제는 경기 종류가 너무 많은데다 경기 결과를 알고 대응하는 데 한계가 있다는 것이다. 경기장에 나간 담당자는 연락이 수월치 않았다. 식사 준비를 하는 레스토랑에서는 이미 많은 식자재를 구입한 상태였다. 물론 쌀 같은 것은 추후에 사용이 가능하지만 야채들은 보관에 한계가 있다 보니 반품도 쉽지 않고 해결책이 딱히 보이지 않았다. 답답하고 딱히 해결책을 보이지 않았다. 이때 관련 부서 직원들과 회의를 통해 현재 있는 상황을 먼저 사실대로 공유했다. 더 큰 문제가 발생하기 전에 일을 수습해야만 했다. 반품을 할 것과 사용해야 할 것, 장기 보관해야 할 것들을 분류하였다. 혼자서만 문제점을 안고 있으면 문제를 더욱 더 눈덩이처럼 커져만 갈 수 있기 때문에 이때는 있는 그대로를 오픈해서 해결책을 찾는 일이 제일 우선이다. 물론 이후에 모든 일이 깔끔하게 정리되지는 않았지만 함께 한 많은 직원들의 도움과 노력으로 회사의 피해를 최소화시킬 수 있었다. 다행스러운 일이었다.

이렇게 뜻하지 않게 전혀 생각하지도 못했던 곳에서 일이 터질 수 있다. 이때도 '괜찮아, 잘 될 거야'하고 계속 주문처럼 중얼중얼거렸다. 이렇게 함으로써 나 자신에게 주문을 걸었고 그 일이 해결되도록 이끈 것 같다. 아울러 혼자가 아니 많은 사람들의 도움을 청해야 한다. 혼자서는 한계가 있지만 주변 사람들의 도움을 받으면 도저히 해결될 것 같지 않던 일도 종종 쉽게 해결되기도 한다. 지금도 이때만 생각하면 아찔하다.

아울러 이런 일들은 계속 발생할 것이다. 발생할 때 마다 좌절하고 포기한다면 되겠는가. 어려움들이 닥쳤을 때 되새겨 보자. '괜찮아, 잘 될 거야. 괜찮아, 잘 될 거야.'하고

할 수 있다, 잘 될 것이다! 라고 결심하라. 그러고 나서 방법을 찾
아라!

- 에이브러햄 링컨 -

노동조합 부위원장이 되다

"제가 할게요."

창밖에는 5월의 봄비가 내리고 있다. 호텔 생활 초기 20대 때 내가 근무하던 호텔에 노동조합이 결성되었다. 그곳에서 나는 노동조합 총무부장을 거쳐 부위원장이 되었다. 거창한 완장이 아닌 실질적인 노동조합의 업무를 보는 실무자였다. 이후 나와 함께 하던 호텔 노동조합 위원장은 한국노총 충북지역본부 충주지부 의장을 겸직하였고 2005년 충주레미콘 투쟁 현장에서 사고로 유명을 달리하였다. 그의 나이 39세였다. 그가 바로 김태환 노동열사다.

우리 살면서 거대한 무언가에 이끌려 자의든 타의든 어떤 일을 하게 된다. 노동조합이 내게 그런 케이스였다. 대학시절 운동권 학생도 아니고, 농활을 다녀온 것도 없었다. 그러나 내 이면에는 정의롭고 열정적인 뜨거운 무엇인가 있었던 것 같다. 사실 나는 노동조합 발기인이 아니며, 노조가 설립된 이후 두 달 후에 참여하게 되었다. 그 당시 노조위원장과의 만남에 상당히 서운한 점이 있었다. 그 이유는 노조 설립 당시 발기인들이 100명의 직원들 중 우호적인 직원들로 구성되었는데 포섭 대상에서 제외된 사람 중에 내가 포함이 되어 있었다. 과거에는 다양한 인맥을 통한 인력을 채용하던 시기였었다. 그중에 나는 대학교수님과 호텔 지배인과의 인맥을 통해 입사를 하였기 때문에 한마디로 블랙리스트였던 것이다. 하지만 노조 가입 후 단 한주 만에 호텔 사측의 블랙리스트에 1호로 지목되었다. 노조를 먼저 찾아간 나를 노조위원장은 찾아온 이유를 물었다. 나는 대답했다. "노동조합이 하려는 일이 정의롭기 때문입니다." 그는 두말도 없이 내게 노조 총무부장을 제안했다. 나는 그렇게 수용했다. 다음 날 나를 찾은 그는 노란 보자기에 싸인 A4 서류뭉치를 하나 건네주며 당장 이것을 정리해달라고 주문하였다. 더불어 노조 창립 간부들 끼리 상의를 했다고 한다. 사 측의 첩자? 아니냐며 공방이 있었던 모양이다. 노조위원장은 국내여행안내원 경력의 소유자였다. 소위 말하는 여행업계 가이드 생활을 했다고 한다. 그런데 모기업의 간부 소개로 호텔을 취업하였다. 그런데 갑자기 호텔에 노동조합이 설립되었으니 계열사 모기업에 뜨거운 감자로 등극을 한 셈이다. 그 압박과 중압감이란 이루 헤아릴 수 없을 터이다. 많은 사람들의 회유와 설득이 이어졌다.

그러나 그의 특유에 기질이 빛을 바랐다. 동백꽃으로 유명한 여

수 오동도 여행 가이드가 마이크를 잡고 고객의 흥을 돋우기 위해 목청 높여 노래하고 멋지게 안내하는 모습이 그려지는가. 그는 적극적이고 열정적이며 외골수적인 돌파 정신이 발동을 한 것이다. 한마디로 소위 '똘끼(또라이 기질)'가 생긴 것이다. 내게 보기엔 참으로 특이한 성격의 소유자였다. 한번 정한 원칙은 말뚝과 같아서 단단하기가 돌덩이 같아 보였다. 나는 삼일 만에 노동조합 창립 관련 서류를 정리했고 책자로 5권을 만들어 그에게 전달했다. 아울러 향후 진행 방향과 조직의 당면 과제를 정리한 한 장짜리 리포트를 전달했다. 책자에는 노동부에 들어간 노조 발기인 창립총회 회의록과 노동조합 설립증서 등 그가 전해준 잡동사니를 목차와 일자별로 분류하고 중요한 서류를 복사해 묶은 것들이다. 노란 보자기에 싸인 커다란 서류뭉치가 간단한 책자로 정리된 것이다. 이후에 호텔에서 벌어진 일들은 끔찍한 일들뿐이었다. 노조 간부 4명, 주요 조합원 5명, 실습생 7명 전부를 해고 처리했다. 이어서 특급호텔에 위탁경영 조치가 이어졌고 새로운 총지배인이 갑자기 나타났다. 그리고 내부 직원들, 특히 조합원들의 부서 이동 관련 인사 조치, 아울러 나를 포함한 노조 간부와 노조원 4명을 서울 특급호텔로 파견 발령을 낸 것이다. 일련의 일들이 두 달 만에 전격 발표 시행되었다. 정신을 차릴 수 없었다. 개인적으로는 서울 특급호텔을 근무하다 지방호텔로 내려왔는데 본의 아니게 서울 생활을 다시 하게 되었다. 숙소는 명동에 있는 여관이었다.

여기서 간단히 노동조합의 개념은 정리하자면 '노동자가 주체가 되어 자주적이고 단결하여 근로조건 유지, 개선, 기타, 노동자의 경제적, 사회적 지위 향상을 도모함을 목적으로 조직한 단체'이다. 헌법에서는 노동 3권을 보장하고 있다. 즉 노동자의 단결권, 단체교섭권, 단체행동권을 말한다. 특히 단체행동을 통한 노동자의 의견을 관철시키고자 하는 행동이 단결권과 단체행동권에 속한다.

그와 나는 호텔의 반응에 단결권과 단체행동권을 적절히 병행해 가며 회사를 압박했다. 우선 회사에 정식 공문을 보낸다. 모월 모일 몇 시에 조합원 총회 또는 모임을 통보하고 모이는 것이다. 딱히 용건이 있는 것은 아니다. 다만 모여서 우리의 뜻을 관철하기 위해 똘똘 뭉치자는 모임 정도였다. 하지만 회사의 반응은 즉각적이고 놀라운 반응이었다. 특히 위탁운영업체는 상황 하나하나 모기업에 보고를 해야 할 상황이었다. 수시로 공식적이고 정식적인 법 테두리 안의 모임과 내부 입단속하며 보안이 유지된 모임은 그들을 안절부절못하게 했다. 노조 총무부장인 나는 노동위원회와 노동부에 각종 부당노동행위 및 부당 해고에 대한 공문서와 진성서, 노동쟁의 신청까지 종류별로 나누어 지속 제출하였다. 아울러 노조위원장은 한국노총에 지원을 요청하여 기관단체에 압력을 행사토록 전방위 작업을 병행하였다. 또한 동종업계 노조위원장과 연맹 관계자를 만나 업체별로 회사를 방문하도록 해서 회사의 총무부서 관계자를 수시로 만나도록 요청을 하였다. 그렇게 3개월이 흘러 해고자 복귀와 노동조합을 인정되었고, 노조위원장 전임을 확정 지었다. 아울러 노동조합 사무실을 호텔 내 얻어냈다. 그러나 일은 거기서 끝나지 않았다. 곧장 임금협상과 단체협약 협상을 요구하니 말 그대로 벌통을 건드린 격이다. 끝임 없는 데이터와 협상 보충자료, 공식 공문을 발송하고 노조위원장과의 공방이 오갔다. 임금협상이 들어가면서부터 협상 테이블에선 모든 이목이 내게 쏠렸다. 협상에선 아무 말도 하지 않는 나였지만 주동자, 주요인물로 낙인이 찍히는 듯했다. 우여곡절 끝에 임금협상 정액 임금 인상과 보너스, 성과급을 서면으로 구체화하였고 단체협약 협상을 통한 노사의 법적, 행정적 근거를 완성하였다.

나중에 노조위원장과 형, 동생 관계가 10년을 넘게 이어졌다. 그는 그를 찾아와 "제가 할게요." 하는 말에 당황하고 의심스러운 그 때를 생각하면 황당하고 식은땀이 난다고 했다. 간혹 술자리에서 노조 창립 당시에 첩자라는 오명을 이야기하며 별명을 '첩자'로 하면 어떠냐며 우스갯소리를 주고받았다.

지금 하는 말이지만 힘겹고 험난한 시기와 고통스러운 시간이었다. 이 글을 통해 어려움을 겪게 한 회사 분들과 선배, 동료, 후배들에게 진심으로 미안하다는 말을 전하고 싶다. 그때는 함께 일하던 동료들의 지위와 회사 임원의 무소불위를 바로 잡기 위한 행동이었다. 다만 그때 일로 본의 아니게 고초와 어려움을 겪은 분들에게 마음의 상처를 털어버리라고 말씀드리고 싶다. 진정으로 미안하다.

우리는 살면서 거대한 무언가에 이끌려 자의든 타의든 어떤 일을 하게 된다. 그러면 여러분은 그 상황에서 어떻게 하겠는가? 광화문에 촛불이 그냥 일어난 것이 아니다. 위대한 대한민국 국민들이 정치인들로부터 나라를 바로 세우기 위해 국민의 이름으로 직접 광화문에 나섰다. 그 결과는 우리가 아는 그대로이다.

　호텔의 노동조합도 자동적으로 설립된 것은 아니다. 지금은 연장 근로 수당, 야근 수당 등이 당연하며 숨 쉬는 공기와 같은 것으로 인식되고 있다. 그러나 그것은 그 당시 호텔리어 선배들의 고통과 노고, 열정의 산물이며 끝없는 노력으로 이루어낸 시작이며 성과다. 만약 지금도 그때의 상황이라면 나는 그 일을 할 것이다. 아울러 후배 호텔리어들도 어떤 일을 할 때는 적극적인 참여와 열정으로 후회 없는 삶을 살기를 기원한다.

　끝으로 전 한국노총 충북지역본부 충주지역 의장 겸, 김태환 열사의 묘역은 경기도 모란공원에 있다. 사회의 지대한 영향과 발자취를 남긴 분들과 나란히 영면에 드셨다. 사랑하는 형, 노조위원장, 한국노총지부 지역 의장, 노동열사인 김태환 님의 평안한 안식을 기원한다.

　이미 존재하는 현실과 싸운다고 변화를 일으킬 수는 없다.
무언가를 변화시키기 위해서는 기존의 모델을 구식으로 만들 수 있는 새로운 모델을 만들어라.

- 버크민스터 풀러 Buckminster Fuller -

진상고객, 난감하네

컴플레인을 처리하다

호텔리어를 하나의 직업으로 일하다 보면 다양한 경험을 하게 된다. 특히 호텔리어의 삶을 통해 접하게 되는 일들이 매번 같은 일은 하나도 없다. 나름 조금씩은 다른 일들이 지속적으로 일어난다. 특히 호텔리어의 삶 속에 발생되는 컴플레인. 호텔리어 하면 떠올리는 컴플레인으로 소개되는 일화가 있다. 아이의 애착 인형이 없어져 지배인이 세탁물을 일일이 뒤져 천신만고 끝에 찾아 아이에게 돌려준다. 그때의 보람, 찐한 마음소통과 교감, 행복감으로 그려진다. 실제로 일어나는 일이다. 이제 호텔리어의 애환을 들여다보자.

프런트 팀장과 하우스키핑 팀장이 찾아왔다. 난감한 표정이다. 직감적인 사고를 예감한다. 회의실에서 마주한 얼굴들이 상기되어 있다. 사건의 전말은 이러했다. 3층 온돌 객실 복도에 아이스박스가 없어졌다고 한다. 아이스박스에 음식물들이 들어있는데 통째로 없어졌으니 찾아 달라는 고객의 내용이다. 특히 3박 중에 2일차 외출해서 저녁에 와보니 아이스박스가 없어졌다는 것이다. 저녁도 먹어야 하는데 빨리 찾아달라는 내용이다. 초저녁이니 두 팀장이 퇴근한 직원들을 동원해서 찾아본 모양이다. 최근 입사한 담당 하우스맨을 찾았고 직원과 함께 아이스박스를 추적해서 다행히 허름한 아이스박스는 확보를 했다. 그러나 내용물은 없는 상태였다. 음식물로 인한 악취발생으로 폐기 처리가 진행된 상태였다. 고객은 고객대로 자녀들과 저녁식사를 해야 하니 독촉하고, 직원들 입장에서 난감해 했다. 간단한 식사 제공이 필요해 우선 제공을 하겠다는 보고가 올라온 것이다. 보안팀에 연락이 왔다. CCTV 상 직원이 확인을 하고 치우는 모습이 보였다. 아이스박스는 일부 파손된 상태로 객실 복도에 나와 있었고 내용물에선 악취가 나서 퇴실이 많은 날이라 절차에 따라 치웠다는 것이다. 다음날 팀장들이 고객을 만나 빈 아이스박스를 전달했다. 고객은 텅 빈 아이스박스만 받았겠는가. 유명 체인점에서 이번 여행을 위해 특별히 가족들과 추가로 올 일행을 위해 공수해 온 것이니 똑같은 것으로 사다 달라고 요구한다. 그러나 그 유명한 식당이 어떤 브랜드인지 절대 알려주지 않는다. 난감한 일이다. 통상적으로 보험처리가 가능하다. 물론 처리 과정이 복잡하기는 하다. 하지만 호텔은 단순한 이미지를 위해 가능하면 고객의 피해와 마음의 위로를 위해 노력한다. 우리는 그들에게 호텔 식사를 드실 수 있도록 조처했다.

다시 생각해도 참으로 난감한 일이다. 어떻게 호텔에 음식을 가지고 올 생각을 했는지. 당연히 보관할 것이 있으면 객실 내 냉장고에 보관을 했을 터이다. 그리고 음식을 조리할 도구가 없는데 아이스박스에 보관을 했다. 보관방법도 객실 앞도 아니고 애매한 객실과 객실 사이 복도에 있었다. 간혹 여행 중에 한번 쓰고 버린다는 심정의 사례를 만나기는 하지만. 내부 직원들과 팀장들의 억울함을 알아주고, 달래주는 것도 반드시 필요하다.

이렇게 발생되는 컴플레인은 통상적인 업무를 마비시킨다. 물론 시스템적으로 보완해서 같은 일이 반복되지 않도록 보완도 하고 직원 교육을 위한 교육 자료로 활용도 한다. 그러나 아무리 생각해도 어처구니없는 일이 많이 발생된다. 직원들의 작은 실수가 대형 이슈로 발전하기도 하고 전혀 뜻하지 않는 사건, 사고가 발생이 된다. 이럴 때일수록 총지배인의 적극적인 대응과 조기 수습이 우선이다. 어떤 때는 시간이 지나야 해결되는 것도 있기는 하다.

한 번은 재실 정비를 요청받아 룸메이드가 청소를 진행했다. 외출 후 돌아온 고객이 빨간색 경량 패딩이 없어졌다고 한다. 하우스키핑에서 아침부터 전일 나온 모든 세탁물을 뒤집어 보았다고 한다. 수십 개의 수거용 카트를 다 뒤지는데도 많은 인력과 시간이 소요된다. 통상은 세탁을 자체적으로 세탁실을 운영하는 곳도 있지만 환경적 문제와 비용 문제로 외부에 위탁을 주는 경우가 있다. 우리는 후자인 외부에 세탁업체를 위탁하는 형태의 세탁이었다. 침구류가 모두가 흰색이니 빨간색을 찾기는 쉬운 일이었으나 발견되지 않았다. 고객은 분명히 외출할 때에 침대에 벗어 놓고 갔다고 한다. 룸메이드는 하루에 평균 8실을 청소한다. 흰색에 빨간색 패딩이면 눈에 띄었을 텐데 보지 못했다는 것이다. 답답한 마음에 보안팀의 지원으로 내부 CCTV까지 확인한 모양이다. 고객은 기념일에 선물 받은 것이고 오래되기는 했지만 애착 가는 물건이니 수고스럽지만 재차 확인을 부탁했다. 몇 시간 동안 직원들이 애를 쓴 모양이다. 보고하는 팀장의 얼굴에 노고가 깃들어있다. 하루에 한 번 세탁차량이 새벽에 물건을 싣고 가니, 팀장은 업체에 세탁물에 딸려 갈 수 있으니 찾으면 보내드리겠다고 말해 둔 모양이다. 그래도 없다면 자비라도 들여 같은 상표의 물건으로 보상하겠노라고. 나이 지긋하고 인자하신 옆집 할머니 같은 모습으로 퇴실하는 고객이 연신 부탁하는 모습에서 꼭 찾아드리고 싶다는 마음이 생겼다. 늦은 오후 담당 팀장이 밝은 표정으로 보고를 한다. 세탁소에서 연락이 왔는데 침구류 분류 과정에서 빨간 패딩을 찾았다는 거였다. 여러 곳의 세탁물이 모이는 곳이니 담당 팀장이 여러 번 부탁과 확인전화를 한 모양이다. 고객에게 기쁜 소식을 전하고 패딩은 별도 세탁과 함께 죄송한 마음을 담은 편지와 함께 고객에게 발송되었다.

회사에서는 숙박시설을 이용하는 고객들의 편의를 위해 많은 노력을 기울이고 있다. 아울러 고객 불편을 최소화하기 위해 다양한 컴플레인 사례를 통해 호텔리어들은 같은 일의 사건, 사고가 반복되지 않도록 많은 교육을 받는다. 특히 신입사원이 채용이 되면 특히 더 교육을 강화한다. 그럼에도 소소한 문제들은 계속 발생되곤 한다. 그러나 일부 고객들의 끝도 없이 요구하고 소리 지르는 '진상 고객'을 만나면 참으로 난감하다. 그리고 호텔리어로서의 자괴감과 마음속 깊이 상처를 받게 된다. 서비스업의 특성과 회사의 이미지 관리를 위해 합리적인 처리를 진행하려 노력해도 이를 이용한 진상 고객의 무리하고 지나친 요구를 해온다. 반면 부득이 필요하면 보험 처리 등으로 강경 대응하는 곳도 늘어나고 있는 추세다.

다행히 최근에는 숙박시설이 보편화되면서 이용 고객의 인식이 변화하면서 진상 고객이 많이 줄고 있다. 한 명 한 명의 소중한 고객의 피드백이 숙박시설과 호텔리어의 성장과 발전시키는 촉매제가 된다. 이 글을 보는 후배들에게 자신이 갖고 열정으로 일한다면 반드시 좋은 결과가 있을 거라 생각한다. 부디 '진상 고객'에 열정을 잃지 말고 굳건히 앞으로 나가길 기원한다.

다른 사람을 설득하는 가장 좋은 도구는 우리의 귀, 즉 상대편의 말에 우선 귀를 기우려 듣는 것이다.

- 딘 러스크 -

우리는 프로다

프로정신으로 똘똘 뭉친 우리

프로정신의 사전적 의미는 '어떤 일을 전문적으로 하는 사람으로서 가지는 마음의 자세나 태도'로 표현되어 있다. 간혹 '프로 정신' 혹은 '프로답다'라는 말을 듣는다. 이때 프로라는 말에는 자기가 하는 일에 전문성과 주인의식을 가지고 있고 이에 따라 최선을 다하는 정신 혹은 그런 태도의 의미가 함축되어 있다. 외부로부터 주어지는 충격이나 도전에도 쉽게 좌절하지 않으며 끝까지 자기의 뜻을 관철시키기 위해 노력하는 것. 목표를 향해 나아간다는 것, 도전을 한다는 것은 그만큼 무엇인가 이룰 수 있다는 희망과 집념 그리고 미래에 대한 철저한 계획과 비전을 갖고 있음을 의미한다. 나는 후배들에게 이런 프로정신을 시간 있을 때마다 말하고 있다.

스포츠 중에 축구는 내가 가장 좋아하는 스포츠고 선수 중에는 손흥민 선수를 제일 좋아한다. 축구 스타 손흥민과 베컴이 토트넘 구단에서 프로선수로의 마음가짐 등에 대해 진솔한 대화를 나눈 일화다. 베컴은 손흥민에게 "EPL 토트넘에 오기 위해 어떤 노력을 기울였는지"를 물었다. 손흥민은 "나는 선수로서 훈련 전에 스스로 많은 걸 하고 오는 게 중요하다고 본다."면서 "나는 EPL에서 뛰기 위해 여기 런던에 왔다. 이게 나의 꿈이었다. 나는 잘 먹고, 잘 자야 한다. EPL의 모든 선수들은 재능을 갖고 있다. 그러나 그들이 그라운드에서 보여주는 능력은 다르다. 우리는 그라운드 안팎에서 프로정신을 보여주어야 한다. 매우 중요하다"라고 말했다. 또 손흥민은 "재능 있는 선수들은 많다. 그런데 그중 몇몇 선수들은 톱 수준에 도달하지 못하고 있다. 그건 정신력 때문이다"라고 말했다고 한다.

프로정신이란 내가 맡은 일이나 내가 업으로 삼고 있는 일에 대한 전문성과 주인의식을 바탕으로 어떤 역경에도 불구하고 자신이 추구하고자 하는 목표를 향해 나아가고자 하는 열정과 집념 그리고 도전 자세라고 볼 수 있다.

객실 복도를 걷다 보면 룸메이드 여사님들을 만나게 된다. 한번은 복도를 지나다가 멀리 고객과 메이드의 행동을 보게 되었다. 초등학생의 자녀를 둔 가족이 체크인을 하여 객실로 이동하는데 객실 청소를 위해 이동 중인 메이드를 복도에서 마주친 것이다. 메이드는 복도 벽에 청소용 도구들을 붙여 놓고 고객이 지나가길 기다린다. '안녕하세요.'라는 목소리가 들리고 캐리어를 사이에 두고 지나던 어머니와 아이가 무언가를 물어보는 듯하다. 그리고 지나가는데 아이가 뒤돌아서서 엄지손가락을 척 올려 보인다. 메이드는 손을 흔들어준다. 그러자 이번엔 아이도 손을 흔들어 보인다. 나중에 메이드로부터 확인한 것은 그저 일상적인 대화를 했을 뿐이라고 했다. 항상 일상적으로 메이드 여사님들의 얼굴에는 편안함과 온화한 미소가 들어 있었다. 하루에 객실을 8실씩 청소하려면 점심 1시간은 사치 일뿐이다. 열심히 청소를 하다 보면 땀도 나고 힘도 많이 든다. 그럼에도 고객을 위해 최선을 다하는 모습 속에 진정한 프로정신을 느끼고 또 한편으론 뿌듯한 자긍심을 느낀다.

우리는 살다 보면 사회 곳곳에 프로정신으로 똘똘 뭉쳐 있는 사람들을 만난다. 그들의 마음가짐은 정말 남달라 보인다. 자신의 양심을 지키면서 언제나 한결같이 열심히 프로답게 일하는 곳도 있다. 매번 갈 때마다 깔끔하고 정성스러운 음식으로 만족하게 되는 우리집 근처 중국집. 세심하게 공들여 잘라 다듬어 주시는 게 느껴지는 내가 가는 동네 미용실, 안경 사러 갈 때마다 안경 하나하나 차분하게 설명해 주시는 단골 안경집. 이것이 프로 정신이다.

이렇게 내가 생각하는 프로정신은 첫째, 하는 일에 대한 열정과 집념 그리고 도전하는 자세다. 둘째, 주인의식이다.

　다른 사람과의 경쟁에서 이기려고만 하는 것이 중요한 것이 아니다. 우선 내가 가지고 있는 비겁함, 나약함 그리고 두려움을 이겨내는 것이다. 우리는 끊임없는 자신과의 싸움을 펼치다가 때론 지치게 된다. 왜 지칠까? 내가 원하는 뜻대로 일이나 공부가 진행되지 않았기 때문이다. 그리고 문제의 원인을 외부에서 찾으려고 한다. 그러나 사실문제의 원인은 우리 자신에게 있을 때가 대부분이다. 내가 갖고 있는 편견이나 잘못된 인식, 현실과의 적절한 타협을 통해 안락함을 추구, 뭐든지 적당히 하려고 하며 자율적이지 않는 데 있다고 생각한다. 우리 모두 공감할 것이다. 이럴 때일수록 외부로 시선을 돌리지 말고 우리 자신을 돌아봐야 한다. 진정한 프로정신은 경쟁에서 실력을 발휘해서 이기는 데에만 있는 것이 아니라, 경쟁 속에서 다른 사람들과 함께 갈 수 있는 협력 및 타협의 열린 마음자세를 갖고 있어야 한다.

　몇 달 전 아르바이트로 번 돈을 의미 있는 곳에 쓰고 싶다는 딸이 내게 원하는 것을 말해달라고 하기에 휴대폰에 저장한 도서 리스트에서 번개 철가방 조태훈 씨의 책을 구해달라고 했다. 그렇게 잊고 있던 책이 도착했다. 그는 고려대학교 앞 '번개 철가방'으로 유명한 자장면 배달원이다.

（철가방에서 스타강사로 중에서） 그들이 원하는 시간에 정확히 음

식은 도착한다. 그 덕분에 난 학생들이 주문하고 담배 한 대를 다 피우기 전에 음식을 가져갈 수 있게 되었고, 전화를 하고 돌아서서 동아리방에 가면 내가 먼저 도착해 있을 만큼의 속도를 자랑하게 되었다. 이런 소문은 학생들 사이에서 입에서 입을 통해 급속도로 번져 나갔다. '지난번에는 주문을 하고 수화기를 내려놓으니까 노크 소리가 나더라고. 번개야, 번개!'

이것은 많은 일화 중에 일부이다. 그는 또 '처음 이 일을 시작할 때 나 역시도 직업을 인정하고 받아들이기가 힘들었다. 그러나 현재 난 직업에 만족한다. 내가 남들보다 잘할 수 있는, 내가 가장 자신 있는 일이 바로 자장면을 배달하는 일이기 때문이다. 그래서 이젠 어디 가서든지 자신 있게 자장면을 배달한다고 이야기한다.' 그리고 그의 프로정신을 엿 볼 수 있는 '서비스를 잘하고 못하고 하는 것은 첫째가 마음가짐이다. 그리고 자신이 하고 있는 작은 노력들이 결국 자신에게 득이 되어 돌아온다는 신념이 있어야 한다.' 고 하였다. 물론 그가 타인의 신분증과 이름 도용, 소득세 미납 등 사회적 비판을 받았지만 그의 프로정신은 우리에게 시사하는 바가 크다.

호텔리어의 화려하고 반듯한 이미지 이면에 있는 어려움들을 나는 잘 알고 있다. 그러나 나는 종종 '어차피 하는 일이라면 멋지게 해보자'는 주의다. 밝은 인사와 자주 찾는 고객을 알아봐 주는 일들, 내가 하고 있는 업장에서 나의 일을 즐겁고 최선을 다해 행복함을 전파하는 행복 바이러스가 되자고 한다. 그것이 내게도 좋고 서비스를 받는 나의 고객도 서로 좋은 일이다. 고객이 행복해하고 즐거워하는 모습을 보면 나 또한 참 행복해진다. 이제 우리의 작은 행동과 의식들이 하나하나 모여 회사의 이미지와 우리 직업의 이미지를 결정한다.

또한 우리 하나하나가 호텔과 리조트 회사의 대표하는 사람으로 총지배인이 되고 책임 총괄 매니저가 되어 미리 사전에 경험한다는 생각으로 모든 고객을 대면하자. 우리의 꿈을 위해 지금 당장 시작해 보자. 시작이 반이라는 말이 있다. 너무 늦었다고 한탄할 때가 바로 다시 시작할 때인 것을 알고 바로 지금 이 시간 프로정신을 가지고 우리의 꿈과 미래를 새롭게 다시 설계하자.

호텔리어들이여.

파이팅이다.

주인으로서의 책임감을 갖고 최선을 다하는 것, 직장인이라면 자신의 돈으로 투자하고 판매하는 것처럼 '절박하게' 고민하고 행동해야 성공할 수 있다.

단순히 '대리인'이라는 생각으로 적당히 행동해서는 결코 치열한 경쟁에서 이길 수 없다.

그리고 오너처럼 행동해야 자신의 실력도 쌓이고 궁극적으로 CEO
도 되고 오너도 될 수 있다.

- 워렌 버핏-

회자정리(會者定離)

인생이라는 소풍에서

사람은 살면서 많은 사람을 만나고 헤어지기도 한다. 연인으로 만나 헤어지기도 하고 행복한 나날들을 보내다가 부부의 인연까지 맺은 사람도 있다. 반면에 어쩔 수 없는 상황으로 인해 헤어지는 아픔을 겪는 사람도 있다. 또 오랜 세월 동안 직장 생활을 마치고 정년퇴임하며 정든 동료들과 헤어지는 아쉬움을 겪게 되기도 한다. 또 나이가 들면서 친한 친구들이 먼저 세상을 떠나고 나면 그 허전함은 이루 말할 수 없다. 그리고 이직으로 인해 친숙했던 분들과 이별하는 경우도 있다. 이럴 때 '회자정리(會者定離)'라는 단어를 떠올리며 아픈 마음을 달래본다.

회자정리. 불교의 일화에서 유래되었다고 한다. 석가모니는 자신의 임종을 지켜보기 위해 모인 제자들에게 마지막으로 한마디를 남겼다. "세상에 영원한 것은 없다. 만나면 반드시 이별이 있다." 석가모니는 만나면 곧 헤어지는 것처럼, 산 사람은 언젠가는 반드시 죽기 때문에 슬퍼하지 말라고 제자들을 위로했다. '회자정리'는 만나면 언젠가는 헤어지게 된다는 뜻의 고사 성어로, 사람의 힘으로는 어떻게 할 수 없는 이별의 아쉬움을 나타내는 말이다.

직장 생활을 하다 어느 날 뜻하지 않은 일로 인해 다니던 회사를 그만두기로 결정했다. 다시는 돌아오지 않을 요량과 더 늦기 전에 나를 위한 개인사업을 시작하기로 마음먹었다. 그렇게 마음을 먹고 나니 답답했던 마음들이 편안해졌다. 다행히 아이들은 초등학교를 들어가기 전이였기 때문에 기회는 이때뿐이라는 생각으로 사직서를 제출하기 전 아내를 설득했다. 무엇보다도 가족들이 진정으로 내 마음을 이해해 주기를 바랐기 때문이었다. 그러나 10년 넘게 다니던 직장을 그만두는 일도 쉬운 것은 아니었다. 10년을 하루같이 매일 출근하던 곳, 많은 일들을 함께한 곳을 떠난다는 마음을 먹고 나니 마음이 착잡해졌다. 20~30대 청춘을 함께한 곳에 직원들과 건물들을 생각할 때마다 마음으로 표현할 수 없는 아쉬움과 나의 수많은 실수들이 떠올랐다. '그때 이렇게 했으면 좋았을 것을, 저렇게 결정하고 행동을 했더라면 좀 더 나은 결과가 있지 않았을까'하는 생각들이 맴돌았다. 주변에 친구들과 동료들 몇몇은 퇴사를 말리기도 하고 조언도 많이 해주었다. 그곳을 떠나던 전날 앞으로 펼쳐질 미래의 불확실성과 일어날 일들을 생각하며 눈물도 흘렸다. 떠나는 당일 간단한 짐을 챙겨서 나오는 길, 동료들의 환송 받고 나오는데 아쉬움보다는 오히려 홀가분한 생각이 들었다. 아울러 앞으로 펼쳐질 일들에 대해 가슴이 설레기까지 했다. 그리고 충청도에서 강원도로 도의 경계를 넘어 이사까지 하게 되었다. 사람이든 직장이든 만나면 이렇게 헤어진다. 나는 그곳에서 내 젊은 청춘에 온 힘으로, 최선을 다해 일했기에 후회는 없었다. 이것이 나의 복잡하고 미묘한 회자정리를 경험하는 시간이었다. 그럼에도 불구하고 후회 없는 삶과 열정을 다했기에.

나는 직장 생활을 하면서 모든 사람에게 좋은 사람이 되기 위해 부단히 노력한 것 같다. 그리고 완벽한 사람이 되려고 노력했으나 현실적으로 어려웠고 불가능했다. 그로 인한 스트레스도 상당히 많았다. 그것들이 모두 성공을 위한 길이라고 위안을 삼으며 힘겹지만 참고 견디었다. 매달리고, 집착하고, 놓고 싶지 않은 그 마음이 바로 괴로움의 원인이며 만병의 시작이었다. 사랑하는 사람들, 직장동료, 부모, 친구 등이 명예와 부귀영화를 영원히 움켜두고 싶지만 결국은 하나 둘 곁을 떠나간다. 이제 꼬인 그물처럼 복잡한 마음을 새털처럼 가볍게 하는 지혜가 살면서 반드시 필요하다. 더불어 자신에 대해 좀 더 관대해질 필요가 있다. 조금 부족해도 좋고, 조금 실수해도 좋다. 그것이 온전한 나이기에 그런 나를 용서해야 한다. 그런 자신도 나이기에, 나의 소중한 인생이기에.

　예전에는 불편한 관계로 인해 사람들과의 인연을 단절한 적도 있다. 만남은 결코 우연이 아니고 필연이다. 그 만남을 통해 성숙해지거나 퇴보하는 것은 자신의 선택이다. 떠나는 인연을 붙잡을 필요는 없다. 떠날 인연 보내고 오는 인연 맞이하면 된다. 다만 스스로 감정을 견디지 못해 관계를 단절하는 것은 어리석은 일이다. 일반적으로 불편한 상황을 견디지 못해 빨리 벗어나려고 안간힘을 쓰고 관계 단절이나, 회피, 중독, 또는 대안을 찾아 시간과 에너지를 낭비한다. 하지만 그런다고 감정이 사라지는 것은 아니다. 오히려 그 감정이 숨어 있다가 어느 순간 튀어나와 자신과 주변 사람들을 당황하게 할 수도 있다. 그보다는 감정이 변하는 과정을 바라보며 견디는 연습을 통해 마음 근육을 키우며 성장하고 성숙할 수 있다. 인간관계에서 또 사회생활에서 우리는 자신이 통제할 수 있다는 잘못된 생각으로 성급한 결정과 판단을 한다. 하지만 주어진 환경과 상황을 받아들이고 견디며 자신이 하는 일에 집중하는 것이 훨씬 더 현명한 것 같다.

　같은 회사에서 다른 지역에 호텔을 지으면서 강원도에서 전라도로 도의 경계를 넘어 자원했다. 기존에 갖고 있던 인맥과 생활의 틀들이 완전히 바뀌는 새로운 경험이었다. 이때의 회자정리는 매너리즘에 허우적대는 개미지옥에 빠진 나를 구해내는 일이고 삶을 바꾸어 보는 절호에 기회라고 생각했다. 많은 직원들이 편안하고 익숙한 곳을 두고 새로운 곳을 선택해 떠나는 내게 부정적인 조언들이 쏟아졌다. 실제로 초기에 내게 닥친 위기는 나를 무기력하게 만들었다. 그런 결정을 한 나 자신이 원망스럽고 괴로운 날들도 있었다. 그러나 그것을 통해 새로운 사람들과 인연을 맺었고 새롭게 나 자신의 업그레이드와 경험을 쌓고 다른 세상으로 나를 이끄는 계기가 되었다. 현재의 편안한 업무에 안주하고 고집했다면 일어나지도, 그런 기회도 생기지 않았을 상황이었다.

중요한 것은 '만남'과 '헤어짐' 역시 자신이 선택하거나 결정하는 것이 아니다. 우리가 할 일은 모든 판단과 결정을 내려놓고 오직 주어진 일을 할 뿐이다. 나머지는 보이지 않는 무엇인가가 우리의 수준에 맞는 결정을 내려준다. 우리는 단지 그 일을 할 뿐이다. 비록 그 일이 행복한 일이든 비참한 일이든 받아들이는 것이다. 수동적으로 보이지만 가장 적극적으로 충실하게 삶을 살아가는 가장 좋은 방법이라 생각한다.

사람과 조직은 만나면 헤어지는 것이 상식이고 현실이다. 그러니 지금 현실에 충실하자. 사람과 조직에 조금 더 양보하고 배려하고 먼저 베풀고 희생하며 조건 없이 주는 사람이 되고자 노력하자. 사회가 지배해온 고정관념, 즉 강하고 독한 자가 모든 것을 가져간다는 '승자독식' 문화와 가치관이 또는 착한 사람은 이용만 당할 뿐이며, 성공하기 어렵다는 불문율처럼 굳어버린 가치관을 지켜보며 발버둥 친 적이 있다. 그러나 팀장이 되고 총지배인이 되어 바쁜 와중에도 누군가 돕고, 지식과 정보를 기꺼이 공유하며, 남을 위해 자신의 이익을 양보하는 삶, 이제 그것을 위해 현재 남아 있는 사람과 조직에 충실하고자 한다. 이제 곧 만나면 헤어지며 아쉽고 안타까운 자신을 후회하지 않을 추억과 기억을 위해 노력하고자 한다. 인생에 정답은 없으나 나중에 자신을 돌아보며 나를 기억하는 사람들이 최선을 다했다고 기억해 주길 바라는 마음이다. 이것이 회자정리를 앞둔 나의 간절한 소망이고 희망일 것이다.

어느 퇴직 선배의 말이 생각난다. '여기 이곳에 즐거운 소풍을 왔다가 행복하게 갑니다.' 이것이 우리가 맞이할 회자정리의 정신은 이런 것이 아닐까 한다.

생각을 크게 하고 실천은 작은 것부터 하세요! 왜냐하면, 작은 생활의 변화에서 큰일을 해낼 수 있는 인연이 만들어지기 때문입니다. - 멈추면, 비로소 보이는 것들 중에서

- 혜민스님 -

국내호텔 등급기준과 심사는 어떻게 할까

호텔등급 별판을 바라보며

관광호텔 입구에 동판이 두 개가 있다. 관광호텔업 등록 동판과 호텔 등급을 알리는 동판이다. 문득 녹색 바탕에 동판을 열심히도 닦았던 기억이 떠올랐다. 호텔 등급을 알리는 것은 무궁화 꽃이었다. 외부에 있던 탓에 정기적으로 딱지 않으면 누런색으로 변했었다. 그러나 닦아 놓으면 빤짝빤짝 빛나는 것이 한층 품격이 있어 보이는 동판. 이젠 역사 속으로 살아져 간혹 수집가들의 손을 통해 볼 수 있다. 지금은 무궁화 동판에서 알루미늄 판의 별 모양으로 바뀌었다. 기존의 국내 호텔의 호텔등급은 무궁화로 표시되었는데 총 5개로 특 1급은 황금색 판에 무궁화 5개, 특 2급은 초록색 판에 무궁화 5개, 1급 호텔은 무궁화 4개, 2급 호텔은 무궁화 3개,

3급 호텔은 무궁화 2개였다. 지금은 별로 표시된다. 5성급은 별 5개, 4성급 별 4개, 3성급 별 3개, 2성급 별 2개, 1성급 별 1개로 표시된다.

국내 호텔의 등급은 역사적으로 1971년 1월부터 도입하여 1999년 이전까지 문화체육관광부와 지방자치단체에 의해 정부적 차원에서 직접 시행되었다. 1999년 이후부터는 민간위탁 정책에 따라 한국관광협회 중앙회와 한국호텔업협회로 위탁 진행되었다. 그러던 것이 2015년 한국관광공사로 이관되어 진행되고 있다. 그리고 최근 다시 2021년 1월 1일부터 다시 한국관광협회 중앙회에 민간수탁 기관으로 선정하여 등급 결정 업무를 진행하고 있다. 앞으로 또 어떻게 바뀔지? 2022년 기준으로 수행기관인 호텔업등급 관리국, 인터넷 www.hotelrating.or.kr [호텔업 등급 결정 사업]로 검색하면 자세한 내용을 알아볼 수 있다.

외형적으로는 크게 무궁화 등급제에서 별 등급제로 변화한 것이 큰 특징이다. 이렇게 바뀌게 된 이유는 우리나라의 호텔과 관광산업 발전을 위하고 글로벌 스텐다드와 국제적인 트렌드에 맞추어 가자는 취지이다. 아울러 호텔 이용이 대중화된 요즘은 외국 관광객이 알아보기 쉽게 하기 위해서 바뀐 것이다. 유럽에서도 별 모양의 호텔 등급제를 사용하고 미국에서는 다이아몬드 모양의 등급제를 사용한다고 한다. 호텔의 등급은 5성급에서 1성급까지 구분을 하는데 간혹 잡지나 신문에 광고를 보면 6성급 호텔에 대해 나온다. 사실 6성급, 7성급 호텔은 존재하지 않는다. 다만 '6성급, 7성급 호텔은 럭셔리 호텔이다'라고 표현하는 이유는 스펙이나 서비스 등이 다양하고 뛰어나게 제공한다는 암묵적 클래스의 표현이다. 주로 마케팅을 위해 다른 것들과 차별화를 위한 표현으로 사용하는 광고성 멘트로 보면 된다.

관광호텔업 신청 성급에 따른 평가의 종류는 1~3성은 현장평가, 불시평가를 4~5성은 현장평가, 암행평가를 진행한다. 더불어 현장평가 요원 배정은 한국관광협회 중앙회에서 진행하고 불시, 암행평가 요원 배정은 공정성과 공신력 강화를 위해 한국관광공사에서 양분하여 진행한다. 그럼 각 평가는 어떻게 이루어질까? 현장평가(1~5성 공통)는 호텔 측에 평가일 사전통지 후 시설 및 서비스에 대한 호텔 실사 진행한다. 공사 직원이 평가위원(1~3성: 평가위원 2인, 4~5성: 평가위원 3인)과 동행하며, 성급별 현장평가표에 의거하여 평가한다. 불시평가는 평가위원 2인(소비자위원1인, 전문가위원1인)이 불시(사전 통지 없이) 방문하여, 성급별 불시평가표에 의거하여 평가한다. 그리고 암행평가는 평가위원 2인(소비자위원1인, 전문가위원1인)이 암행으로 1박 투숙하며 암행평가표에 의거하여 평가한다. 특히 1~3성급은 불시평가와 4,5성급은 암행평가가 이루어진다. 그 중에 암행평가는 암행어사처럼 왕이 보낸 사람은 아니지만 손님인척 와서 정말 몰래 왔다가 가서 비밀리에 파견되어 호텔을 평가하고 가기에 정말 무섭기로 정평이 나있다고 보면 된다.

단, 제주도 소재 호텔은 제주특별자치도 특별법에 따라서 한국관광협회중앙회가 아닌 제주특별자치도 관광협회에서 등급평가를 실시한다.

아울러 정성적 평가항목의 평가 기준 중 매우 우수는 국내 최우수 사례 (Best Practices)로 여겨질 수 있는 수준이다. 최우수 사례란 타 호텔의 벤치마킹 대상 또는 고객 감동을 줄 수 있는 수준이고 우수는 고객의 기대치를 충족시키거나 고객만족을 제공하는 수준이며 보통은 최소한의 의무적인 수준(예 : 법률적 규정, 호텔업계의 보편적 수준)을 충족하거나, 고객이 당연하다고 판단할 수 있는 수준이다. 그리고 미흡은 호텔 서비스가 고객의 보편적 기대에 못 미치는 수준이고 매우 미흡은 고객의 불평불만을 발생시킬 수 있는 호텔 서비스 수준으로 평가 기준을 나눈다.

각 성급별 평가기준은 5성급(필수)이 로비, 프런트 근무자 외국어, 듀티 매니저, 도어맨, 벨맨, 컨시어지 서비스, 객실종류 5~8이상, 조식제공 장소 3곳 이상, 쓰레기 분리수거 필수, 비상시 안내 지침서, 비상대비 안내도 구비, 환전 서비스, (헬스장, 수영장, 사우나 중 1가지 이상), 연회장(200명 이상 수용), 회의시설(5개 이상), 비즈니스 센터, 기념품점, 헤어숍, 쇼핑 아케이드 등이 있고 선택적으로 문화행사 및 교통시설 예약 서비스, 옥외 조경시설, 제과점. 그 외 암행평가에서 통과해야 한다. 4성급(필요)은 로비, 객실종류 4~7개 이상, 조식 제공할 장소 2곳 이상, 쓰레기 분리수거 필수, 비상시 안내 지침서, 비상대비 안내도 구비, 환전 서비스, (헬스장, 수영장, 사우나 중 1가지 이상), 연회장(150명 이상 수용), 회의시설 등이 있고 선택적으로 옥외 조경시설, 그 외 암행평가에서 통과해야 한다. 3성급(필요)은 로비, 객실종류 1~4개 이상, 조식 제공한 장소 1곳 이상, 쓰레기 분리수거 필수, 선택적으로 헬스장, 수영장, 사우나, 연회장, 회의시설, 환전 서비스, 옥외 조경시설, 비즈니스 센터 등이 있고 그 외 불시 평가에서 통과해야 한다. 1성급과 2성급의(필요) 로비, 객실종류 1~4개 이상, 조식 제공한 장소 1곳 이상 등이고 그외 불시 평가에서 통과해야 한다. 아울러 4,5성급은 24시간 서비스까지 완벽히 되어야지 암행평가에 합격을 할 수 있는데 한번 5성 급이 되어도 추후에 평가를 받고 4성급으로 떨어지는 경우는 정말 많이 발생한다. 그만큼 5성급인 호텔은 자부심도 있고 그만큼 최고의 서비스와 시설을 갖춰야 한다. 관광진흥법상 관광호텔의 등급심사는 3년마다 등급평가를 의무적으로 받도록 되어있다. 다만 수익(분양)형 호텔은 공중위생법의 생활형 숙박업으로 적용을 받기 때문에 별도의 등급심사와 별로 표시되는 성급을 표시하지 않는다.

호텔에서 가장 중요한 위생과 안전, 서비스 수준이 호텔등급을 나눌 때 가장 중요하고 중점적으로 하는 사항이다. 호텔 등급 결정 신청 기간은 크게 3가지 경우가 있다. 호텔을 신규 등록한 경우는 호텔업 등록을 한 날부터 60일, 호텔업 등급 결정의 유효기간이 만료되는 경우는 유효기간 만료 전 150일부터 90일까지, 시설의 증·개축 또는 서비스 및 운영 실태 등의 변경에 따른 등급 조정 사유가 발생한 경우는 등급 조정 사유가 발생한 날부터 60일이다.

등급심사가 이루어질 때면 호텔리어들의 땀과 노력들이 정말 안쓰러울 정도로 대단하다. 한편 호텔등급인 별판이 부착될 때 한편으론 대견스럽기까지 하다. 고객 입장에서 보면 호텔의 품격을 표시하는 단순한 표시로 보일 수도 있는 일이나 호텔의 별판을 바라보는 내 마음은 왜 이리 절이는지 알 수 없는 일이다.

할 수 없을 것 같은 일을 하라. 실패하라. 그리고 다시 도전하라. 이번에는 더 잘 해보라. 넘어져 본 적이 없는 사람은 단지 위험을 감수해 본 적이 없는 사람일 뿐이다. 이제 여러분 차례이다. 이 순간을 자신의 것으로 만들라.

Do the one thing you think you cannot do.

Fail at it.

Try again.

Do better the second time.

The only people who never tumble are those who never mount the high wire.

This is your moment. Own it.

- 오프라 윈프리 Oprah Winfrey -

Chapter 2

호텔&리조트
현장이야기

현장에서 발생하는 많은 사건과 사고를 통해
현장의 간접체험과 공유, 시설물 이용 시 주의사항 등
현장의 스토리에 관하여 정리

나는 벨맨(Bell man)이었다

팁(Tip)과 봉사료(Service Charge)

나는 벨맨(Bell Man) 이었다.

벨맨은 호텔의 꽃이다. 프런트 서비스의 시작과 끝이다. 화려한 빨간 유니폼에 멋진 모습이 호텔리어라면 누구나 근무하고 싶은 그런 부서 중에 하나였다. 선망의 대상 자체였다. 신나고 재미있는 일이었다. 한편으론 돌이켜 생각해 보면 힘들고 고된 일이었다. 특히 내겐 금전적으로 체력적으로 많은 경험을 하게 되는 계기가 되었다. 아울러 팁(Tip) 문화를 마음껏 누린 마지막 세대라고 할까. 팁에 대해 추억을 떠올린다.

그럼 팁을 준다면 얼마를 주어야 할까. 언제 주는 것이 맞을까. 어떻게 주는 것이 좋을까. 받아본 사람의 입장에서 팁을 알아보자.

팁은 서양식 숙박 개념의 문화가 들어오면서 시작된 외래문화이다. 즉 '인적서비스에 대한 금전적으로 고객에게 받는 감사의 표현'이다. 강요가 아닌 고객이 자의적으로 감사의 마음을 표현하는 것이다.

그럼 호텔을 이용하는 고객들이 얼마를 줄까. 그리고 주로 어떤 때에 줄까. 호텔 객실을 이용할 때 객실료의 10~20%라고들 말한다. 그러나 1990년대는 실제 2천 원부터 1만 원이 대부분이었다. 그리고 벨맨이 짐을 이동시켜주고 또는 객실 안내하고 나면 다른 사람들이 없을 때 웃으며 감사의 마음으로 준다. 서로 부담이 없는 선에서. 아마 공개적인 그리고 다른 사람들이 있는 자리에서 2~3천 원을 준다면 한국 사회에서 주는 사람도 사회적 지위와 체면이 있으니 부끄러울 것이다. 한편 받는 사람도 입장도 마찬가지 일 것이다. 팁의 문화는 암묵적 문화라고 생각한다.

벨맨으로 한참 일할 때의 일이다. 해외여행이 일반적으로 다니던 시절이 아닐 때였다. 충북 충주에 소재한 수안보 온천은 신혼여행지로 유명세를 치를 때이다. 일요일 저녁이 되면 전국에서 신혼부부들이 대부분 택시를 타고 몰려온다. 하루에 많게는 20쌍 정도가 도착한다. 대부분 호텔 이용이 처음인 분들이 많았다. 무거운 가방을 들고 객실에 가면 나올 때 파란 배추 잎처럼 생긴 것들을 한 장 또는 두 장 정도를 받았다. 물론 호텔의 기본적인 안내와 신혼여행을 하기 위한 택시 예약을 부탁하시는 분들이 많다. 지금은 컨시어지가 따로 있지만 그 당시는 일정 부분 벨맨이 담당을 하였다.

인근에 택시 기사님들은 사전에 호텔 직원들에게 로비를 하던 시기였다. 썰물처럼 토요일 고객들이 일요일 오전에 빠져나간다. 그럼 그때부터 신혼여행객들이 택시를 이용해 일요일 오후부터 시작해서 2박 3일 정도를 인근 관광지와 명소를 여행하였다. 신혼부부 고객들을 생각하니 여러 기억과 추억들이 다시 스쳐 지나간다.

선배 벨맨이 하루 종일 빈둥대다가 일요일 오후가 되면 찰떡같이 자리를 지킨다. 고객안내는 그날 선배의 차이였다. 그리고 잡일들은 나의 차지였다. 2명씩 24시간 맞교대로 운영되었는데 그 시절 벨맨들은 그렇게 근무를 하였다. 그 많은 고객을 혼자 열심히 안내를 하면서도 그 많은 투덜거림과 신세한탄이 없는걸 보면 신기할 따름이었다. 심지어 일요일에는 담배를 피우러 자리를 비우는 일도 거의 없었다. 그러나 어떻게 손님이 순서를 기다려주겠는가. 어떤 날은 신혼부부를 태운 택시가 동시에 들어오는 경우가 있었다. 나에게도 기회가 생긴 것이다. 고객의 한 발자국 앞에서 호텔 소개와 짐을 객실로 이동시켜주었다. 나의 손엔 배추 잎이 들려져 있었다. 아울러 함께 일한 선배는 지금 생각해 보아도 화장실을 참 많이 자주 다녔다. 도대체 이해할 수 없는 일이었다. 나중에 안 일이지만 이곳저곳에서 나오는 팁들을 정리하고 있었다. 보통 주중에 고객 안내 시에는 가족보다는 커플이 팁의 금액이 큰 편이다. 그리고 여성 고객보다는 남성 고객이 주로 팁을 주는 경향이었다. 예외도 있기는 하다. 이 일도 단골이 생기는 법이다. 단골고객을 통해 일정한 금액의 팁이 생긴다.

사회 초년 시절에 급여가 2배 가까이 올라간 일이 있었다. 급여에 봉사료라는 것을 받게 되었다. 호텔마다 차이는 있지만 호텔의 모든 비용의 10%에 봉사료가 부과되기 시작하였다. 서비스 차지(Service Charge) 봉사료는 팁(Tip)와 혼용되어 사용하지만 조금은 다른 개념이다. 서비스 차지는 강제성을 띠고 팁은 고객의 자율에 맡긴다. 1979년 8월 1일 지금의 문화체육관광부인 교통부에서 서비스 종사원의 과다한 팁 요구에 따른 고객의 불편을 줄이기 위해 팁이 아닌 숙박이나 식음료 소비액의 10%를 일률적으로 부과하도록 지정 한 것이다. 이후 레스토랑은 추가로 2012년 2월 17일 식품위생법 시행규칙으로 2013년부터 모든 음식점은 메뉴판에 부가가치세와 봉사료 등을 모두 합한 최종 가격을 적어야 한다고 개정하였다. 음식 메뉴에는 1만 원인데 12,100원을 내야 하니 처음 접하는 사람은 혼란스러울 것이다. 호텔 언어로 '텐텐'이라고 한다. 음식 값에 10%의 봉사료와 두 개의 금액을 합한 가격에 다시 세금 10%를 부과하는 방식을 표현해서 '텐텐'이라고 한다. 간혹 호텔에서 고객의 고성이 일어나기도 한다. 나는 호텔 서비스에 만족하지 못하니 봉사료 10%를 빼달라고 하는 것이다. 막무가내식의 고객을 상대로 담당 지배인들의 진땀을 빼게 한다.

팁에서 봉사료 제도는 90년대를 지나면서 호텔 이용이 본격적으로 대중화되면서부터 자연스럽게 사라지게 되고 벨맨도 일부 호텔을 제외하곤 컨시어지로 대체되기 시작하였다. 특히 카드 사용이 본격화되며 팁의 문화에서 봉사료 제도가 안착되었다. 그럼에도 아직도 팁을 주시는 고객들이 많이 있다. 팁은 주는 이의 마음의 표현이고 받는 입장에선 마음을 전해지는 매개의 역할을 한다. 고맙고 감사한 일이다. 이 일로 인해 뿌듯함과 자긍심이 생기기도 한다.

한 번은 유명 여자 연예인의 동생이 장기 투숙한 일이 있었다. 몸이 허약하다며 남편과 함께 일 년에 두세 차례 호텔을 2주 정도를 묵었다. 볼 때마다 연세가 지긋하시지만 밝게 웃는 모습과 인자하신 모습이 지금도 선하다. 특히 룸메이드 여사님과 친하게 지내시고 자주 오시니 직원들의 얼굴을 모두 알고 있어 가족과도 같은 분이었다. 간혹 직원들에게 감사의 표현으로 작은 선물을 주셨는데 내겐 호주 여행을 다녀와서 코알라 넥타이핀을 선물해 주셨다. 내게는 어느 팁보다도 아주 소중한 선물이고 값진 보물로 남아 있다.

보통 객실을 이용하고 퇴실 시에 깨끗한 객실을 이용한 것에 감사의 마음으로 팁을 놓고 가신다. 통상 2천 원에서 오천 원 정도를 베게 밑에 보이게 놓는다. 간혹 만 원을 놓고 가시는 분들도 있다. 아울러 외출하면서 재실을 요청할 때는 탁자나 화장대에 오천 원 한 장을 올려놓고 가신다. 이때 애매한 위치에 두고 가면 가져가지 않는다. 암묵적으로 종이 메모지에 간단한 감사의 표현 '감사합니다. 혹은 부탁합니다.'라는 문구가 없거나 물 컵 등으로 살짝 올려놓지 않으면 감사의 마음이 전달되지 않을 수 있다. 레스토랑에서는 후식을 먹고 난 후에 커피 잔 또는 접시에 살짝 지폐를 밑에 받쳐 놓으면 좋다. 일어서면서 지폐가 날려 떨어지거나 자칫 계산 후 돌아서는 고객을 불러 돌려줄 수도 있다. 깨끗하게 청소해 주시는 룸메이드 여사님들이 좋아하는 것은 작은 음료수 하나면 고맙다고 한다. 객실을 청소하다 보면 땀도 많이 나고 갈증이 나기 때문이다. 다음은 약소한 금액의 팁 또는 부담 가지 않는 작은 선물도 좋아한다. 사실 작은 마음의 선물을 받고 나면 가장 기억에 남고 힘든 일에도 보람을 느낀다.

외국여행 시 객실에서는 룸메이드를 위해 약 $2 ~ $5, 레스토랑에서는 음식 값에 15~20%, 룸서비스는 $5, 컨시어지 $5 ~ $10, 벨 맨 $2 ~ $5 이면 젠틀맨(Gentleman)이다.

아울러 우리나라에서는 대부분의 호텔들이 계산서 금액에 봉사료가 포함되어 있거나 또는 전부 노 티핑(No Tipping) 제도를 시행하니 팁은 꼭 주지 않아도 된다. 실제 팁을 주고받는 일은 많이 줄어들었다. 그러나 이왕 마음을 전하는 팁이나 선물을 주는 사람도 받는 사람도 모두 행복해야 한다는 것이 나의 지론이다. 그리고 요즘 고객들의 감사 편지나 작은 메시지를 받게 되면 마음이 벅차고 일에 보람을 느낀다. 이제 고객과 호텔리어가 모두 행복하고 즐겁게 따뜻한 마음을 전하는 문화들이 성숙되었으면 하는 마음이다.

가장 높이 나는 새가 가장 멀리 본다.

-갈매기의 꿈, 리처드 바크 -

정말 이것만큼은

내가 접한 고객 컴플레인

호텔과 리조트를 이용한 고객의 다양한 이용후기가 있다. 그중에서도 고객 컴플레인(불평불만)은 시설의 운영에 대해 많은 도움을 준다. 먼저 고객의 불평, 불만이 없도록 만드는 일이 제일 우선이기는 하지만 역시 사람들이 서비스하는 일이라 결코 쉽지는 않다. 그래서 인사팀(HR)에서는 직원의 채용 단계부터 교육, 배치까지 많은 부분을 검토하고 실행한다. 그럼에도 고객들의 다양한 숙박시설을 이용하면서 시설들을 다른 곳과 비교하게 된다. 고객 입장에서 시설 이용 시 기다림과 차별을 받는다는 생각이 들면 고객들은 결코 참지 않는다. 그래서 탄탄한 서비스는 기본이고 그 이상을 갖추어야 고객의 마음에 서비스라는 생각을 한다. 아울러 호텔의 등급에 맞게 고객이 생각하는 서비스 수준이 있기 때문에 그 수준에 맞지 않을 경우 고객은 다양한 방법으로 컴플레인을 제기한다.

고객들의 다양한 컴플레인은 직접 대면해서 제기하기도 하고, 인터넷 홈페이지에, 다양한 SNS를 통해서 제기된다. 다양한 컴플레인 중 시설적인 부분이야 비용을 들여 개선하면 될 일이다. 그러나 사람으로 발생된 문제로 고객의 마음을 되돌리는 데는 기존의 노력에 몇 배를 해야 되돌릴 수 있다. 혹은 영원히 불가능해지기도 한다. 여기 발생된 컴플레인을 살펴보고 호텔리어들의 마음자세를 다잡는 계기가 되었으면 한다.

퇴실 시 조식 뷔페(Breakfast)를 드시면서 고객의 편지 형태로 제기한 내용이다.

'주말 아침 조식 뷔페에 사람들이 많이 밀려 대기가 발생하였다. 한꺼번에 많은 고객이 같은 시간 때에 오니 당연히 어쩔 수 없다고 이해하지만 안내받은 자리에 다른 고객과 갑자기 이동하며 자리가 겹쳤다. 그래서 빈자리에 앉았는데 직원이 따지듯 여러 번 자리 확인했다. 일차적으로 기분이 상했다. 뷔페 음식 중에 아이가 특별히 좋아하는 음식이 있어 가져가려 했지만 음식이 떨어졌다. 요청을 했지만 너무 오래 기다렸다. 고객을 기다리게 하는 처사에 두 번째로 기분이 상했다. 직원에게 좀 서둘러 주지 고객을 불편하게 하느냐고 한마디 했더니 죄송합니다. 하며 사라졌다. 납득이 갈 만한 설명도 없이 고객을 무시하는 처사에 세 번째로 화가 났다'

그리고 이어지는 상황들은 정말 줄줄이 사탕 격으로 이어졌다. 테이블에 접시는 치워지지 않았고, 바닥은 음식이 떨어져 불결했다. 다른 음식들도 채워지지 않았으며 직원들은 자기 일만 하는데 급급한 듯 보였다. 등등이다.

'레스토랑에서 아이의 숟가락이 바닥에 떨어져 요청을 드렸는데 잊어버렸는지 두 번째로 요청하고서야 가져다주었다. 그리고 냅킨을 요청했는데 이번에도 두 번 요청하고서야 가져다주었다. 그런데 직원들이 고객을 위아래로 훑어보고 '진상 고객'이라고 하는 걸 들었다. 화가 나서 매니저를 불러 말했고 사과를 받았는데 어떻게 고객이 있는데 직원들이 그럴 수가 있나. 생각만 해도 화가 난다.'

'아침 조식에 대기자가 많아 한참을 기다려야 했다. 사전에 인원들을 파악해서 준비를 했어야 하는데 준비가 안 된 상태에서 고객의 불편을 초래했다. 고객들이 많으면 사전 안내를 해 주던가 아침에 다른 일정이 있었는데 촉박해서 많이 불편했다.'

대부분 고객의 말이 옳다. 고객의 컴플레인을 통해 서비스를 개선하고 그 개선을 통해 고객 만족도를 올린다. 이를 통해 다시 고객들이 찾아올 수 있도록 유도하고 매출도 더욱 올릴 수 있는 것이다. 작은 것 하나하나 세심하게 개선이 필요한 이유이다. 그러나 대부분 컴플레인은 옳지만 초기 대응과 응대 방법의 부족으로 인해 계속적이고 지속적으로 늘어나는 양상이다. 이를 예방하고 방지

하기 위해 많은 노력이 필요하다. 또한 HR과 협의를 통해 교육 방향과 방법을 재조정하기도 한다.

지인을 만나기 위해 시내의 카페를 들른 적이 있다. 자리에 앉자 손님이 많은 편은 아니었다. 바로 뒷자리에 대학생으로 보이는 여학생 두 명이 수다를 떨고 있다. 의도적으로 들으려고 한 것은 아니지만 직업이 직업인지라 서비스에 관한 이야기가 나오니 귀가 쫑긋해졌다.

"사람들이 참 이상하단 말이야. 내가 다니는 마트는 물건 파는 곳이잖아. 근데 사람들이 친절하지 않다고 자꾸 사장님한테 말을 하는가봐. 매번 나만 보면 친절하게 손님들을 대해 달라고 그러는 거야. 마트가 물건을 파는 곳이지 웃음이나 친절을 파는 곳은 아니잖아. 너는 호텔 알바는 괜찮니?"

"아, 나야 뭐. 체질인가 봐. 글쎄 며칠 전에는 손님한테 팁도 받았다. 자주 받아 손님들한테. 계산하고 가면서 만 원을 받았어. 우리 레스토랑에 매니저가 나를 얼마나 좋아해 주는지 알아. 싹싹하고 인사 잘 한다고. 난 그냥 접시만 치워주면 되잖아. 어려운 것도 아니고 그냥 인사 잘하고 먼저 물어보고 양해 구하고, 직원들도 알바라고 무시 안 하고 조금씩 배려하니까 일하기도 좋아. 우리 매니저님 이번 주말에도 꼭 알바 오라고 하더라."

뒷자리를 한 번 쓰윽 쳐다보았다. 참으로 얼굴이 밝고 긍정적인 친구로 보였다. 얼굴에 미소가 가득했다. 얼굴 만 보았을 뿐인데 기분이 좋아지는 얼굴이다. 반면 건너편 친구는 얼굴은 보이지 않았지만 목소리 톤이 신경질적이다. 같은 아르바이트를 하면서 어쩌면 그리 다른 마음가짐일까. 둘에 대화로 듣다가 많은 것을 생각하게 했다.

어차피 하는 일이라면 즐겁고 행복하게 일했으면 좋겠다. 내가 하는 만큼 되돌아오는 것이 인지상정일 터이다. 단순히 판매직이라고 하더라도 그 일을 대하는 자세에 따라 힘 드리지 않고 즐겁게 할 수 있다. 그만큼 마음가짐의 문제이고 나 자신이 마음먹기에 달려있다고 생각한다. 고객 컴플레인은 언제 어디서든 발생할 수 있다. 그러나 같은 일이 반복되지 않도록 개선하고 숙지를 통해 노력해야 한다. 적어도 이일을 계속하려면 말이다.

사람이 완벽하게 조절 할 수 있는 것은 세상에 딱 한 가지 밖에 없다. 바로 마음가짐이다.

- 나폴레온 힐 -

호텔객실에서 하면 안 되는 7가지

사례로 알아보는 호텔에티켓

언젠가 기회가 되면 기상천외한 사건사고를 폭로하고 싶었다. 상상도 할 수 없는 일들이 내겐 자주 일어났다. 물론 인터넷이 발달하고 SNS가 보편화되면서 많이 알려졌다. 그러나 유사한 일들은 계속 일어났고 정도의 차이기 있을 뿐이다. 정말 고객의 행동이 존경스러울 만큼 기가 막히고 혀를 차게 만들었다. 시간이 지나면서 개선되었지만 한 번씩 터져 나오는 일들에 언젠가 기회가 되면 만천하에 폭로해야겠다고 마음먹었다. 그래서 이런 기회가 왔는지도 모를 일이다. 호텔, 리조트에서 겪은 일들이다. 더불어 그동안 기상천외한 고객들의 호텔 에티켓을 통해 품격 있는 고객으로 다시 모시고 싶다.

호텔객실에서 하면 안 되는 7가지다.

첫째, 전기 주전자는 물 끓이는 용도로 사용하세요. 전기 주전자를 이용해 차나 컵라면 정도를 드시면 감사하겠다. 그러나 주전자 안에 라면을 끓이고 김치찌개까지 끓인다. 그리고 계란을 삶거나 냉동식품을 해동하는 용도로 사용하는 경우가 있다. 객실에서 냄새며, 다음 고객 이용에 어려움이 발생한다. 문제는 화상사고가 심심치 않게 발생한다. 안전을 위해 전기포트는 물만 끓이는 용도로 사용해야 한다.

리조트에 근무할 당시에는 규모가 500실이 넘는 건물이었다. 리조트니 당연히 취사가 가능했다. 3년도 안되어 전기 주전자는 절반이 파손되었다. 그 이유는 전기 주전자에 물을 넣고 다시 인덕션에 올려놓은 것이다. 참 새로운 발상의 전환이다. 사용법에 대한 부주의로 일어난 일이다. 화재경보기는 울렸고 비치된 소화기로 진화되었으나 고스란히 고객에게 비용이 청구 되었다. 비용은 나중이고 천만다행이다. 대부분 인덕션에 죄 없는 전기주전자 엉덩이만 수난시대다.

둘째, 객실 용품은 사용 후 제자리에 두어야 한다. 객실 내 비치된 일회용품과 재사용 하지 않는 어메니티 정도는 기념으로 많이 가져간다. 그러나 타월, 헤어드라이기까지 일회용품은 아니다. 요즘 일부 호텔에서는 타월에 전자 칩을 넣어 관리하는 곳도 있다. 그만큼 많은 수량이 없어지기 때문이다. 호텔 입지에 따라 산과 바다가 있는 곳에선 여름철 특히 주의해야 한다. 비싼 돈을 주고 투숙하고 몇 천원 안 하는 것으로 망신을 당할 수 있다.

리조트에선 대형 가전제품까지 없어지는 일들이 종종 발생한다. 이해할 수 없는 것은 CCTV가 있는데도 발생된다. 누군가가 다 보고 있으니 이젠 마음에 들어도 시설물을 이용하는 것으로 만족해야 한다,

셋째, 미니바 이용은 정직하게 해야 한다. 보통 생수 2병에서 3병 정도는 프리로 제공하는 곳이 많다. 음료들을 먼저 드시고 마트나 편의점에서 비슷한 제품을 채워 넣는 것은 양반이다. 미니 양주를 드시고 맹물을 채워 놓는 일이나 캔 음료 밑에 구멍으로 마시고 난 후 빈 통을 진열해 놓는 일은 있어서는 안 될 일이다. 최근에는 미니바를 없애고 생수만 무료로 제공하는 곳이 늘어나고 있다.

넷째, 신사 숙녀답게 객실에서 나올 때는 옷을 입어야 한다. 이건 무슨 말인가 하시는 분들이 많다. 일 년에 몇 번씩 발생하는 일이다. 통상 객실 문과 발코니 문은 닫치면 잠겨버린다. 무슨 이유인지는 알 수 없으나 객실 복도에서 실오라기 하나 거치지 않은 고객이 종종 발견되곤 한다. 이 땐 층별마다 프런트 데스크와 연결된 전화가 있으니 활용하고 여의치 않으면 비상계단에 피신하여 도움을 청하는 것이 좋겠다. 또한 간혹 발코니에서 발견되신 분들은 "살려주세요. 도와주세요."를 외쳐야 하는 처량한 신세가 되기도 한다. 아울러 가운과 객실 슬리퍼를 신고 복도나 로비까지 다니는 분들이 아직도 종종 있다. 잘못하면 바바리맨으로 오해받을 수 있다. 이젠 객실에 비치된 것은 객실에서만 이용을 권장한다.

다섯째, 객실 내에선 불사용에 주의해야 한다. 각종 기념일과 성

탄절 이브, 연말, 신년이 되면 비상이다. 시설 직원들의 마음은 애가 탄다. 내가 실제 경험한 것들 중에 머리카락이 탄 것은 애교 수준이다. 기념일 이벤트로 촛불을 켜서 하트 모양을 만들어 즐기다가 여성분의 옷에 불이 붙은 사고가 기억에 남는다. 아찔한 일이 아닐 수 없다. 사실 객실 내 화재가 나면 제일 먼저 방재실에서 이상 징후가 감지된다. 그리고 피난안내, 스프링클러, 송풍실 등이 안전에 대한 대비가 가동된다. 그중 내 경험에 단연코 큰 사고는 바람 부는 날에 고객이 객실 발코니에서 풍등을 날린 것이다. 그 풍등은 강풍으로 멀리 날지 못하고 곧장 지상으로 추락해서 인근 숲과 시설 케이블 등을 태우는 화재사고가 발생했다. 다행히 조기 발견과 진화되었다. 단순한 호기심이었지만 그 결과는 엄청난 비용과 관계기관 조사로 이어져 고객에게 청구되었다.

여섯째, 반려동물을 아무도 모르게 동반해서는 안 된다. 요즘 반려동물 동반 가능한 곳이 있으니 미리 확인하는 것이 좋겠다. 간혹 고객은 이용하신 예약 사이트에 공지되지 않았으니 이용을 하겠다고 억지를 부리는 고객이 종종 있다. 반려동물로 인해 다른 투숙객이 생명에 중대한 위험에 노출될 수 있음을 잊어서는 안 된다. 특히 대중화된 반려동물 관련해서 이미 상식이 된 사항이지만 타인을 배려를 위해 반드시 지켜야 한다.

일곱 번째, 창문이나 발코니에 몸을 내밀어서는 안 된다. 사소한 행동이 생명을 위협할 수 있다. 수학여행을 온 학생들이 외부 발코니에서 다른 객실로 이동 중 추락 사고가 심심치 않게 언론에 보도된다. 실재 리조트에서 근무 중에 '쿵'소리에 놀라 밖을 나가니

5층 남성 고객이 추락한 것이다. 다행히 벤츠 차량 위로 떨어져 상태가 타박상 정도로 경미했다. 사고를 낸 사람은 인근 지역의 마을 청년이었는데 정말 구사일생의 기적이었다. 떨어진 자리가 몇 센티만 벗어났다면 생각하기에도 아찔하다. 경찰에 진술한 내용에 따르면 일행들에게 자신의 용기를 보여주고 싶었다고 한다. 참으로 어이없는 일이다. 그러나 벤츠 차량 수리비용이 발생해서 엄청난 비용과 대가를 치렀다. 그때부터 벤츠 승용차를 보면 그 생각이 떠오른다.

그 밖에 호텔 객실 내에서 해서는 안 되는 것들은 흡연, 욕실을 사용할 때는 바닥이 젖지 않도록 커튼을 욕조 안으로 치고 사용해야 한다. 특히 미끄럼 사고예방을 위해 매트를 사용하면 좋다. 생각보다 미끄럼 사고가 심심치 않게 일어난다. 그리고 스위트 객실 내 히터나 벽난로도 주의해야 한다. 간혹 격렬한 사랑의 행위로 인한 안전사고가 발생하기도 한다. 마지막으로 간혹 호텔 객실에서 생의 마지막을 준비하는 일들이 있는데 좋은 방법이 아님을 알려드린다.

최근 호텔 이용도 많이 대중화되면서 고객 입장에서 호텔 이용권리에 대해 많이 알고 있다. 고객의 요청에 조금만 늦어도 고객은 왜 이리 늦게 오느냐며 화를 내거나 서비스 수준이 이것밖에 안 되냐며 항의를 한다. 심한 경우 무엇을 어떻게 보상할 것인지를 요구하는 사례가 늘어난다. 심지어 폭언과 무례한 행동도 서슴지 않는 경우가 종종 있다. 아마도 우리의 '빨리빨리 문화'에 성격이 급한 국민성 탓일까. 호텔리어의 스트레스도 많이 늘어나는 것 같다. 호텔리어들은 신속하고 완벽한 서비스를 위해 많은 노력들을 하고 있다. 혹여 작은 실수를 하거나 서비스가 다소 늦어지더라도 민감하게 반응하여 화부터 내는 것은 모두에게 이롭지 않다. 이제 조금만 여유를 갖고 넓은 마음으로 이해해 주었으면 하는 바람이다.

　지금 이 자리에서 최선을 다해 최대한으로 살 수 있다면 여기에는 삶과 죽음의 두려움도 발붙일 수 없다.
저마다 서 있는 자리에서 자기 자신답게 살라.

- 법정스님 -

스키퍼와 슬리퍼를 아시나요

재미있는 호텔용어들

스키퍼(Skipper)와 슬리퍼(Sleeper)를 아시나요. 호텔과 리조트에서 주로 사용되는 용어들이다. 이론적으로 스키퍼에 대해서는 많이 사용을 한다. 스키퍼는 계산을 하지 않고 몰래 호텔과 리조트를 빠져나가는 고객. 즉 돈을 안 내고 도망치는 고객을 말한다. 그리고 슬리퍼는 내부용어로 비어 있는 객실이 Room Rack의 기록 착오로 손님이 있는 객실인 줄 알고 판매하지 못하는 객실을 말한다. 그러나 대체적으로 지금은 사용하지 않는 용어이다. 이 호텔용어에 대해 난감하고 웃지 못할 해프닝이 영화의 한 장면처럼 스쳐 지나간다.

우선 스키퍼(Skipper)는 이용 후 계산을 하지 않고 도망간 고객이다. 지금이야 현금보다는 카드 이용이 많기 때문에 사전에 보증금 제도인 카드 개런티(카드 오픈) 또는 현금 디포짓을 통해 스키퍼를 예방한다. 아울러 장기 투숙객이라면 주 단위 또는 2~3일 단위로 결제를 진행하여 미수금이 쌓이지 않도록 하고 한도 초과 및 불량 카드에 대한 예방을 시행한다. 그리고 일반적으로 PMS(호텔 자산관리 시스템 : 리조트 또는 호텔에서 예약, 고객 체크인, 체크아웃, 객실 배정, 객실 요금 및 청구 관리 등의 프런트 오피스 기능을 관리하는 데 사용하는 플랫폼)와 일반 업장의 POS를 통해 실시간 반영되기에 기본적인 스키퍼는 예방된다. 다만, 미니바의 경우는 인력 문제로 자율로 체크하여 계산을 유도한다. 이로 인해 발생되는 미니바나 기타 사용요금에 대한 미지불된 것들이 스키퍼에 해당한다고 볼 수 있다. 하지만 이것마저도 인건비와 관리상 문제로 인해 미니바 운영을 중단하거나 최소한의 음료를 무료로 제공하는 곳이 늘어나고 있다.

미니바 하니깐 기억 남는 고객들이 있다. 하나는 일주일 투숙한 고객들인데 매일매일 메이드의 정비로 인해 그날그날의 미니바가 새로 채워지고 드신 것이 체크된다. 매번 미니바의 이용이 많지는 않았지만 일정했는데 퇴실할 때 추가로 미니바 이용이 없어 전날 이전까지 이용한 기존의 것을 오픈된 카드로 결제를 하였다. 오후가 되어 만난 하우스키핑 매니저의 얼굴이 심각해졌다. 어떻게 미니바에 음료와 주류, 안주가 하나도 없는 일이 발생한 거다. 간혹 단체 이용객이 있을 경우 다른 부서의 요청으로 미니바를 임시 제거 하는 경우가 종종 있기 때문에 착각 하나 싶었다. 그러나 메이드는 절차에 따라 잘 채워 놓았다고 하는데. 만약 고객이 드셨다면 흔적이라도 있을 텐데 흔적이 없이 사라진 일체의 미니바. 귀신이 곡할 노릇이었다. 퇴실하며 기념품쯤으로 생각한 모양이다. 다행히도 기업의 접대성 객실이라 비용청구와 결재가 잘 이루어지기는 했지만 아, 이런 일도 있구나 싶어 오래도록 기억에 남았다.

또 한 번은 고객이 프런트로 미니바의 양주들을 가져 내려온 일이 있었다. 직원들에게 맛보라고. 물론 근무 중에 술 선물을 받은 것은 아니다. 마셔본 양주는 맹물이었다. 아뿔싸, 또 터질 것이 터진 것이다. 마셔버린 병에 맹물을 담아버린 얌체 고객이 발생한 것이다. 언젠가는 비어버린 캔 음료도 발생한다. 어린 시절 요구르트를 먹을 때 밑바닥에 구멍을 내어 먹던 것처럼 감쪽같이 캔 음료를 먹어버리고 진열해 놓으면 발견하기가 쉽지 않다. 고객의 기발하고 엉뚱한 행동에 참으로 황당하게 어처구니가 없는 일이 간혹 발생한다. 그러나 요즘은 호텔들 주변에 마트나 24시간 편의점들이 많고, 아예 호텔과 리조트 내부에 편의점을 운영하기에 미니바에는 생수와 약간의 음료, 간단한 쿠키 정도를 무료제공하기도 한다.

슬리퍼(Sleeper)는 비어 있는 객실이 Room Rack의 기록 착오로 손님이 있는 객실인 줄 알고 판매하지 못하는 객실을 말한다. PMS(호텔 자산관리 시스템)가 대중적으로 도입된 것이 20년 전의 일이다. 이전에는 대부분 수기로 작업을 진행했다. 밤새 판매된 객실은 손으로 리포트를 작성해 보고했다. 물론 등록카드에는 슬립이 있어 룸 랙에 끼워 객실판매를 표시하였다. 그러나 손으로 작업을 하다 보면 간혹 실수로 인한 슬리퍼가 발생한다. 물론 이런 것도 고참 직원이 되면 즉시 처리하기도 한다. 그러나 물이 들어왔을 때 노를 저으라는 말이 있듯이 워크인 게스트(예약하지 않고 오는 고객)도 일정 시간이 지나면 없기 때문에 사전에 실수가 있는지 점검하고 또 점검해야 한다. 그러나 사람이 하는 일이다 보니 발생하면 주변 호텔들의 근무자들과 전화 통화를 통해 도움을 받아 판매를 하기도 한다. 그땐 다들 그렇게 고생들을 하였다. 지금이야 PMS 도입을 통해 편리해졌고 슬리퍼 발생의 빈도가 거의 없다.

또 한 번은 한국관광공사에서 진행하는 지배인 자격증 시험에서 있었던 일이다. 그 당시는 2급, 1급, 총지배인으로 자격증이 구분되어 있던 시절이다. 전국에서 올라온 면접자들이 대기실에 빼곡히 몰려 대기하던 시절이다. 면접을 먼저 치르고 나온 사람들에게 정보를 얻으려고 애를 쓰던 시절이다. 물론 입구와 출구를 구분해서 어려운 일이었지만 그때나 지금이나 귀신같은 재주를 가진 사람들이 있기 마련이다. 같은 일행들끼리 서로 주고받은 이야기들이 들린다. 무엇을 물어본다더라. 지금 생각하면 웃음이 나온다. 첫 해 내가 만난 면접관의 질문이 생생하다.

"스키퍼와 슬리퍼를 아시나요."

스키퍼를 대답하고 나서 슬리퍼에 대해 대답을 할 때는 설마 객실 내에 비치되어 있는 슬리퍼를 왜 물어보지 했다. 그 당시는 식음 부서에서 근무하고 있었기에 객실 부서는 책에서 본 것이 전부였으니 당황스러웠다. 그래도 눈치는 있어서 사실대로 모르겠다고 대답을 하고 말았다.

그때 이후 당황한 나는 정신이 아득해짐과 머리가 하얗게 변하는 백지상태를 경험했다. 이어지는 영어 질문은 블렉퍼스트(Breakfast)는 아침 몇 시부터 어디에서 할 수 있는지, 방에서도 이용 할 수 있는지 있다면 어떻게 이용하는지. 외국인이 투숙했는데 시내 쇼핑 중 지갑을 분실했다. 당신은 어떻게 처리하겠는가 하는 질문이 있었던 것으로 기억한다. 지금의 호텔 서비스사, 관리사, 경영사 중에 호텔 관리사 격이다.

현실에서는 자격증 시험에 응시하는 사람이 적은 것으로 알고 있다. 시험 응시 자격에 경력 제한 사항으로 응시자가 적고 실제 자격증이 있어야 그 자리가 유지되는 것이 아니다 보니 아쉬움이 남는다. 그럼에도 불구하고 자신의 꿈과 커리어를 쌓기 위해 노력하는 많은 예비 호텔리어들에게 도전하는 열정을 응원하다.

사람을 판단하는 최고의 척도는 안락하고 편안한 시기에 보여주는 모습이 아닌, 도전하며 논란에 휩싸인 때 보여주는 모습이다.
The ultimate measure of a person is not where they stand in moments of comfort and convenience, but where they stand in times of challenge and controversy.

                        - 마틴 루터 킹 Martin Luther King Jr. -

호텔은 금연 중입니다

향기가 솔솔 풍기는 사람

창문 사이로 담배연기가 들어온다. 냄새만큼은 예민하고 정확하다. 담배를 끊은 지 15년이 넘었다. 스트레스로 중간에 한 번 피어보려 시도해 보았지만 역한 담배연기에 정말 다시 흡연하기를 포기했다. 이러하니 금연한 사람들과 여성들에겐 얼마나 담배 냄새가 힘이 들겠는가. 하물며 고객의 입장에서 첫 대면을 하는 프런트 직원과의 대화에서 담배 냄새가 난다면 보통 일이 아닐 것이다. 첫 인상을 다시 회복하는데 많은 노력이 필요하고 그만큼 더 어려운 일이다. 그럼으로 프런트 근무자 뿐 아니라 고객을 응대하는 레스토랑 직원들도 담배를 피워 담배 냄새와 구취의 가능성이 있어 업무에 들어설 때 가글 또는 양치를 해야 하는 이유이다.

요즘은 담배를 피우기 시작하는 연령대가 많이 낮아졌다고 한다. 나 또한 약 15년을 피우다가 끊었다. 금연을 할 수밖에 없는 상황이었다. 의사의 말로는 '살고 싶으면 끊으라.'고 충고했다. 스트레스 때문도 있었지만 가슴으로 지속해서 통증이 가해졌다. 병원을 찾아 의사에게 받은 처방은 금연 아니면 죽음이었다. 그러나 금연하기가 그리 쉬운 일은 아니다. 요즘은 보건소에 금연 프로그램을 이수하면 치료와 교육, 금연을 위한 부수 재료까지 지원을 하고, 금연 성공 비용까지 주는 것으로 알고 있다.

동료들은 어떻게 끊었는지 간혹 물어온다. 나는 딱 3번 만에 금연에 성공했다. 2번의 실패와 3번째 성공. 답은 은단에 있었다. 은단을 3통을 사서 담배 생각날 때마다 입안에 2~3알을 털어 넣었다.

그러나 흡연은 1시간 훈련을 받고 10분간 휴식을 하는 군대에서 담배 한 대의 값어치를 생각한다면 얼마나 짜릿한가. 상사로부터 심한 말을 듣고 나와 밖에서 피우는 담배의 맛, 육체적으로 힘든 일을 하고 느티나무 아래에서 시원한 바람을 쐬며 피우는 담배의 맛, 비가 올 때 처마에서 쭈그려 앉아 피우는 담배의 맛. 아~ 생각만 해도 멋지고 맛있겠다.

햇볕이 내리는 커피숍에 앉아 선글라스 낀 미인이 커피 한 잔에 담배 한 대 피우는데 그 모습이 멋있다. 젊은 시절에는 담배 피우는 멋을 동경했다. 식사 후 담배 맛은 최고라고들 말한다. 이런 경험들은 주관적인 것들이다. 아울러 담배에 대한 좋은 일만 있는 것은 아니다.

호텔에 근무할 때의 일이다. 현관을 통해 다급히 도움을 요청하는 신사의 목소리를 들었다. 이야기의 요지는 담배를 피우며 이동하다가 아이의 얼굴에 담뱃불 접촉이 발생한 것이다. 급히 119를 불렀고 응급사항에 다들 놀라는 사건이었다. 놀라 우는 아이를 바라보니 마음이 아팠다. 나중에 다행히 아이는 큰 상처 없이 반창고를 붙이고 있었다. 그날은 가족단위 행사가 있는 날이었는데 3~4살 아이의 키와 어른들의 시선은 서로 달라 어른들의 부주의로 걸으며 편히 담배를 피웠을 뿐이지만 뛰어다니는 아이들에게는 그 높이가 바로 얼굴 눈 높이였던 것이다. 작은 부주의가 불러온 위험 천만하고 아찔한 사고였다.

또 한 번은 대낮에 리조트 내 화재경보기가 작동했다. 원인은 화장실에 담배꽁초를 끄지 않고 버린 것이다. 그 당시 놀란 가슴은 이루 말할 수 없다. 지금이야 정부 정책으로 화장실에 쓰레기통이 없어졌지만 종종 화장실에 화재경보기가 담배꽁초로 해프닝을 만든다. 담배에 대한 해프닝이 담배를 피우는 사람들은 하나씩은 있을 테다. 야간 국도를 달리며 담배를 피우다가 밖으로 던졌는데 곧장 차량 안으로 붉은 빛의 담배꽁초가 도로 들어온 일이다. 얼마나 놀랐는지. 고속도로였으면 정말 끔찍한 사고로 이어졌을 것이다. 이후로는 차 안에서 담배를 피우지 않았고, 담배를 피우더라도 확실하게 소등하는 버릇이 생겼다.

몇 해 전부터 건강 진흥법에 의거 관광숙박업소, 대형건물, 공연장 등으로 금연이 확대되었다. 이에 호텔과 리조트 등 건물 내에선 금연을 시행하고 있다. 객실 내 금연(No Smoking) 표식과 함께 재떨이가 살아졌다. 이후 레스토랑에서도 금연이 시행되었다. 이로 인한 객실정비 시 베란다를 확인하지 않아 전에 사용하던 고객이 일회용컵에 재떨이 대용으로 쓰고 남은 흔적이 남아 고객 컴플레인으로 이어지는 일이 상당히 많이 발생한다.

간혹 간부 회의나 직원 면담 시 담배 냄새로 인하여 심하게 기침을 하는 일이 발생한다. 본인들은 모르지만 담배를 피우는 사람들에게선 담배 냄새와 구치가 상당하다. 담배가 기호식품이니 무어라 강제할 수는 없는 일이다. 그러나 이 또한 자기관리이고 경쟁력인 셈이다. 특히 여성 고객을 상대할 때 신중하게 자기관리를 할 필요가 있다.

요즘 고객은 참지 않는다. 총지배인으로 근무하면서 많은 여성 고객들에게 진심 어린 충고를 들었다. 그래서 가능하면 직원들에게 개인적 피드백을 해주는 편이고 정기적인 면담을 시행하면서 특히 신경을 쓰고 주안점을 두어 직원들을 교육한다. 사실 개인적인 기호로 취급될 소지가 있어 특히나 신경 써서 직원들이 기분 나쁘지 않게 주지시키고 반드시 여러 번 확인을 한다. 특히 팀장급들의 피드백은 상당한 수준의 자기관리가 필요하기에 강력한 주의를 준다.

최근 호텔과 리조트에서는 객실 내로 유입되는 담배 냄새로 막고자 다양한 방법을 강구한다. 별도의 흡연자를 위한 공간을 마련해 준다. 가능하면 건물에서 떨어지고 외진 곳으로 배치한다. 또한 공용 재떨이도 최소화하여 배치한다. 흡연자들은 담배에 많은 세금을 내고 있기에 자칭 애국자라고들 말한다. 언젠가 공항 흡연실을 본 적이 있었다. 완전히 담배연기로 가득한 곳에 담배를 피우겠다는 사람으로 줄을 서 기다리고 있는 것이다. 열의가 대단한 것 같다. 다행히도 금연에 성공하였기에 그 대열에 없는 나 자신이 천만다행이라는 생각을 한다.

요즘은 남성, 여성할 것 없이 흡연을 한다. 가능하면 금연을 권장한다. 서비스업에 근무하려면 금연을 꼭 고려해 보기 바란다. 금연이 정말로 어렵다면 어떻게 타인에게 피해를 최소화할 수 있을지 고민하기 바란다. 그래도 흡연을 반드시 해야겠다면 최근에 다양한 가글 제품과 양치를 할 수 있다면 최상의 방법일 것이다.

당당한 서비스맨으로 호텔리어로 최소한의 자기관리를 통해 향기 솔솔 풍기는 사람이 되길 기원한다.

"담배, 그거 독약입니다."

— 개그맨 이주일 —

DND Card를 아시나요

정이 철철철 넘치는 메이드 여사님들

,

호텔 객실 복도를 걷다 보면 문고리에 걸려있는 표지를 보게 된다. 이것이 DND 카드다. 방해하지 마세요.(Do not disturb please). 정리해 주세요.(Make up the room please) 참으로 단순하고 편리한 사인물이다. 이 표식으로 인해 호텔 직원들의 업무는 시작되고 움직이게 된다. 간혹 이 싸인물로 인해 울고 웃고 하는 일이 생기기도 한다. 또한 말로 표현할 수 없는 트라우마가 되기도 한다. 그것이 호텔리어의 숙명인 것 같다. 나쁜 일은 빨리 잊고 항상 좋은 것만 기억하고 좋은 일이 많이 생기기에 이 일을 지속하는지도 모르겠다.

객실 문고리에 내 걸려있는 작은 표식은 간결하고 단순하다. 하지만 고객의 편의를 위해 무언의 약속된 요청과 직원들에게는 업무의 시작이다. DND 카드가 객실에 내 걸리게 되면 가능하면 방해가 되지 않도록 조심을 한다. 늦은 밤 체크인으로 좀 더 잠을 자야 하는 고객을 위해 룸메이드는 객실정비도 생략한다. 그리고 벨을 누르지 않도록 주의한다. 한편 '정리해 주세요.'하는 표식은 룸메이드에게 업무의 시작을 알리는 신호이고 표식이다. 이런 DND 카드는 행거형, 자석식 부착형, 버튼형이 있다. 자석식은 행거형이 이동 시 바닥에 떨어지거나 문틈에 끼이고 하기에 후면에 자석식을 되어 있어 출입문에 붙여 놓으면 흔들림 없이 딱 고정되어 붙어있다. 그리고 최근에는 카드의 불편을 없애기 위해 객실 내 키텍 옆에 버튼으로 나란히 설치되어있다. 이것을 누르면 객실밖에 표시등이 불이 들어온다. 아울러 호텔 전산과 객실 정비하는 메이드에게 연결된다. 간혹 '이 버튼을 누르고 다시 취소가 되지 않으면 어떻게 하지'라고 생각하는데 한 번 더 누르면 원상태가 되어 취소가 된다.

카지노 인근 호텔에서는 이틀째 DND 카드가 걸려 있는 객실에 인기척이 없고 전화도 받지 않아 객실을 확인하러 갔다가 경찰까지 출동하는 일이 종종 생긴다. 담당 지배인이나 메이드들은 깊은 트라우마를 겪게 되는 경우이다. 호텔에서 해서는 안 되는 행동 중에 하나다. 지금 당장은 힘들더라도, 그 인생 역경이라는 것도 영원하지는 않다. 여하튼 생명은 소중하니까.

어떤 때에는 늦은 저녁 외출에서 돌아온 고객의 거센 항의를 받기도 한다. 당연히 1박을 하고 나면 청소를 해주어야지 청소가 안 되어 있다고 항의하는 고객이다. 이미 하우스키핑 직원들과 메이드도 다 퇴근한 이후이다. 확인해 보면 여지없이 객실 도어에는 '방해하지 마세요'라는 카드가 걸려있다. 그런데도 고래고래 소리치면 참으로 난감한 일이다. 조금이라도 본인 잘못은 없고 모두 직원들의 잘못이다. 변명을 했다간 아마 호텔이 무너지는 고성을 들을 판이다. 이래저래 모두들 고생이다.

카드가 내 걸리면 적어도 방해하지 않는다는 원칙이 있다. 다만, 2일 이상 같은 카드가 걸려 있다면 프런트 데스크 담당 지배인이 정중하게 전화를 걸어 의사를 재확인한다.

반대로 '정리해 주세요'라는 요청이 있거나 아무 표식이 없으면 메이드가 정비를 진행한다. 예민한 경우는 사전에 전화로 시간대를 정해 정비를 요청하는 경우가 대부분이다. 아울러 객실 내에는 '그린카드(Green Card)'가 준비되어 있다. 그린카드는 호텔에서 시행하는 환경보호 캠페인의 일종이다. 침대 시트와 타월 등 객실에서 사용하는 린넨류의 재사용 원할 경우 그린카드를 사용한 침대 위에 올려놓거나 방문에 걸어두면 린넨 교체를 하지 않는다. 다만 타월 같은 경우는 욕조 등 수건걸이에 반듯이 걸어두는 경우를 제외하고 교체를 원칙으로 한다. 호텔은 환경보호를 위해 사용한 린넨에 대해 고객이 재사용 할 경우 세탁물이 줄면서 자연히 에너지 사용이 줄어준다. 또한 세탁 시 사용되는 세제 등으로 인한 환경오

염이 줄어들게 된다. 결국 고객의 작은 실천의지와 자발적인 동참이 가장 중요한 환경 캠페인이라 할 수 있다. 이런 그린카드는 동그란 원형의 형태도 있고 걸이형, 곰과 같은 동물 모양 등 다양한 형태로 제작되어 비치되어 있다. 아울러 일부 시설에서는 어메니티 중에 칫솔과 치약을 제공하지 않는 곳도 상당수 있다. 무분별한 일회용품 자재와 환경보호를 위해 일회용품이 제한되는 법이 시행 중이다.

한 번은 겨울 스키시즌에 겪은 일들이다. 스키장이 인근에 있다 보니 외국인의 투숙이 몰리는 경우인데, 정비를 위해 객실을 방문한 메이드가 기겁을 하고 나오는 경우가 종종 발생한다. 그것은 보기도 민망할 정도로 나체의 몸으로 객실정비를 요구하는 경우이다. 물론 담당 지배인의 정중한 부탁과 함께 담당 메이드를 교체해 주어야 한다. 그리고 놀란 메이드에게 따뜻한 차 한 잔을 권하며 위로하는 내내 메이드의 손은 덜덜 떨고 있는 모습은 참으로 안쓰럽기 그지없다.

조금 심한 경우는 객실 내 정비 중에 고객이 함께하는 경우다. 메이드의 청소 내내 따라다니며 먼지와 정비 미비를 지적하는 주부 고객들의 당당한 갑질 행태다. 그래도 대부분 메이드들은 나이가 지긋하신 여사님들이라서 묵묵히 주어진 일을 하시기에 커다란 마찰은 없었다. 그리고 자주는 아니지만 재실 정비 후 분실물로 인한 오해를 받는 경우가 발생하여 사람의 속을 뒤집어 놓는다.

젊은 시절 프런트 데스크 근무 시절이다. 고객의 다급한 전화를 받은 적이 있다. 오늘 체크아웃 객실에 현금 팔백만 원을 두고 나왔다는 전화였다. 고객은 전날 투숙한 신혼부부였다. 자세히 위치를 물어보고 객실을 직접 확인해 보았다. 신혼부부가 다녀간 객실 침대 매트리스를 들어 올리자 두툼한 신문지로 말린 비닐봉지 두 덩이가 발견되었다. 택시를 타고 되돌아 호텔 로비에서 연신 가슴을 쓸어내리는 신혼부부를 본 적이 있다.

하우스키핑에서는 간혹 웃지 못할 안전사고도 신고 된다. 목마른 직원들이 생수병에 담긴 피죤을 들이켜서 병원에 실려 가는 일과 같은 유사한 사고는 이젠 많은 교육과 강화된 산업안전보건법에 제41조에 의거한 MSDS(Material Safety Data Sheet) 물질 안전 보건 자료의 작성 · 비치 등을 통해 예방되고 있다.

간혹 메이드가 이용하는 대기실에 냉장고도 정기점검을 시행한다. 주부사원으로 이루어져 있다 보니 특히 여름철에는 상한 음식들을 간혹 섭취해서 전투력(?)을 상실하는 일이 없도록 특별한 관리가 필요하다.

이런 어려움 속에 근무하는 메이드들도 체크아웃 하는 고객으로부터 '덕분에 너무 편하게 쉬었다'라는 말을 들으면 기분이 좋아진다. 간혹 고객의 감사 표현으로 작은 선물로 약간의 팁, 음료수, 감사 편지 등을 받으면 모든 힘들고 어려웠던 일들이 눈 녹듯 녹아내린다.

호텔 겉모습으로 비추어지는 웅장함, 고급스러움과 달리 그 안쪽 내부에 직원도 다른 직장 생활과 마찬가지로 인간적인 정이 많은 사람들로 이루어져 있다. 작은 감사와 고마움의 표현을 통해 감동받고 힘이 솟는 그런 조직이다. 정이 철철철 넘쳐나는 호텔리어들이여, 오늘도 파이팅 합시다.

우리 모두는 어둠 속을 걷고 있습니다.
그러기에 우리는 각자가 자신의 빛을 밝히는 법을 배워야 합니다.
We all walk in the dark.
and each of us must learn to turn on his or her own light.

- 얼 나이팅게일 earl nightingale -

스마트한 세상으로의 진화

끔찍한 정전기, 무섭네. 무서워

객실에 투숙할 때 객실 키부터 객실 내부에 많은 장치들을 잘 사용하면 편리하다. 그러나 자칫 잘못하면 불편할 수 있는 것들을 살펴보자. 그리고 어쩔 수 없는 나의 연식이니 옛 생각도 하면서 객실 키에 대한 변천과 추억을 회상해 본다. 곳곳에 나름대로의 애환도 있고 때로는 신기할 수도 있는 그때 그 시절이다. 별거 아니지만 알면 약이 되고 모르면 그냥 프런트 데스크에, 아니면 직원에게 물어보면 된다. 그것도 불편하면 눈치껏 용도를 잘 살펴보고 쓰면 나름 좋은 것들이다.

유럽에 가면 아직도 커다란 키를 준다고 한다. 한 손에 쥐기에도 묵지럭한 키를 상상해 보았다. 호텔에서 첫 직장으로 시작할 때 객실 번호가 붙어있는 플라스틱 막대에 메탈 키가 매달려 있었다. 사람들은 일정한 물건을 보면 특정한 기억을 갖고 있는데 이 메탈 키를 보면 내게도 기억 속에 각인된 것들이 있다. 초겨울부터 봄까지 일어나는 현상이다. 그것은 호텔 카펫으로 인한 정전기다. 메탈 키와 도어록이 만나는 순간 섬광이 번쩍거린다. 참을 수 없는 찌릿함은 나를 몸서리치게 했다. 아니 두렵기까지 했다. 하루에도 수차례 고객을 모시고 객실 안내를 해야 하는 내겐 고역이었다. 선배들의 조언에 따라 메탈 키를 잡고 도어록 손잡이를 스치듯 두드려본다. 번쩍이는 섬광으로 손으로 전달되는 찌릿함이 덜했다.

한 번은 집에서 벌어진 일이다. 둘째 아이가 세 살쯤에 이사를 한 적이 있다. 이사 온 아파트에 정신없이 이삿짐을 정리하고 있는데 어느 틈에 작은 아이가 벽에 있는 눈높이의 콘센트 구멍에 쇠젓가락을 들고 쑤신 것이다. 감전이 된 아이의 놀라는 모습이 생생하다. 얼마나 놀랐는지 우리 부부는 곧장 집안 곳곳에 콘센트 안전커버를 설치했다. 그 탓인지는 몰라도 둘째 아이는 그 이후 정전기를 거의 느끼지 않는다고 한다. 며칠 전 집에 이불 빨래를 위해 이불커버를 분리하는데 나란히 선 아이는 태연스럽다. 반면 손가락으로 깨작깨작이는 나는 한편으로 부럽기까지 했다. 찬바람이 불면 시작되는 정전기는 호텔 생활에서 각인된 나만의 찌릿함으로 기억되고 있다.

객실 키는 이후 빙 카드(Ving Card)로 불리는 구멍이 뚫린 플라스틱 카드로 등장했다. 도어록 뭉치에 꽂았다 빼면 문이 열린다. 종종 이용은 해 보았는데 실제 설치된 곳에 근무는 못해보았다.

그리고 RF 카드 키가 지금 대중적으로 사용하고 있는 키다. 플라스틱 키로 내부에 IC 칩이 내장되어 있다. 일부 파손으로 인해 깨지거나 금이 가면 작동이 안 된다. 통상 체크인 시에 플라스틱 카드 키를 2장을 발급한다. 그리고 추가 요청하면 발급이 가능하다. 아울러 추가 발급 시에는 보증금을 받는다. 이 보증금은 신용카드 개런티(Credit card Guaranty)로 카드 오픈과 같은 말이다. 그리고 현금 디포짓(Deposit)이 있다. 그러나 당황하지 말고 기분 나쁘게 생각하지 않았으면 좋겠다. 체크아웃 시에 키를 발급 수량만큼 반납하면 이것으로 정산하거나 되돌려 받는다. 일부에서는 객실 키에 객실 번호를 부착하여 사용하는 곳도 있으나 대부분은 키 홀더에 객실 번호를 기록하고 키는 홀더에 끼워 발급한다. 그 이유는 객실 키 분실 시 발생할 수 있는 도난과 안전 문제 때문이다. 대부분 퇴실 시에는 키를 반납하도록 정책을 시행하고 있다. 일부 해외에서는 발급된 객실 키를 기념으로 가져가도록 하는 곳도 있다고 한다. 그러나 국내 일부 인터넷이나 SNS에 대량 구입으로 인해 몇 백 원 밖에 안하기 때문에 가져간다고 하는 말은 사실과 다르다. RF 카드 플라스틱 키의 장당 단가는 약 3천 원에서 5천 원 선이다. 디자인에 따라 회사마다 약간의 차이가 있다. 그래서 프런트 데스크에는 퇴실 시에 반납을 받는다. 종종 단체 행사에 참석한 고객들이 집에서 호텔로 보내오는 우편물에는 객실 키를 보내오는 일도 종종 있다. 아울러 이 객실 키는 단순히 객실 문을 열고 닫는 기능만 하는 것이 아니라 보안을 비롯 다양한 기능도 하고 있다. 예를 들면 객실에 들어가 키텍에 키를 꽂지 않으면 객실 내에 전원이 차단된다. 간혹 일반 신용카드나 시중에 보너스카드와 같은 플라스틱 카드를 꽂아두는 경우가 있는데 기술의 발전으로 객실 키텍에서 키를 인식하여 오류가 발생한다. 특히 단체 고객들이 이 방 저방 옮겨 다니며 객실 키가 바뀌는 경우도 있기 때문에 간혹 직원들의 애를 태우는 경우도 있다.

최근에는 휴대폰으로 객실 문을 열수 있는 기술을 도입하는 것이 있다. 키리스 엔트리 시스템으로 적외선 리모컨 방식과 전파식이 있다. 사전적으로 스위치를 누름으로써 모든 도어의 잠김과 해제를 원격으로 조작하는 시스템이라고 한다. 일명 모바일 체크인(Mobile Check-In)과 같은 말이다. 일부 호텔에서 도입을 하고 있다. 그러나 풀어야 할 숙제도 많다. 예약과 체크인, 체크아웃이 동시에 모바일로 가능하다. 아울러 객실에서는 사물의 움직임을 포착해 고객이 객실 이용에 편해진다고 한다. 언젠가는 SF 영화에서처럼 말로만 하면 다 이루어지는 세상이 올 것이다. 휴대폰도 없이 원할 때마다 눈앞에 화면이 나오고 터치 하나 만으로 정보를 검색하고 말 한마디에 명령을 인식해서 실행해 주는 세상을 상상해 본다.

그러나 영원한 꿈만은 아닐 것이다. 지금도 고향 시골집에 첫 전화가 들어오던 날을 기억한다. 수화기 속 들려오는 작은 소리로 점점 커져가는 아버지의 목소리. 전화를 사용할 때마다 동네 사람들이 다 알아버릴 것 같은 착각이 들 정도였다. 외지에선 전화국에 가서 통화를 신청하고 20~30분을 기다려 통화를 해야 했던 시절이 있었다. 또한 전화 교환원 근무하던 사촌 누님이 생각이 난다. 이후 개인 삐삐로 진동의 시대를 넘어 벽돌 같은 이동식 전화기에서 휴대폰으로, 스마트 폰으로, 손목시계 스마트 와치로 세상은 변화했다. 변화의 속도는 점점 빨라져서 카메라와 카세트 등의 기능을 융복합 하며 많은 것을 집어삼키고 있다. 참으로 편리하고 스마트한 세상에 살고 있다.

기술의 발전과 혁신을 통한 호텔과 리조트에도 많은 변화의 바람이 불고 있다. 그러나 그 변화의 속도가 너무 빨라 따라 가지 못하는 경우도 종종 발생한다. 한편 돌이켜 생각해 보면 빨라진 기술혁신을 적용하는 것도 좋겠지만 예전 그대로의 모습과 정취도 그립기도 하다. 요즘 돌아온 복고, 레트로(Retro)를 지나 새로운 복고, 뉴트로(New-tro)로 진화하고 있다. 이를 통한 새로운 트렌트와 세대가 생겨나고 있다. 이렇게 세상은 계속해서 빠른 속도로 변화하고 있다. 아, 그러면 그때에는 호텔과 리조트가 없어지려나. 나는 간혹 그런 편리한 세상을 생각하며 바보처럼 웃어본다.

아무것도 바꾸지 않으면, 아무것도 변하지 않는다.

- 토니 로빈스 Tony Robbins -

참지도 기다려 주지도 않는 고객

변화하는 고객들

　　호텔과 리조트가 이젠 대중화되었다고 보아야 한다. 최근 '호캉스'라는 단어 한 마디가 우리에게 모든 것을 말한다. 호텔에서 즐기는 바캉스라는 말이 '호캉스'다. 이 한마디가 평생을 업계에서 살아온 사람으로서 반갑고 자부심을 느끼게 하는 말이다. 이로 인해 호텔과 리조트는 호황을 누리고 있고 주변에 많은 호텔과 휴양지에 리조트가 생겨났다. 이면에는 무엇보다도 유연해진 근무 제도와 주 40시간 근무제가 시행되면서 호텔과 리조트가 주말을 이용한 틈새 휴가와 주중에도 여가를 즐기기 위한 고객들이 증가하고 있다. 반면 일하는 직원 측면에서는 대중화되면서 또 한편으로는 고객들도 많이 변화하고 있다는 것이다. 그것은 이제 참지도 기다려주지 않는 고객들이다. 이제 고객들의 변화에 맞추어 그곳에서 종사하는 직원들도 변화를 맞이하고 있다는 사실이다. 그럼 어떻게 변화해야 할까 고민해 보자

별문제 없이 오전 체크아웃이 끝나고 한숨 돌리려는데 프런트 데스크에서 직원과 고객이 실랑이를 벌이고 있다. 잠깐 화장실을 다녀왔는데도 상황이 멈추질 않고 계속되고 있었다. 직원도 고객도 얼굴이 벌겋게 상기되어 있다. 들어보니 통상 체크인은 오후 3시인 경우가 많은데 오전에 와서 체크인을 해달라는 것이다. 직원은 당연히 '오후 3시부터 체크인이 가능합니다.'안내를 했으나 고객은 지금 당장 체크인을 해야겠다고 절차를 밟아 달라고 떼를 부리고 있었다. 물론 직원은 회사에 규정이 있으니 규정을 내세웠겠지. 고객은 '그건 네가 지키면 되고 나하고는 상관없는 일이야'라는 투였다. 서서히 전투적으로 변하는 목소리 톤이 높아지고 있다. '그런 잘못된 규정을 내가 반드시 바로잡고 말테야'하는 투였다. 역시 직원의 완강한 어조의 말에 격분한 고객이 한 번 더 톤을 높여 '며칠 전에도 모 브랜드의 호텔과 인근 호텔에 투숙했는데 다른 데에선 되는데 왜 당신들은 안 해주느냐'따진다. 모르긴 몰라도 직원들은 '그럼 그런 곳으로 가세요. 왜 안 된다는 곳으로 와서 힘을 빼시는지. 우긴다고 될 일이 아니거든요. 본인에게 맞게 서비스해주는 곳으로 가세요.' 하는 눈빛이다. 마침 깔끔하게 양복 차려입은 매니저가 나와서 기존 직원과 고객을 분리시키고 조곤조곤 무어라 이야기를 한다. 고객도 이해가 되었는지 잠잠하다.

요즘 고객들은 자신들이 원하는 것들을 규정에 얽매이지 않고 언제든 자신의 생각을 용감하게 거침없이 의견들을 이야기한다. 어떤 때는 고객들의 조언에 놀라기도 한다. 조예 깊은 예지력이 돋보이는 고객의 조용한 조언에 감탄을 금하지 못다. 반면 벽창호 같은 고객들을 만난다. 본인의 생각을 정해놓고 그것이 해결될 때까지 같은 말을 계속 반복하면서 직원들의 진을 빼놓는다. 그런데도 더 대단한 것은 그것을 받아주고 하나하나 해결해 나가는 직원들 또한 대단한 내공의 소유자들이다. 신입사원 때 쩔쩔매던 모습은 사라지고 어떤 컴플레인도 굴하지 않고 노련하게 고객들을 대한다. 어찌 보면 시간이 약인가 싶다.

적어도 사회 초년생 시절, 호텔은 누구나 이용할 수 있는 곳은 아니었다. 가장 큰 이유는 경제적 이유 때문이었을 것이다. 그러다 보니 어느 정도 고객층이 나누어져 있고 소소한 컴플레인이 적었던 것으로 기억된다. 아울러 점잖은 분들이 많았던 탓도 있었을 것이다. 그럼에도 간혹 어쩌다 발생되는 컴플레인이 있다. 초년생 시절 겪은 일이다.

한식당에서 식사를 하시던 고객이 생선구이 접시를 들고 레스토랑 밖으로 나가 버렸다. 직원들도 황당해서 바라볼 뿐이었다. 이미 레스토랑에서 직원들과 담당 지배인들에게 한바탕 소동이 있은 후였다. 분하고 억울함을 이지기 못한 고객이 로비 방향으로 접시를 들고 살아진 것이다. 프런트 데스크에 도착한 30대 초반 여성 고객은 "어떻게 생선구이 한 마리를 이렇게 비싸게 받을 수 있어요. 보세요. 이 생선을 보고 내 말이 맞는지 보시란 말이에요. 시장에 나가면 요만한 생선이 얼만 줄 아세요. 요런, 생선을 몇 십 배나 많이 받다니 말이 된다고 생각하세요. 나 이거 계산 못해요." 하고 억지를 부린다. 아, 이런 황망하고 어이없는 고객을 보았나. 나의 호텔 생활에서 시작된 첫 컴플레인 목격담이다.

지금 시절에는 오히려 귀엽고 애교 있는 컴플레인이려나. 지금도 그때를 생각하면 잔잔한 웃음이 나온다. 헤헤헤. 비가 오고 나면 길가에는 먼지도 없어지고 땅도 굳어질 터이다. 그 굳어짐이 고객에게도 호텔리어에게도 마찬가지로 단단히 굳어지겠지.

"직원들이 예의가 없어요. 교육을 어떻게 시킨 거예요. 생수를 추가로 달라고 했더니 나 보고 돈을 더 내라는 거예요. 요즘 세상에 이게 말이 된다고 생각하세요. 이렇게 비싼 호텔에서 생수 한 병 값이 얼마나 된다고. 다른 데는 다 공짜로 주는데 유별나게 이 호텔만 이러네. 아주 격이 떨어진다니깐." 삼십 대 중반에 남성 목소리가 쩌렁쩌렁. 그런 남편을 아내가 말리고 있다.

호텔과 리조트가 대중화되면서 필연적으로 발생하는 일인 것 같다는 생각이 든다. 이용 고객도 아주 기본적인 이용규칙과 규정들을 이해하면 서로가 편할 것 같은데 실상은 같은 일이 계속 반복된다. 업계에서 일하는 사람 입장에서 아쉽고 답답함이 생긴다. 반면에 그나마 다행인 것은 각종 인터넷 블로그와 카페에서, SNS에서, 그리고 OTA 업체의 각종 이용후기들이 널리 퍼지고 정착이 되면서 서로 이용에 불편함을 공유하고 새로운 경험과 자신들이 받았던 문화적인 충격들을 공유하면서 기본적인 갈등은 해소되고 있다. 그리고 양면의 날처럼 시설 이용에 따른 다양한 문제들이 제기되고 있는 현실이다. 이제 고객들도 더 나은 퀄리티의 시설들을 이용해 보고 전문가 수준의 시야를 가지면서 안목 있는 조언을 하고 있다.

이제 호텔과 리조트의 직원들도 시대가 변화하고 고객들의 높은 눈높이를 맞추어 서비스의 마인드도 높여야 할 것이다. 그래도 고객의 불편함과 하소연, 컴플레인은 상당수 시설의 유지와 개선에 밑바탕이 되어가고 있다. 이젠 고객들은 참지도 기다려 주지도 않는다. 사전에 미리 고객의 변화에 맞추어 변하지 않으면 고객들의 외면과 스스로 자멸의 길로 접어들 것이다. 오히려 고객과 소통하고 고객에게 즐거운 추억과 기억을 심어주고 항상 변화하는 모습을 통해 스스로의 경쟁력을 키워가길 간절히 바라는 마음이다. 지금도 어느 곳에서 고객의 컴플레인을 받고 있을 호텔리어의 등을 토닥여주고 싶다.
호텔리어들이여, 힘냅시다.

살아남는 것은 가장 강한 종이나 가장 똑똑한 종들이 아니라, 변화에 가장 잘 적응하는 종들이다.

- 찰스 다윈 Charles Darwin -

Chapter 3

호텔&리조트의
직장생활 속으로

호텔과 리조트도 다른 직장과 마찬가지로
직장인으로서 마주치는 문제들과 해결책 제시,
자기관리의 중요성에 관한 제시

위기의 직장생활 자신을 용서하라

사람은 스스로 아름다워야 한다

직장 생활 내내 들었던 생각은 '내가 이것밖에 안 되는 사람인가' '내가 왜 그랬을까'하는 자책과 함께 자괴감이 드는 것이다. 이런 생각이 들 때마다 자존감은 한없이 추락했다. 그러나 언제까지나 자신을 학대하고 스스로에게 상처를 줄 수는 없는 일이다. 생각하면 할수록 더욱 깊이 떨어지는 생각의 나락들. 나는 그곳에서 벗어나야만 했다. 그래서 남들이 소위 말하는 지극히 단순하고 언제나 들었던 말을 떠올리며 치유를 했다. 나 스스로를 위해서 말이다. "모든 것이 마음먹기에 달려있다" 모든 직장인들과 호텔리어들이여. 너무 자신을 자책하지 말자. 그래봐야 나만 힘들어진다.

내게도 그런 시절이 있었다. 나도 한 때 어마어마한 실수를 저질렀다. 지금도 생각하면 쥐구멍이라도 들어가고 싶은 심경이다. 다시 기억 저편으로 묻어 두었던 실수를 소환해 본다. 벌써 가슴이 떨리고 얼굴이 벌개진다. 나는 이 일로 10년을 넘게 다니던 회사를 그만두었다. 그리고 새로운 나만의 사업을 시작하게 되었다.

그 당시는 하우스키핑 책임자였다. 그날 호텔의 오너 가족이 오신 날이었다. 모두들 정신이 없었고 바쁜 날이었다. 직원 한 명이 내게 와서 보험사 직원이 왔는데 점심시간을 이용해서 룸메이드 여사님들께 상품 안내를 하였으면 한다는 것이다. 정신이 없던 차에 알아서 하라고 말한 것 같았다. 그때는 신경 쓸 일들이 많았기에 온통 정신이 그곳에 집중되어 있었다. 일은 오후에 발생했다. 회장사모님께서 객실 복도를 걷다가 휴게실에서 말소리가 들리니 휴게실 문을 열어 보셨다고 한다. 그곳에는 메이드 여사님들과 보험사 직원들이 무언가를 설명하고 있었단다. 그 일로 인해 나는 많은 어려움을 겪어야만 했다. 불면증에 시달려야 했고 소화가 안 되어 병원을 수개월 다녀야 했다. 내가 왜 그때 그렇게 했을까. 평상시 같으면 절차를 밟았을 터인데. 좀 더 명확히 무언지 확인해 보고 말할 걸. 그런데 그것을 물어본 직원은 왜 내게 와서 그런 말을 던진 것일까. 지금도 생각하면 눈에 무엇인가 씌인 것이 분명하다. 스스로의 자책과 원망들이 온통 나를 지배하였다. 괴로운 날들이, 힘겨운 날들이 나를 끊임없이 괴롭혔다. 그렇게 1년이 지나 사직서를 제출했다. 지금에서야 고백하지만 10년을 넘게, 나의 20대 청춘을 바쳐 일한 곳을 떠난다는 것이 쉬운 결정은 아니었다. 그렇게 무겁고 아쉬운 짐을 내려놓고 나는 나 자신을 용서하기로 했다.

누구에게나 말할 수 없는 실수들은 있을 것이다. 특히 호텔과 리조트에서는 본인만 잘 한다고 해서 해결될 문제가 아닐 수 있다. 복합적으로 많은 일에 휩싸이고 오해를 받고 그로 인해 많은 고통을 받는 경우도 있다. 특히 고객에게 오해를 받는 상황이라면 더욱더 그럴 것이다.

한 번은 외출하여 돌아오는 길에 전화 한 통을 받았다. 고객이 외출했다 돌아와 보니 화장대에 놓아둔 반지가 없어졌다는 것이다. 룸메이드와 하우스키핑 지배인이 확인을 했고 고객에게 설명하는 과정에 회사의 책임자를 찾으며 대화 자체를 거부한다는 것이었다. 고객은 객실에서 나오길 거부했고 고압적이고 강압적인 말투에 직원들은 어쩔 줄 모르고 있다고 한다. 자주는 아니지만 간혹 이런 일들이 발생을 한다. 당연히 귀중품은 프런트 데스크에 보관하거나 객실 금고에 보관을 해야 한다. 회사에 도착해서 관련 매니저들에게 상황을 파악했다. 모두들 대화를 거부하고 책임자를 찾는다고 한다. 내가 만난 고객은 60대 초반의 중후하게 보이시는 여성분이었다. 우선 이런 일이 발생한 부분에 대한 도의적인 사과를 했고 회사에서 어떻게 해드리는 것이 좋은가 여쭈어보았다. 그렇게 고압적이고 강압적이던 분도 감정이 누그러지셨는지 차근차근 본인의 실수와 직원들에게 소리치고 한 것에 대해 미안하다고 말씀을 하셨다. 결국 내가 할 수 있는 일들은 고객의 마음에서 이해하고 공감하는 일이었다. 담당 메이드는 억울함을 호소하며 눈물을 보였다. 평소 성실하고 고객들에게 칭찬받는 분이었지만 반지를 훔친 도둑으로 몰리니 분하고 억울함에 말을 잇지 못했다. 나는 메이드의 마음을 위로해 주며 따뜻한 커피 한 잔을 내밀었다. 적어도 며칠간 많이 힘들 직원의 모습을 생각하니 마음이 아팠다. 다음 날 오전 그 고객께서 뵙자고 연락이 왔다. 그분은 나를 보자마자 어찌할 바를 몰라 했다. 객실에서 사용하던 화장대 밑에 작은 가방 안에서 반지를 찾았다는 것이다. 그렇게 온 객실과 짐들을 다 뒤져보았는데 어떻게 그 가방 구석에 있었는지 이해할 수 없다는 것이다. 그래도 얼마나 다행스러운지 마음에 안심이 되었다. 그리고 내게 부탁을 하는 것이었다. 이 방의 담당 메이드에게 사과를 하고 싶다고. 연신 미안하다는 말과 함께. 하루 휴무를 하는 메이드에게 들려오는 수화기의 떨리는 목소리엔 '지옥을 갔다 온 느낌이라고' 떨림이 전해져왔다.

직장 생활하면서 많은 일들이 일어났다. 일어날 때마다 항상 같은 일은 없었다. 그러나 매번 비슷한 일을 겪으면서 비가 온 뒤 땅이 굳듯이 마음도 단단해져야 하지만 말과 생각은 정반대이니 무슨 조화 속인가. 겪을 때마다 마음이 아프고 괴롭고 자책하고 자괴감이 드는 이유는 내공이 약해서 일까. 대부분의 사람들이 같은 고민과 아픔을 호소한다. 어쩌면 살면 살수록 곳곳에 폭탄들이 널려져 있고 어렵고 힘든 고난의 연속인지도 모른다. 특히 나의 경우도 인생이 좌충우돌이 아니었는가 생각한다.

그러나 '모든 것은 마음먹기에 달려있다' 나는 어려운 일이 생기거나 괴로울 때 자주 활용하는 방법이 있다. 나는 이것으로 치유와 자기반성, 그리고 어느 정도 해결하는 편이다. 일단 아무도 없는 조용한 곳을 찾는다. 그리고 백지에 고민하고 일어난 일에 대해 상세하고 명확하게 발생된 내용과 문제점에 대해 기록한다. 예를 들어 발생 내용을 1번, 2번, 3번 등 으로. 문제점 1번, 2번, 3번 등으로 나열해 본다. 그리고 느낀 점과 지금 내가 할 수 있는 것들을 쭉 써 내려가 본다. 아주 솔직하게 화가 나고 억울한 부분까지, 필요하면 상사의 허물과 욕까지도 써 내려간다. 마지막으로 잘하고 칭찬해야 할 것과 반성해 볼 것도 기록한다. 이것을 통해 나는 종종 자기 비하, 자기학대, 자기혐오, 자책감을 치료한다. 쓰다 보면 내 잘못으로 인해 발생 부분도 있기 때문에 굳이 남을 비방하고 그로 인해 나를 힘들게 할 필요가 없음을 알게 된다. 천주교회에는 고해성사라는 것이 있다. 믿음으로 자신의 죄를 뉘우치고 고백을 통해 영적 죄를 사면 받을 수 있는 것처럼 말이다.

우리는 스스로를 사랑하고 자신에게 관대해져야 한다. 자신을 사랑하고 관대한 사람이 다른 사람도 사랑하고 용서할 수 있다. 자기에게 관대하고 용서할 줄 아는 사람이 관용도 베푼다. 과거의 잘못과 죄의식에 묶여 사는 것만큼 어리석은 일이 없다. 거울 속에 자신을 사랑해야 한다. 자신의 아픈 곳을 스스로 어루만져라. '세상은 살만한 곳이다. 아름다운 곳이다'하고 대뇌이고 또 대뇌여 보라. 어느덧 살만한 곳으로 변해 있을 것이다.

위기의 직장인들이여 자신을 용서하고 관대해지기를 소망한다.

사람은 스스로 아름다워야 한다.

- tvN 나인룸 16회(최종회) -

수리수리 마 수리

지갑 속에 요술램프

내 지갑에는 목표를 적은 코팅된 작은 종이가 있다. 그 작은 종이가 나의 목표를 이루게 해주는 놀라운 경험을 했다. 이 소중한 경험을 함께 하고자 한다. 우선 내 지갑에 보관된 코팅 종이는 일기장에도, 매일 사용하는 수첩 앞면에도 부착되어 있다. 수첩은 연간 3개 정도를 사용하니 그 3곳에도 모두 부착되어 있다. 물론 회사에서 사용하는 회의 겸 일정 노트에도 붙어 있다. 그곳에 적혀 있는 나만의 목표는 매년 조금씩 바뀌고, 목표는 이루어지고, 진행 중인 것도 있다. 이제 각자 원하는 목표를 이루게 하는 지갑 속에 요술램프를 소개한다.

나는 매년 12월이 되면 새로 다가오는 다음 연도의 꿈과 목표를
설정한다. 물론 올해 이룬 것들을 제외하고 새로이 세운다. 아울러
올해의 10대 뉴스를 선정하는 작업도 함께 한다. 내게 있어 한해
중대한 나만의 뉴스를 선정한다. 예를 들어 직장을 어디로 옮겼다.
팀장 진급을 했다. 큰 아이가 연세대학교를 입학했다. 등등의 지극
히 개인적이지만 내겐 중요하고 자부심과 긍지를 가질 수 있는 것
들로 정한다. 이때 매년 10대 뉴스를 들여다보면 나의 성장과정과
희로애락을 느끼게 해 준다. 또한 한 단계씩 발전해 나가는 나를
발견하게 된다. 10대 뉴스를 정리하고 나면 목표를 세우는데 우선
한 단어로 정리 작업을 한다. 한 해를 한 단어로 표현하는 데는
며칠이 소요되기도 한다.

예를 들면 Adventure 2016, Passion 2017, Slowly 2018,
Start 6010 2019, Re, start 2020. 누가 보면 완전히 암호 수준
이다. 하지만 내게 한 해를 이렇게 딱 한마디로 규정짓고 살겠다고
하는 약속이요, 각오인 셈이다.

아울러 통상 4~5가지의 목표를 정리한다. 이것 또한 약간 암호
수준이다. 남이 보면 한참 머리를 갸웃거려야 이해가 될 것이다.
그것은 나만의 목표이기에 남들이 쉽게 접근하여 놀림거리가 되는
것을 방지하기 위함도 있다. 그런데 한 해 동안의 목표를 세우는
일은 만만치 않다. 이건 몇 년을 해온 내게도 참으로 어려운 일이
다. 그 목표는 너무 이루기 쉬운 것도 안 된다. 나의 소중한 일 년
이 가벼워 보이면 곤란하다. 그렇다고 말도 안 되는 실현하기 어려

운 목표는 금세 질린다. 내가 걸어온 단계별, 그다음 단계로 목표를 세우면 좋을 것이다. 나의 경우에는 직장에서 목표와 개인적인 목표를 반반씩 섞어 목표를 설정했다.

예를 들어 2016년 목표는 1. 68억 매출 달성, 2. 성당 미사(월 1회), 3. 몸무게 69Kg이다. 2016년에는 내게 어렵고도 힘든 시기이고 절실했고 기필코 해 내지 않으면 끝인 벼랑 끝에 있던 시기였기에 앞만 보고 달려야만 했다. 그럼에도 불구하고 건강도 중요했기에 정신적 육체적 건강에 신경을 쓰는 목표를 정했다. 2017년에는 1. 70억 매출 달성, 2. 성당 미사(월1회), 3. 독서 12권, 4. 몸무게 72Kg이다. 3년 차 서울 생활에 조금은 여유가 생겼다. 출퇴근하거나 고객 상담을 위해 이동하는 전철과 버스 시간을 이용해서 무엇인가 해보고 싶었다. 2018년에는 1. BJ+GM, 2. 절주+운동(72kg), 3. 75억 매출 달성, 4. 미사12+봉헌 12, 5. 독서 12권이다. 지나고 보면 2018년에는 참으로 욕심이 많고 의욕도 충만했던 시기였다. 총지배인으로 발령을 받은 해였기 때문이다. 2019년에는 1. GM, 2. 운동(75kg), 3. 미사(월1회), 4. 독서(월 1권)이다. 이 때는 이직을 했다. 생각이 많았던 시기다. 같은 실수를 반복하고 싶지 않았고 업무의 중심도 많이 바뀐 해였다. 2020년에는 1. 대출 상환, 2. 운동(75kg), 3. 미사(월 1회), 4. 독서 12권, 5. 등단+작가다. 이렇게 5년간의 목표들을 나열하고 나니 5년간의 일들이 주마등처럼 추억으로 지나간다. 주로 소망하는 목표는 달성됐고, 일부는 도달하지 못해 매년 반복된다.

이렇게 지갑, 수첩, 일기장, 업무노트에 붙어 있는 목표는 작은 코팅된 종이지만 내 인생에 참으로 큰 변화로 다가왔다. 2016년과 2017년 세일즈 팀장으로서 힘들고 어려울 때 그 목표를 하루에도 몇 번씩 반복해 보고 또 보았다. 모든 일들이 함께 이루고자 노력한 팀원들의 헌신으로 매출 목표는 성장을 거듭하여 초과 달성되었다. 많은 동종업계가 어려움을 겪고 있을 때 끊임없이 성장세를 이어갔다. 신나게 일할 수 있는 시기였다.

또한 직장 생활을 하다 보면 직장인 마이너스 통장을 쓰게 된다. 그 통장도 이미 천만 원이라는 거금이 잔고가 바닥을 보이고 있었다. 매월 조금씩 해결하려고 노력은 했지만 쉽지 않은 상황이었다. 대부분 갑자기 사적이든 공적이든 출장과 업무로 인해 먼저 사용하고 후 결재하는 용도로 사용했다. 또한 만약을 위해 카드의 미결제를 막기 위한 일종에 안전장치였다. 사람은 갑작스러운 상황에 대처해야 할 타이밍이 있기 때문이다. 그러나 통장을 일시 상환하는 것은 불가능해 보였다. 하지만 뜻하지 않은 이직으로 퇴직금이 생겼다. 사랑하는 아내에게 있는 상황을 그대로 오픈 되면서 대출금을 일시에 상환하게 되었다.

이런 간절히 원하면 해결되는 경험을 수시로 하면서 나는 매년 말에 목표를 세웠다. 가장 시급하지만 이루기 어려운 것들을 골라 '이것만큼은 해결되면 좋겠어.'하는 것을 추리고 목표로 삼았다. 목표를 계속 생각했다. 이룰 수 있도록, 지금 내가 할 수 있는 작은 것이라도 실행했다. 결국 목표를 이루기 위한 작은 행동과 생각들이 모이고 쌓여서 목표를 이룰 수 있는 결과를 가져온 것 같다. 아울러 생활 속에 잊히는 나의 목표를 수시로 마주치며 잊지 않도록 해 주는 역할을 해 주었다. 끊임없이 나의 목표들이 나의 뇌를 자극하고 나의 행동들이 한 곳에 집중 되도록 했기 때문에 이루어진 내 지갑 속에 요술램프가 되었다.

이루고 싶은 목표가 있는가? 불가능하다고 포기하지 마라. 기적은 기적을 믿는 자의 것이다. 꿈은 반드시 실현된다. 이 글을 읽었다면 당장 시행해 보길 권한다. 눈을 감고 진정 내가 원하는 것이 무엇인지 상상하고 구체화하라. '지금 내게 이것만 해결되면 앞으로 나갈 수 있는데.' 하는 것이 있는가. '난 이것이 꼭 하고 싶다.' 는 소망이 있다면 메모지에 쭉 나열해 보기 바란다. 그것이 열 개든 스무 개든, 그리고 스스로 꼭 필요한 엑기스처럼 제일 중요한 3~4가지를 뽑아낸다. 다음은 항상 눈에 뜨이는 곳에 부착을 한다. 일종에 부적처럼 하루에 반드시 함께하는 곳에 배치해 둔다. 그리고 볼 때마다 이루어지는 상상을 하고 작은 행동이라도 그것을 위해 행동하자. 머리에 떠올리기, 마음 다지기, 이루었을 때의 기쁜 상상을 하자.

나는 오늘도 코팅된 작은 종이로 된 목표를 본다. 적어도 무의식중이라도 수차례. 내 머릿속에, 행동 속에 각인시키고 있다.
이루어져라.
이루어져라.
수리수리 마수리.
수리수리 마수리~

꿈을 꾸고 간절히 원하면 꿈은 이루어진다.

-파울로 코엘료 -

상사와 친해지기

꼰대가 알려주는 상사와 친해지기

버럭 화를 내는 상사 앞에만 서면 정신이 아득해진다. 묻는 말에 몇 마디 답변을 했지만 냅다 지르는 소리에 머릿속이 금세 하얗게 변해 버렸다. 아득한 수렁 속에 점점 빠지는 느낌이다. 나 자신에 대한 회의감과 자괴감이 밀려온다. 도대체 어디서부터 잘못된 것일까 생각을 해도 방법을 찾을 수 없다. 상사가 있는 사무실을 나왔지만 여전히 아무 생각이 없이 멍한 상태가 지속된다. 열심히 지독히도 깨졌다. 다시 일을 해야 하지만 정나미가 뚝 떨어진다. 도대체 이 난관을 어떻게 풀어나가야 할까. 유독 나에게만 심한 것 같다는 생각이 든다.

흔히들 직장 생활에서 겪는 어려움들이다. 호텔과 리조트에서도 다른 직장과 마찬가지의 상황들이 연출된다. 대게 조직에는 군대용어로 '짜웅 잘하기'의 달인이 하나씩은 있기 마련이다. 상사의 옆에 찰싹 달라붙어 그의 귀와 입이 되어 어찌나 살살 되는지. 한편으론 부럽기까지 하다. 그런 부류의 붙임성과 아부 근성을 배우려고 노력한 적이 있다. 그것도 여의치 않다면 그 '짜웅의 달인'을 이용해 보려고 한 적도 있다.

유독 상사의 사무실에만 들어가면 자신의 주장을 제대로 펼치지 못하고 주눅이 들어 말을 더듬기까지 하는 직원이 있었다. 물론 그 상사는 내게도 욱해서는 같은 행동을 했다. 그러나 일정 기간이 지나자 자연스럽게 화내는 일은 좀처럼 일어나지 않았다. 그럼에도 한 직원은 유독 상사의 사무실 가면 큰소리가 흘러나왔다. 나중에 안 사실이지만 그 직원은 병원의 치료까지 받고 있는 상황까지 발전했다. 그리고 사직서를 항상 몸에 지니고 다닌다고 했다. 툭하면 내가 정말 능력이 없는 걸까. 진짜 일을 때려치울까 심각하게 고민하고 있었다. 직원은 내성적인 성격이기는 하나, 평소 밝고 차분했다. 물론 말도 더듬는 일은 없었다. 그런데 그 상사 앞에만 가면 주눅이 든다고 했다. 한 번은 사무실에 또다시 떠나가도록 심한 소리가 흘러나왔다. "결론이 뭔데. 결론부터 말하라고" 상사의 사무실에 나온 직원의 낯빛이 창백해 있었다. 분명 무슨 조처가 필요했다. 그와 많은 이야기를 나누었고 방법을 강구해야 했다. 특별한 보고가 있거나 회의를 할 때면 적당한 구실을 붙여 함께 참석했다.

그리고 그 직원의 주장이 있을 때마다 사전에 얻은 정보를 바탕으로 약간의 첨부 의견을 피력했다. "좀 전에 보고 드린 것처럼 좋은 아이디어라고 생각합니다."라고 거들었다. 그 효과는 물론 적중했고 주변에서 서로 서로 도움을 받아 상사의 사무실 내에서 큰소리가 나는 횟수가 줄어들었다. 그에게 제안한 내용은 상사와 서로 생각이 다름을 인정하고 설득도 하고 방법을 바꾸어 보자고 했다.

언젠가 언론 조사에 통계를 보면, 꼴불견 상사에 대해 이런 표현들이 있었다. 책임 떠넘기기, 야근을 강요, 감정 기복이 심한 상사가 꼴불견 상사이다. 이상적 상사는 일과 생활의 균형을 존중하고 부하 직원에게 칭찬과 격려를 아끼지 않으며 정말 직원들의 말을 경청해 주는 상사라고 한다. 꼴불견 상사의 특징은 부하직원을 하인 부리듯 하고 심지어 일을 못하거나 안 한다. 직원의 능력을 인정하지 않고 일도 많이 시킨다. 그리고 최악인 것은 폭언, 비난, 인격적으로 무시하는 태도라고 한다. 그럼 대부분 받은 스트레스를 어떻게 해소할까. 동료들과 술 한 잔에 험담으로 풀고, 아니면 홀로 삭힌다고 한다. 그리고 가급적이면 마찰을 피하려고 하며 간접적으로 해결하려 노력한다고 한다.

한자로 사람인(人)은 사람 둘이 상호 간 서로 기대고 있는 모습을 그린 것이다. 인간들은 서로 도움을 주고받는 상부상조를 할 수밖에 없고 그것을 통해 효과적인 삶을 살 수 있다. 상대에게 기댈 수 있도록 어깨를 내어주는 더불어 살아가는 것이 세상의 이치일 것이다. 하지만 어느덧 호텔리어로 근무한 세월이 30년이다 보니 이젠 나도 '꼰대' 대열에 낀 것일까. 나의 생각으론 스스로 인정하는 것에서부터 시작해야 방법을 찾을 수 있다고 생각한다. 간혹 직원들과 '나도 꼰대야' 이야기를 하면 다들 웃고만 있다. 당연한 걸 이제야 알았냐는 표정들이다. 연륜과 경력이 쌓이다 보니 어느덧 나도 직장 상사의 자리에 있다. 내가 이 자리에 있는 것은 나를 뜨겁고 시뻘건 불구덩이에서 쇠를 두들겨 달련하듯 번듯하게 만들어주신 나의 선배, 직장 상사 덕이다. 출근하는 지하철역에서 다리 힘이 풀려 출근을 할 수 없을 정도의 극심한 스트레스와 업무의 압박감을 이겨냈고 호랑이 같은 상사의 훈련 덕에 이 자리가 있다고 생각한다. 그런 기회를 주어 감사함을 이 자리를 빌려 마음을 전한다.

그러나 실상 직장 상사로 직원들과 함께 일을 하다 보면 시키는 일만 하는 직원, 지시를 해도 이해 못 하는 직원, 일에 냉소적이고 부정적인 직원들이 생겨난다. 그럴 때마다 안타까운 마음이다. 직장 생활을 잘 하기 위해서 상사와의 관계 개선이 필요하다. 그럼 이제 꼰대가 알려주는 상사와 친해지는 방법을 알아보자.

첫째, 기본을 지키자. 직장 생활에 기본이 되는 지각 안하기, 열심히 하려는 자세와 의지 등이 있어야 한다. 기본을 지키지 못하는데 상사와 관계 개선을 원하는 것은 있을 수 없는 일이다.

둘째, 솔직하고 정직하게 살자. 일을 하다 보면 거짓말을 할 때도 생길 것이다. 그러나 잘못을 인정해야 한다. 그리고 솔직하게 모르면 모른다. 어려우면 어렵다고 해야 한다. 거짓 없고 정직해야 한다. 거기부터 시작인 것이다.

셋째, 다가가자. 직장 생활에는 붙임성이 필요하다. 말 붙이기 어려운 상사는 외롭다. 먼저 커피 한 잔을 제안하자. 자주 얼굴 봐야 관계 개선이 이루어진다. 모든 방법을 동원해라.

넷째, 자신을 세뇌시키자. 싫은 상사도 분명 이유가 있으니 그 자리에 있는 것이다. 상사의 장점과 나에게 부족한 것이 있으면 상사에게 배우겠다고 생각하자. 그리고 친하다고 세뇌시키자. 세뇌된 뇌는 친하다는 생각을 실제 친한 것으로 느낀다고 한다. 상사에게도 분명 배울 점이 있고 높이 살 것이 있으면 인정해야 한다. 그리고 말을 걸고 대면하다 보면 관계가 개선될 것이다.

호텔리어는 고객을 대면하는 서비스 직종이다. 호텔과 리조트 일선에서 친절한 고객 응대와 고객의 만족을 위해 최선을 다한다. 그러나 그곳도 엄연한 직장이기에 직장 내부에 인관 관계로 많은 어려움을 겪고 있을 것이다. 고객에 대한 것보다 직원들 간의 관계가 더 힘들 수 있다. 좀 더 철저한 자기관리를 통해 상사와 친해지자. 무섭고 까다로운 상사일수록 상사는 외롭고 마음이 여리다. 친해지기 위해 갖은 노력을 다하다 보면 사람의 진심은 언젠가 통하기 마련이다. 자신의 첫인상으로 상대를 재단하지 말자. 첫인상을 극복하기 위해 나름 고군분투한다면 충분히 직장 상사와 코드를 맞출 수 있을 것이다. 또 시간이 지나면 그 상사 덕에 자신이 일을 수월하게 배우고 해낼 수 있었다는 날이 반드시 올 것이다.

    요즘 자신의 일에 몰두하다 결혼하지 안 한 독신 상사들은 그야말로 포스가 간지 날 정도로 일 하나는 똑 부러지게 프로근성을 보여준다. 좋은 점을 본 받고 배우며 상사와 친해지려고 노력한다면 원만한 직장 생활을 영위하고 더 나아가 관계 진전에 크게 도움이 될 것임을 믿어 의심치 않는다. 직장 생활은 어떤 상사를 만나냐에 따라 천국과 지옥을 오간다. 직장 상사를 선택할 수 없다면 이제 어떤 직원이 될지, 상사와의 관계 개선을 깊이 생각해 봐야 할 때이다. 이왕이면 꼰대 같은, 꼰대인 상사와 친해지자. 제발.

    윗사람이 알아주지 않는다고 불만 갖지 마라.
나는 끊임없는 임금의 오해와 의심으로 모든 공을 뺏긴 채 옥살이를 했다.

                                                    - 충무공 이순신 장군 -

전체부서를 옮겨 다녀라

나를 확장시켜라

서랍 속에 명찰이 15개가 있다. 딱히 수집하려는 의도는 아니었다. 어찌 하다 보니 그리된 것이다. 대략 명찰 하나에 2년을 패용했으니 명찰과 정이들만도 하다. 명찰을 펼쳐 놓으니 지나간 세월이 주마등처럼 지나간다. 어느 것 하나 소중하지 않은 기간과 시간은 없다. 마음이 다시 애틋해진다. 한편으론 명찰이 사원증으로 변신해가는 일종의 변천 과정이 될 수도 있겠다. 한편으로 진한 전율이 느껴진다. 이렇게 많은 부서 이동이 나에게 어떻게 작용했는지 나는 몸소 느꼈다. 그리고 그것에 감사하고 있다.

유난히 첫 직장으로 근무하던 충북 충주의 10년간의 기억이 아련하다. 유난히 부서 이동이 참 많았다. 처음 호텔의 식음료, 객실, 다시 식음료, 객실, 객실관리, 부대사업, 객실/부대사업. 시절에 따라 호텔 조직이 통합 운영이 되었다가 분리되길 반복하여 편성되었다. 한참 후에 팀과 팀장 조직이 들어왔다. 입사 초에는 너무 잦은 부서 이동으로 적응하는데 어려움을 겪고 아주 마음이 심란했다. 어디 내 뜻대로 이동하는 것은 하나도 없었다. 어찌할 도리가 없었다. 어떤 해는 3번의 인사이동이 있었다. 조직이 그만큼 사회와 큰 변화에 대응하기 위해 발 빠르게 움직인 탓이다. 내부의 변화도 심했다. 반면 대외적인 변화도 아주 심했다. 특히 IMF 시절은 조직마다 살아남기 위한 처절한 몸부림 그 자체였다.

식음료 레스토랑에 근무할 때의 일이다. 호텔에 입사하니 여직원들이 유니폼이 참 예뻤다. 그중에 내 눈에 참으로 예쁜 사람을 보게 되었다. 직장 생활에 따라 생활 반경이 제한되다 보니 자연스럽게 사내연애를 하는 경우가 많았다. 모두 이루어진 것은 아니지만 시간이 지나고 나니 결혼까지 연결되는 경우가 많았다. 우리도 4년의 연애 끝에 결혼해서 20년을 넘게 함께 하고 있다. 대체적으로 호텔리어들은 사내커플이 많은 편이고 배우자도 호텔리어인 경우가 많은 편이다. 이렇게 다양한 부서를 이동하면 뜻하지 않게 나처럼 평생의 배우자를 만날 수도 있다.

첫 직장이니 의욕도 많았다. 사람들도 정이 많은 편이였다. 아침 첫 출근을 제일 먼저 하고 업장에 불을 밝히고 영업 준비를 시작했다. 항상 남 보다 일찍 출근하고 신명 나게 일을 했다. 고객을 볼 때도, 직원을 볼 때도 열심히 인사를 했다. 그런 나를 지켜보던 매니저께서 몇 달 만에 벨맨으로 발령을 내셨다. 그곳에서 2년을 일했다. 타부서에 인력 운영에 문제가 발생하자 다시 식음료 부서로 이동과 함께 진급도 하였다. 그리고 2년 만에 프런트로 발령, 또다시 객실 관리과, 부대사업과로 나중에는 객실관리과 부대사업이 통합되었다. 작은 조직으로 살아남기 위함이었다. 계속되는 부서 이동이 그만큼 회사에서 나를 인정해 주는 것도 있지만 지치게 만드는 면도 있었다. 그러나 후에 알게 된 사실이지만 호텔리어로서 전체를 볼 수 있는 안목과 관리하는데 많은 도움을 주었다. 아울러 조직과 직원들의 마음까지 이해하고 함께하는데 나 자신에게 힘이 되었다. 그럼에도 그 시절에는 한편으로 야속하기도 하였다. 부서마다 가지고 있는 고유 업무 특성이 있어 손에 익히는데 시간이 필요했고 재미있고 업무에 탄력이 한참 붙어갈 때 부서 이동은 내게 못내 아쉬움을 넘어 서운함으로 다가왔다. 그러나 다행인 것은 직급도 오르고 급여도 올라가는 것은 다행이었다.

요즘은 사회적으로 전문화 시대이고 특화된 업무를 장점으로 나가는 시대여서 한 부서에서 오래 근무하는 추세이다. 그럼에도 본인 만 원한다면 부서 이동도 가능하기는 하다. 회사에서는 인사발령을 통해 첫째, 새로운 변화를 기대하는 것이다. 둘째, 더 나은 결과를 얻기 위해 인력의 재배치와 이를 통해 조직의 활력을 불어넣고 긍정적인 결과를 기대하기 때문이다.

한편 부당한 인사이동과 본인이 원하지 않는 부서 이동에 자신의 주장을 확실히 표현하고 항의도 한다. 물론 받아들여지지 않으면 이직을 고려하게 된다. 호텔리어는 부르는 곳도 많고 갈 곳도 많기 때문이다. 한 도시에 도시의 이름으로 관광호텔이 하나 정도 있던 시절을 지나 지금은 대형 숙박시설이 2~3곳이 생겨났다. 인력시장도 폭넓게 형성이 되어 있고 그만큼 선택의 폭이 넓어진 것도 이직을 결정하는 이유이기는 하다.

또 한편으로 브랜드 체인 직영 호텔이 활성화되면서 다른 지방에 관련 시설이 오픈 될 때 지원하는 것도 한 방편이다. 여러 지역에 분포되어 있는 브랜드의 숙박시설인 경우는 2~3년에 한 번씩 직원의 이동을 추진하기도 한다. 한곳에 오래 있는 것도 좋은 방법이긴 하지만 새로운 시대에 자신의 발전과 미래를 위해 도전해 보는 것도 한 방법이다.

나의 경우는 강원도 정선에서 전라북도 군산으로 자원했다. 회사에서 특급호텔을 군산에 건립했기 때문에 많은 인력들이 필요했다. 이동한 사업장은 595실에서 181실로 규모는 작았다. 그러나 나 자신의 발전과 매일 반복되는 일에서 내 삶을 바꾸어 보고 싶었다. 아울러 '영원한 것은 없다'라는 생각이 지배적이었다. 나는 무사안일하게 살고 있었다. 매너리즘에 빠져 허덕거리고 있다는 생각이 들었다. 더 나은 앞날과 미래를 위해 그리고 새로운 것에 도전해 보고 싶었다. 마음을 정하기까지 많은 어려움이 따랐다. 그 중심에는 두려움이 남아 있었다. 새로운 것에 대한 사람, 지역, 환경, 분위기 등 모든 것이 불안과 두려움이었다. 그런 것들을 떨쳐내야 했다. 주변에서 반대 의견이 많았다. 5년간의 근무를 통해 안정되고 특별한 어려움 없이 일했다. 그런데 새로운 것에 적응이 얼마나 힘들 것인가 하는 조언들이었다. 특히 함께 일하는 동료들과의 끈끈한 관계들이 업무 진행과 성과를 내는데 중요한 요소이다. 이런 것을 포기하는 것과 같았다. 제발 심사숙고하라는 주변의 말류는 나를 혼란스럽게 했다. 하지만 나는 그 길을 택했다. 물론 동쪽에서 서쪽으로 삶의 방향을 바꾸면서 모든 것이 바뀌었다. 새로운 경험이었고 인생을 통째로 흔들어 놓는 대변화의 소용돌이였다. 또한 새로운 시야와 기회를 통해 자신을 한 단계 발전시키는 중요한 계기가 되었다.

업무가 많은 부서에 근무해 보는 경험은 내게 축복이었다. 특히 이직을 위한 인력시장에서 그 또한 커다란 장점과 경력의 소유자가 많지 않았다. 그만큼 경쟁력이 있었다. 더불어 많은 경험은 업장과 인력 운영에 많은 도움을 되었다. 함께 일하는 동료들의 어려움과 그들의 수고를 이해하고 함께 할 수 있다는 마음의 교류가 더 삶을 단단하게 만들었다. '젊었을 때 고생은 사서 한다. 라는 말이 있다. 그때의 경험들이 나를 지켜주는 자양분이 되어 주었다.

현재의 안락함과 매너리즘을 경계하자. 그날이 그날이라면 조직 내 부서를 바꾸어 자신의 능력 향상과 시야를 넓혀 경쟁력을 키워 보자. 아울러 새롭고 몰랐던 부서도 도전해 보자. 지금 내가 경험한 것이 전부가 아니다. 같은 사업장 내에서도 자신의 업무 스킬과 경쟁력을 높일 수 있는 기회는 차고도 넘친다. 남은 것은 자신의 의지만 남았을 뿐이다. 호텔리어들의 끊임없는 도전과 시도를 응원한다.

  모든 사람들이 세상을 변화시키는 것을 생각한다.
하지만 누구도 그 자신을 변화시키는 것은 생각하지 않는다.

- 레프 톨스토이 Leo Tolstoy -

불이야, 불이야

안전, 또 안전 그리고 안전

신년 초대형 호텔에서 화재가 발생하였다는 뉴스를 접했다. TV를 틀고 실시간 영상을 보고 있는데 놀란 가슴은 진정될 기미가 없었다. 남의 일이 아닌 것이다. 인명사고가 없기를 기도하고 빠른 시일에 진화가 되길 바라는 마음뿐이다. 저녁 내내 TV 앞을 떠날 수 없었고 뉴스특보에 귀를 기울였다. 내게도 호텔 화재의 경험이 있기에 지금도 손이 벌벌 떨릴 지경이다. 그러나 당황하지 않고 대처가 빨랐기에 인명피해 없이 조기에 수습할 수 있었다. 한번 대형 화재를 경험하고 나니 업무를 진행함에 있어 안전을 따진다. 지나칠 정도로 안전, 안전, 그리고 또 안전에 신경 쓴다. 우리는 살면서 긴급 상황에 항상 대처하고 준비해야 한다. 어떻게 하면 고객과 동료의 생명을 지키고 살아남을까 생각해 보자. 화재 및 소방안전에 대해 아무리 강조해도 부족하다. 아울러 관리자들의 의지와 관심이 반드시 필요한 사항이다. 일상에서 우리가 조금만 관심을 갖고 행동한다면 그 결과는 소중한 생명이 살고 죽는 문제로 발전된다고 나는 감히 말할 수 있다.

온천지역의 호텔에 근무할 때 일이다. 자연 속에 있다 보니 조경수가 상당히 많고 주변이 온통 수목으로 가득하다. 여름 만 되면 곤충과의 전쟁이 벌어진다. 밤만 되면 가로등 주변에 어린 시절 시골에서 볼 수 있는 모든 곤충들을 만나게 된다. 그러나 가장 괴로운 일들은 모기다. 여름철이 되면 방역업체에 의뢰하여 연막소독을 주기적으로 하였다. 그날도 연막소독을 한 참 진행 중인데 소방서에 대형 소방차량들이 줄지어 멀리 출동하는 소리가 들렸다. 좀처럼 자주 있는 일이 아니기에 멀리서 오는 소방차량을 구경하고 있었다. 그런데 점점 근무하고 있는 호텔로 다가오는 것이다. 호텔 입구 까지 오는 것을 확인하고 가슴이 덜컥 내려앉았다. 아무리 보아도 호텔엔 이상이 없는데 현관에 도착한 소방관을 만나고서야 그 이유를 알 수 있었다. 국도가 호텔 주변을 지나는데 이동차량에서 호텔 주변으로 하얀 연기가 지속적으로 피워나니 119신고가 여러 건으로 온 모양이었다. 그때 일로 알게 되었다. 화재로 오인할 수 있는 상황들은 119에 먼저 신고해야 한다. 이후 호텔 내에서 캠프파이어와 연막소독 등 외부에서 보기에 화재 관련 오해와 안전을 위해 사전에 연락체계를 갖추게 되었다.

이번에는 호텔 내 사우나 리모델링 공사가 이루어졌다. 별관에 1층 기계실과 기관실에 통합 사무실이 있고 2층에 사우나, 위로 2개 층이 객실로 이루어져 있었다. 노후화된 사우나를 개보수하고 특화시키기 위한 시설 공사였다. 사우나탕 내부시설과 야외 온천 공사가 함께 이루어졌다. 평온한 오후 특별할 것이 없는데 화재 벨 소리와 함께 주변이 혼란스러웠다. 사우나 공사장에서 화재가 발생한 것이다. 소방훈련을 매년 해온 터라 고객을 대피시키고 화재현장을 가보니 아수라장이었다. 소방관과 함께 주변을 통제하고 긴급히 물어보는 것에 대답을 했다. 당시 별관에는 사우나 공사로 인한 소음 발생으로 객실판매가 없었고 따로 갇힌 사람이 없는 것으로 알고 있었다. 하지만 아무도 없는 것으로 알았지만 직원 한 명이 3층 복도 난간에 고립되어 있었다. 이미 연기로 인해 앞이 보이지 않는 상황이었다. 1층과 2층 복도 중간에 연기가 스멀 스멀 내려오고 있었다. 소방관이 직원을 구하기 위해 눈앞에 연기 사이로 들어서는 순간 시야에서 사라졌다. 화재 유독가스의 무서움을 목격하는 순간이었다. 다행히 직원은 안전하게 구조되었고 1시간 만에 화재는 진압되었다. 화제의 원인은 2층 사우나 바닥방수처리를 하였는데 전일 사우나 천정에 배관 공사가 미비 되어 작업자가 용접기를 들고 사다리에 올라서서 작업을 진행한 것이다. 전면이 공사로 인해 유리 없이 탁 트여 있으니 큰 문제가 없다는 안일한 생각에서 천정 용접을 시작했으니 바닥에 불통이 튀어 바로 화재로 번진 것이다. 일순간 삽시간에 벌어진 일이라 작업자가 추가 공사 신고도 없었고 현재 작업 진행사항도 확인 없이 진행한 용접 공사였던 것이다. 작업자는 단순히 어제 못한 작은 작업만 하면 된다는 생각이 엄청난 결과를 초래한 것이다. 그래도 인명사고 없이 진화되었으니 천만다행이란 말은 이때 사용하는 말일 것이다.

연기가 빠지고 화재현장을 정리하기 위해서 3층과 5층을 확인하는데 복도 카펫에 소화기가 터져있고 소화기가 이리 저리 나뒹굴고 있었다. 나중에 안 일이지만 3층 복도 난간에서 구조된 직원의 말에 따르면 복도에서 검은 연기가 스멀스멀 사람이 평상시 걷는 속도 정도로 밀려오더란다. 놀란 직원은 화재 진압한다고 나름대로는 소화기를 2대 정도를 연기 방향으로 뿌린 모양이다. 그래도 검은 연기가 밀려오니 본인도 당황해서 소화기가 보이는 데로 연기 속으로 집어던졌다고 한다. 대형 수류탄처럼 말이다. 지금도 그 당시 직원의 두려운 표정과 복도에 일정한 간격으로 던져진 소화기를 생각할 때 마다 배꼽이 빠질 정도로 웃곤 한다. 다행이고 인명사고 없었음에 정말 감사하고 또 감사하다.

다른 리조트 사업장에 근무할 때의 일이다. 새벽 3시에 약 100실 규모의 별관 건물에 화재 경보가 울려서 전체 고객이 비상계단으로 대피하는 사고가 발생하였다. 다행히 화재 비상벨의 오작동 해프닝으로 끝났지만 방에서 잠을 자다가 놀란 고객들이 주차장으로 쏟아져 내려왔고, 다수의 소방차량과 소방관들이 출동했으니 현장의 혼란은 일파만파였다. 이후 곤혹을 치르긴 했지만 안전대책을 보완하고 재수립되어 같은 일은 반복되지 않았다.

총지배인이 된 이후에는 제일 우선 업무가 고객과 직원들의 화재 및 안전사고 예방을 위해 실질적이고 시행하기 쉽도록 내부 지침을 만든다. 그리고 관할 소방서와 함께 소방훈련을 주기적으로 시행한다. 현재는 소방기본법 제22조에 의거 정기적인 소방훈련을 하도록 법적으로 정해져 있다. 그 훈련이 단순히 법적으로 이루어지는 일회성 훈련이 되지 않도록 관심을 갖고 진행한다. 또한 대형화재 경험으로 소화기 점검도 실질적으로 점검 되도록 함께 노력하고 있다. 일정한 지역에 분말소화기를 거꾸로 흔들어 보고 점검표도 수시로 확인하고 해당 부서에 미비점을 통보한다. 물론 반드시 완료보고와 확인 절차를 거친다.

요즘은 신규 건물들은 스프링쿨러와 화재 구역의 연기 차단설비, 엘리베이터 및 계단과 계단 사이 대기 완충지역이 있어 연기로 인한 피신, 대피지역이 있다. 아울러 신선한 공기가 공급되도록 재연 시설이 만들어져 있다.

오늘도 복도에 소화기를 들어 흔들어 본다. 분말 약제가 굳어 있지는 않은지 확인하기 위한 버릇이다. 일상생활에서도 항상 안전, 그리고 안전을 강조하고 생각한다. 아울러 직장에서도 가정에서도 안전에 대한 관심만이 안전을 담보한다. 우리의 건강하고 행복한 삶을 위하여 관심을 가져야 한다. 그럼 이제 집 안과 밖에 소화기는 어디 있는지, 소화약제가 굳어 있지 않은지 확인해 보자. 그리고 언제든 사용할 수 있도록 확인하자. 스스로의 안전을 위해.

중국인은 '위기'를 두 글자로 씁니다. 첫 자는 위험의 의미이고 둘째
는 기회의 의미입니다. 위기 속에서 위험을 경계하되 기회가 있음을
명심하십시오.

The Chinese use two brush strokes to write the world
'crisis'. One brush stroke stands for danger; the other for
opportunity. In a crisis, be aware of the danger, but
recognize the opportunity.

- 존 F. 케네디 -

존버 정신

직장인 생존의 지혜 '존버'

요즘 '존버 정신'이라는 말들이 많이 회자되고 있다. 하루는 집에 아이들이 '존버 정신으로'라는 말에 존버 정신이 뭐냐고 했더니 '존나 버틴다.'라고 한다. 이상하게 어른이 되어도 특이하고 강한 말들은 귀에 쏙 들어온다. 어감이 썩 좋지는 않지만 입에는 착 감기는 그 '존버'를 알아보았다. 어쩌면 내 인생도 '존버 정신으로' 똘똘 뭉쳐진 나날이 아니었을까 싶기도 하다.

'존버'를 검색하여 찾아보았다. '존나 버틴다.'라는 말에서 앞 글자를 따서 탄생한 신조어다. 요즘 위기의 직장인들에게 마음속 깊이 와 닿는 말일 것이다. 그러나 이 말을 잘못 이해할까 하는 걱정도 된다. 정확히는 자신의 일상을 묵묵히 최선을 다하는 것을 일 컫는 말이다. 행동하지 않는 '존버'는 그냥 버티기고 불행한 일일 뿐이다.

혜민 스님과 이외수 작가의 필담이다.
혜민 스님 : 선생님 요즘 힘들게 살고 있는 젊은이들에게 해주고 싶은 얘기가 있으신지요?
이외수 작가 : 존버 정신을 잃지 않으면 됩니다.
혜민 스님 : 아 존버 정신이요……. 근데요…. 존버 정신이 뭐죠?
이외수 작가 : 스님 존버 정신은 '존 나게 버텨라!' 입니다.
'존버'는 이외수 작가가 처음 사용해서 퍼뜨렸다는 설도 있다.

몇 번의 시도를 했는데 잘 안되었다고 실망하고 포기하면 안 될 일이다. 축구 경기와 같이 끈질기게 계속해서 골문을 향해 골을 차는 팀이 언젠가는 골인시키고 승리한다. 처음 몇 번 만에 되지 않는다고 기죽어서 그만둘 것 같으면 시작하지 말아야 한다. 성공의 기본은 존버 정신이다(존 나게 버텨!)

세일즈에서 처음 일할 때가 생각난다. 모든 것이 처음 시작하는 것이라 제일 힘들 때가 제일 기억에 남는 것 같다. 하루하루가 힘겹고 어려울 때였다. 그나마 다행인 것은 현장 경험이 수 연차 되었고 현장에서 판촉 세일즈의 업무를 보아왔기에 내게는 큰 위안이었다. 그러나 경력과는 상관없이 무작정 사람을 만나고 찾아간다고 해서 매출이 발생하고 목표를 달성할 수 있는 것이 아니었다. 시간이 지나면 지날수록 새로운 거래처 확보를 위한 시장개척은 두렵고 어려웠다. 매번 머릿속에 생각만 하고 노트에 전략만 짜서는, 계획만 세우다가 시간을 다 보낼 뿐이라는 판단이었다. 중요한 것은 한두 가지 목표면 충분했다. 사실 계속 고민한다고 그 당시의 내 입장에서 내릴 결론은 많지 않았다. 그때부터는 행동으로 옮기고 직접 부딪치면서 전략과 전술을 조금씩 내게 맞추어 수정하며 앞으로 나가는 길 밖에 없었다. 내가 할 수 있는 최선의 목표를 세우고 행동에 나섰다. 때로는 잡상인 취급을 받기도 했다. 그저 맨몸 하나로 많은 사람을 만나고 다녔다. 그들과의 인연으로 실적들을 만들어 내는 일은 힘난한 길이었다. 그럼에도 내 휴대폰에 전화번호 천개 저장하기와 매일 안부전화 20통하기, 매일 새로운 고객 10명 만들기는 힘난한 모험과도 같았다. 끊임없이 스스로에게 '잘 될 거야, 힘내자, 파이팅'을 수차례 반복했다. 그 당시 매일 기록한 일기를 보면 그때의 어렵고 힘겹던 흔적들이 고스란히 남아있다.

위기의 직장에서 한 번뿐인 인생, 미래는 어떻게 될지 아무도 모른다. 내가 원하는 대로 흘러가지 않는다고 해서 잘못 사는 것은 아니다. 큰 틀에서 목표가 정해졌다면 열심히 최선을 다해 하루하루를 살아내는 것이 '존버'일 것이다. 그렇게 열심히 살다 보면 기회가 생긴다. 그것이 기회인지 아닌지는 자신만이 알 것이다. 그것이 기회라면 반드시 잡을 수 있을 것이다. 그 기회를 포착하고 잡는 것은 물론 자신이 판단할 문제이다. 그러나 그 기회마저 열심히 노력했기에 얻을 수 있는 것이다. 나의 경우 존버 정신을 이렇게 실천했다.

첫째, 자존감을 잃지 말아야 한다. 나를 사랑하지 않고 아껴주지 않는데 남들이 나를 귀하게 소중하게 생각하고 존중하겠는가. 힘겨움의 고비마다 나를 자존감을 잃지 않는 것이 중요하다고 생각한다. 간혹 자신이 못나 보이는 순간이 와도 있는 그대로의 자신을 부정하지 말자. 있는 그대로의 나를 받아들이자. 지금이 전부는 아니다. 어제와 오늘을 내가 최선을 다한 것들이 쌓이고 쌓여 내일과 미래를 만드는 것이다. 멀리 큰 산을 바라보듯 자신에게 용기와 희망을 불어넣고 최선을 다했다.

둘째, 남들과 비교하지 마라. 다른 사람과 자신을 비교하지 말아야 한다. 다른 사람과 자신의 다름을 인정해야 한다. 잘난 사람을 보면 부럽고 시기심이 생기지만 그 사람대로 인정하고 다른 사람에게 피해를 주지 않으면서 나는 나의 길을, 업무를, 내일을 오로지 묵묵히 해 가자. 인생에는 정답이 없다.

셋째, 좌절금지, 포기 금지다. 처음부터 어려울 것 같으면 하지 않는 것이 나을 수 있다. 그러나 결심했다면 그때부터는 좌절하지 말고 포기하지도 말아야 한다. 끊임없이 자신에게 용기와 자신감을 불어넣어 좌절과 포기를 잊어야 한다. 그리고 목표 달성의 중간평가마다 성취에 맞추어 스스로에게 작은 포상을 주고 자신을 챙기면서 포기하지 말아야 한다.

넷째, 지금 당장 시작하자. 개그맨 박명수의 어록이다. '늦었다고 생각할 때가 늦은 거다. 그러니 지금 당장 시작해라' 지금 당장 행동을 강조한 말이다. 항상 바쁜 나는 할 것도 많고, 해보고 싶은 것이 너무 많아 문제다. 그래서 여전히 부산스럽지만 생각날 때마다 나는 즉시 시작하는 스타일이다.

존버 정신은 단순히 지금 하는 일과 직장을 무작정 버티는 의미로 받아들이면 안 된다. 존버는 다른 말로 지혜롭게 버티는 기술이고 직장인들의 생존의 지혜를 말하는 것이다. 자신이 하는 일을 묵묵히 하되 그 일에 영혼과 전문성을 담아 최선을 다해 부딪쳐서 열심히 살아 내는 것이다. 직장 생활에 위기가 찾아와 좌절과 고난이 나에게만 닥쳐오는 것 같은 불행들로 고민하는 호텔리어들이여. 오늘 하루 최선을 다하자.
오늘 모든 일이 잘 해결될 것이다.
힘을 내자.

고난은 누구에게나 찾아오는 것이여. 내가 대비한다고 해서 안 오는 것도 아니여. 고난이 올까봐 쩔쩔매는 것이 제일 바보 같은 거여. 어떤 길로 가던 고난은 오는 것이니께 그냥 가던 길 열심히 걸어가.

- 유튜버 인기스타 박막례 할머니 -

윈 윈(Win-Win)하기
내가 존중 받기위한 존중하기

    사회가 갑질 논란에 휩싸여 있다. 그로 인해 목숨으로 억울함을 항변하는 사례도 종종 발생한다. 참으로 안타깝고 슬픈 일이 아닐 수 없다. 호텔과 리조트도 비켜가지 않았다. 고객에게서, 직원들에게서, 다양하게 발생하는 갑질을 종식하고 함께 윈윈하는 길은 진정 없을까. 그래도 사회가 많이 투명해졌고 공평해졌다는 평가임에도 우리를 깜짝깜짝 놀라게 하는 사건들이 언론에 보도될 때마다 아직도 갈 길이 먼 것 같다는 생각이 다시 든다. 종종 정말 막무가내식 갑질과 진상 고객에게 벗어나 함께 웃고 행복한 윈윈의 시대를 기대해 본다.

일전에 직장에서 모시던 상사를 새로 이직한 지역에서 만난 일이 있었다. 그는 유명 브랜드의 하우스키핑 용역회사의 책임자로 일을 하고 있었다. 통상 대형 호텔과 리조트에서는 하우스키핑, 퍼블릭, 보안, 시설 등의 부서를 외주로 운영하는 곳이 상당수이다. 그날은 이직한지 얼마 안 되어 동종업계에 인사를 하러 찾아간 날이었다. 사무실에 잠시 앉아 회의가 끝나길 기다리는데 건너편 사무실에 고성이 오고 간다. 계속되는 여러 이유에 대해 단호한 압박성 멘트가 가해지고 있었다. 업계에서는 심심치 않게 벌어지는 일이기에 살짝 들려오는 내용은 이랬다. 같은 일을 여러 번 반복하니 한 번에 일을 정리하자는 용역사의 제안으로 행사 일정을 고려했을 때 짧은 시간 내에 고객의 요구사항을 만족하려면 최선의 선택이라는 것이다. 방법론적으로 의견 조율이 어려우니 목소리가 높아지고 결국 갑을 관계에서 갑의 압력이 시작된 것으로 보였다. 한마디로 시키는 대로 하라는 결론이다. 한참을 실랑이하더니 사무실을 나와 고개 떨군 채 돌아선 그가 바로 내가 일전에 모시던 직장 상사였다. 볼 일을 보고 따로 만난 예전 직장 상사는 힘들어서 못하겠다는 푸념 섞인 말을 먼저 꺼낸다. 갑과 을의 관계에서의 비애가 이젠 진저리 처진다고 했다. 다시는 '을'의 입장에서 일하고 싶지 않다고 직영 회사를 가고 싶다고 말했다. 업무에 있어 경력이나 연륜 면에서 부족한 것이 없는 그에게 발생하는 압력과 강압적인 업무 전달에 많이 힘들어했다. 사실 용역업체 입장에서 보면 계약대로 이행하면 되는 일이지만 업무의 영역이 한정적이진 않다. 통상 포괄적으로 계약이 이루어지기에 잦은 마찰이 생길 수 있다. 서로의 역할과 업무가 존재하는데 사사건건 업무를 세분화하고 구분하려고 하다 보면 어느 순간 힘이 개입하게 된다. 이것이 갑을 계약관계의 갑질로 바뀌게 되고 서로 마음의 상처로 이어지게 된다.

'갑을' 관계는 특히 일터에서 권력으로 비화된다. 경쟁에서 승리해 마침내 성공 사다리의 꼭대기에 오르기 위해서는 다른 사람의 이익보다 내 이익을 먼저 생각해야 한다. 남보다 강해져야 하며, 나약한 모습을 보여서는 안 된다는 '성공의 철칙'은 오랫동안 우리의 의식을 지배해왔다. 강한 사람, 승리한 사람이 모든 것을 가져간다는 '승자 독식' 룰의 미덕이 종종 미화된다. '하나를 주고 열을 얻으면' 일 잘한다는 소리를 들었다. 한마디로 성공하기 위해서는 무조건 남보다 뛰어나야 한다고 믿었다. 이제 의식의 전환이 필요한 시대다. 이런 의식으로 조직에 앞날과 발전이 있겠는가.

내게도 대형리조트에서 용역사의 책임자로 일한 일이 있었다. 전임 근무자가 업무지시로 전달되는 것에 대해 갑과 을의 업무를 명확하게 구분하고 따지고 들었다고 한다. 대형리조트의 업무들이 대부분 고객의 입장에서 영업적으로 움직이게 된다. 신속한 속도가 생명인데 갑과 을의 입장에서 업무를 구분하고 따지다 보니 우선 급한 업무를 비용을 들여 처리하고 '을'사에 비용 청구와 함께 책임자 교체를 요구한 것이다. 이런 일이 두세 차례 반복이 되고 그 자리를 내가 채우게 된 것이다. 그 사실을 알고 나서 내가 했던 일들은 상호 간의 윈윈 할 수 있는 확실한 방법을 찾아야 했다.

먼저 그들에게 신뢰를 쌓아야 했다. 상대방에게 좋은 인상을 심어주기 위한 전술이 필요했다. 성급히 서두르지 말고 인내심을 갖고 하나하나 베푼다는 생각으로 접근이 필요했다. 그래서 항상 성실하게 행동하고 신뢰를 쌓기 위해 노력했다. 아울러 역지사지하는 심경으로 그들의 입장에서 업무를 바라보고 먼저 배려하려고 노력했다. 회의가 있으면 늦지 않도록 10분 전에 참석을 했고, 예상되는 업무에 대해 긍정적인 측면에서 의견 제시를 하였다. 부정적이고 반대 의견이 아닌 일을 진행하기 위한 발전적인 의견을 게진하였다. 한동안 막혀있던 산적한 업무들이 강둑이 터진 것처럼 술술 흘러내리듯 일들이 일사천리로 진행되었다. 그들이 원하는 방향으로 업무가 진행되기 시작한 것이다. 그러나 용역 내부 직원들의 반발도 적지 않았다. 책임자가 바뀐 이후에 업무가 많아지고 다양해지면서 직원들의 이탈도 생겨났다. 심지어 용역 본사까지 투서가 올라갔으니 정말 힘겨운 일이었다. 다행히 '갑'사의 적극적인 지원과 상생을 위해 노력하겠다는 의지를 먼저 보여주었다. 본사에서도 매번 말썽과 잡음으로 어려움을 겪던 사업장에서 '갑'사의 대응에 다소 놀란 눈치였다. 함께 했던 직원들을 이해시키고 달라진 '갑'사의 지원으로 그곳에서 장기간 근무할 수 있었다. '갑'과 '을'의 관계가 협력과 공생의 관계로 발전해 나갔다. 아울러 오히려 '갑'과 '을'이 아닌 리조트에 직원이라는 인식과 자부심을 심어주기 위해 많은 노력과 투자를 아끼지 않았다. 그곳에서 일하는 내내 수시로 긍정적 의견들을 제시했고, 합리적인 업무를 위해 끊임없는 대

화가 큰 역할을 했다. 그들도 을과 함께 함으로써 얻어지는 이익과
효과를 보고 느낀 것이었다.

　판촉 세일즈로 일할 때 있었던 일이다. 나는 동종업계의 직원들
을 자주 찾아다녔다. 몇 번을 찾아가 만나니 우호적으로 대해 주었
다. 그들을 통해 그들이 근무하는 곳의 룸컨디션과 연회장 시설,
레스토랑 규모, 부대시설들의 정보를 보고 얻을 수 있었다. 그리고
주기적으로 그들과의 관계를 이어 나갔다. 사람의 일은 모르는 일
이다. 함께 일하던 직원의 실수로 행사가 겹치는 일이 발생했다.
객실과 연회장, 레스토랑까지 수용이 불가능해졌다. 이때 주변 호
텔 세일즈 매니저에게 도움을 요청했다. 물론 가지고 있는 정보를
모두 오픈했다. 그는 흔쾌히 같은 요금에 행사를 수용해 주었다.
또 한편으로 우리 회사나 그들 회사 자체만으로 유치하기에 버거
운 대형 행사를 제안과 협업 통해 두세 차례 줄지어 유치하였다.
이후 전국 단위 체육행사와 도 단위 행사, 외국 인센티브 행사, 대
형 학회 행사를 유치하며 상호 협력의 힘은 영업매출로 이어졌다.
통상 주중에 객실판매를 비롯하여 레스토랑, 부대업장 매출까지 동
시에 급상승했다.
　아울러 회사에서 단체 행사를 유치하기 여의치 않을 때는 인근
회사 동료에게 소개해 주었고 그들도 자체 일정상 어려운 행사들
을 넘겨주면서 행사는 늘어만 갔다. 만약 자신들의 요금 규정과 실
정에 맞는 것에만 시야가 고정됐더라면 있을 수 없는 일이었다. 이
를 통해 전체적으로 협력관계가 유지가 되면서 윈윈이 실현되는

계기가 되었다.

또한 업계에서 최저가 보장제는 숙박 예약 시장을 장악한 OTA가 각 호텔들에 "우리 플랫폼에 제공하는 객실 가격보다 더 낮은 가격으로 다른 OTA나 호텔 자체 홈페이지에 내놓지 말라"라고 요구하는 조항이 있다. 사실상의 '가격통제' 탓에 A 호텔의 B 객실이 다양한 OTA 플랫폼에서는 물론 A 호텔 홈페이지에서도 같은 가격에 팔리는 결과를 낳는다. 시장점유율이 떨어지는 한 OTA 회사가 저렴한 가격에 이 객실을 판매하고 싶어도 A 호텔이 점유율이 높은 다른 OTA 회사와 맺은 최저가 보장 계약 때문에 똑같은 값으로 내놓을 수밖에 없는 구조다. 글로벌 OTA 역시 관광·숙박 업계가 웹·모바일 중심으로 재편되면서 등장한 기업들이다. 이들은 막강한 자본력과 데이터를 바탕으로 빠르게 시장을 장악했다. 이 또한 갑질의 형태로 변질되고 있다. 최근에는 이런 갑질 행태도 윈윈을 위한 시도와 변화의 조짐이 보이고 있다.

이젠 세상이 변화하고 있다. 비대면(언택트) 사회의 전환으로 스마트 폰을 통한 SNS가 확산되며 세상이 조금은 투명해지는 긍정적인 효과를 가져 오고 있다. 그리고 업계에선 '한 다리 건너면 모르는 사람이 없다'라는 네트워크가 형성이 되었다. 그리고 휴대폰 하나로 녹화, 녹취가 가능해지면서 을의 억울함을 알리는 방법도 다양해졌다. 권위주의와 서열주의, 상하관계 등을 벗어나 아주 사소한 것부터 변화하려는 조짐들이 곳곳에서 문화와 변화로 바뀌어

가고 있다. 이런 측면에서 상호 존중의 문화를 통해 윈윈 하기를 시작해 보자. 우선 작은 일부터 시작해 보자. 나부터 인사는 먼저 하고, 자신이 먹는 차는 직접 준비하고, 전화할 때 자신이 누구인지 먼저 밝히는 것부터 시작해야 한다. 경비원, 청소 직원에게도 존칭을 쓰고 존중을 실천하자. 그 조직의 발전과 성공의 열쇠는 공동체에 함께한다. 즉 갑과 을이 별개가 아니라 하나라는 인식이 중요하다. 이제 일상에서, 말과 행동에서, 나 자신이 스스로 갑의 행동을 하고 있지는 않은지. 자신을 돌아보는데서 시작될 것이다.

갑과 을을 없앨 수 없다면 갑과 을이 함께 윈윈의 방법과 방향을 현명하게 고민해야 한다. 서로를 존중하는 문화를 형성하는 일은 우리, 나부터 시작하자. 이런 문화를 통해 서로 상생하고 윈윈하는 세상을 만들어 보자.

우리 모두를 합친 것보다 더 현명한 사람은 없다.

- 켄 블랜차드 -

레퍼런스 체크(Reference Check)

나의 평판을 관리하라

　직원을 채용하는 일은 길고도 먼 행군과 같다. 바로 일회성으로 끝나는 일도 아니다. 모기업에서 호텔의 인사팀장으로 발령받은 지인께서 5년간 근무하면서 인력채용만 하다가 업무가 종료되었다는 회상을 할 정도이다. 그만큼 좋은 인재를 채용하고 영입하는 일은 쉽지 않다. 특히 인력채용 시 회사의 입장에서는 여러 가지 고려해야 할 사항들이 많다. 특히 경력 직원을 채용 할 때는 신중에 신중을 기한다. 아울러 경력직 채용에 꼭 필요한 레퍼런스 체크(평판 조회, 이력 검증)가 관건이다. 나의 경험을 통해 이직하실 분들과 후배님들께 작은 도움이 되길 소망한다.

호텔과 리조트에는 인력의 잦은 퇴사와 이직으로 인해 상황에 따라 인력 채용을 수시로 진행하는 경우가 많다. 특히 세대가 급격하게 바뀌면서 그 정도가 심해졌다. 과거에도 이직이 심하긴 했지만 특히 정보통신의 발달로 많은 정보들이 공유되면서 더욱 두드러진 현상으로 보인다. 특히 동종업계로 이직이 늘어나면서 즉시 현업에 활용이 가능한 경력직 사원의 채용이 증가되는 추세다.

　　한 번은 중간 간부 매니저(대리급)을 채용할 때의 일이다. 인사팀에선 이력서가 10장이 확보가 되었다고 한다. 이력서 접수는 늘어났지만 조직문화에 맞는 인재를 채용해야 근무기간도 늘어나고 업무의 연속성을 고려해야 한다. 막상 적절한 인재를 뽑으려 하니 쉽지 않다. 인사팀에서 1차 선정한 3명의 이력서를 보내왔다. 이력서 경력은 인터뷰를 진행하는데 큰 문제는 없어 보인다. 개인적으로 마음에 걸리는 한 명만 제외하곤, 사진 속 인상이 마음에 걸렸다. 풍기는 인상이 뭔지 모르게 '뺀질이'처럼 생긴 것이다. 일단 채용이 우선이니 내 선입견은 접어두기로 했다. 면접 당일 괜찮아 보이는 면접자 한 명은 개인 사정으로 면접을 포기했다. 나머지 두 명의 인터뷰는 그럭저럭 보았다. 요즘 친구들은 말도 참 잘한다. 인터뷰에서 잠깐 나눈 것으로 어떤 사람인지 판단이 잘 서지는 않았다. 부서장의 의견을 들었다. 그중 나름 답변도 똘똘하게 한 사람이면 좋겠다고 한다. 이력서에 최근 퇴사한 전 직장의 레퍼런스 체크 결과가 너무 안 좋았다. 너무 뺀질댄다는 것과 젠틀한 얼굴에 속지 말라는 말까지 들었다. 이쯤 되면 돗자리를 깔아도 될 수준

아닐까.

레퍼런스는 직원 채용 이후에 발생되는 여러 문제에 대해 리스크를 줄이기 위해 시행한다. 재직 중이라면 회사나 본인에게 상당히 부담되는 일이다. 이로 인해 직장 내 소문이 퍼질 우려도 있다. 그것이 발단이 되어 인사상 불이익을 발생할 소지가 있기에 특별한 사항이 아니면 진행하지 않는다. 퇴사를 한 경우라면 블라인드 체크와 오픈 체크 중 하나를 선택하게 된다. 최근 개인정보보호법 강화로 인한 사전에 지원자에게 동의를 필수적으로 구해야 한다. 오픈 체크의 경우 나를 평가할 레퍼리를 한두 명을 지목하도록 한다. 이럴 때는 응시 당사자가 사전에 예상되는 레퍼런스에 대해 양해를 구해 놓는 것이 상대가 당황하지 않고 긍정적인 평판을 유도할 수 있다. 이외 통상적으로 인터뷰와 개인 프로필로 대체된다. 또한 대리급 이상을 채용할 때는 레퍼런스가 진행된다고 보면 된다. 생각보다 관광업계는 좁다. 총지배인 끼리 또는 팀장급 정도가 되면 한 다리 건너 거미줄처럼 전부 연결되어 있기에 항상 자기관리를 통한 경력과 평판관리가 필요하다.

언젠가 내게 전화 한 통화가 걸려왔다. 함께 모임을 통해 알게 된 업계 후배였다. 안부를 물으면서 채용 면접을 진행하려 하는데 면접자의 전 직장을 이력서에서 확인하고 생각나서 전화를 했다고 한다. '그 사람 어때요?' 짧은 순간 그 직원에 대해 영화필름이 천배의 속도로 지나감을 느꼈다. 그럼에도 또렷해지는 영상들. 대부분 레퍼런스 체크가 들어오면 좋은 이야기를 해준다. 가능하면 그 친구의 긍정적인 면을 부각시켜준다. 그러면 순간 상대에서 혹 치고 들어온다. '그게 다예요' 또는 '정말 해줄 말 없어요' 정말 난감한 시간이다. 그러나 금전사고나 음주, 폭행, 도벽 등의 죄질이 나쁜 경우가 아니면 당연히 긍정적인 답변을 준다.

'일 잘 하고 자기관리가 철저하고 책임감 있는 친구다.'라고

레퍼런스 체크 또한 한 사람의 인생에 대한 중요한 평가 지표다. 함께 같이 일해 본 사람들이 전해주는 말은 정확한 법이다. '일 잘 한다.' '최고다.' '근성이 있다.' '좋은 사람이다.'라는 말과 같은 긍정적인 피드백을 듣지는 못할망정 '뽑으면 안 된다.' '최악이다.' '나라면 책임감 없는 사람은 뽑지 않을 것 같습니다.'라는 말을 듣는다면 그 사람의 인생에 문제가 있는 것이라 생각한다.

특히 개인적으로 중요하게 생각하는 평판과 조직의 동료들에게 인정받는 방법은 '책임감'이다. 자신이 맡은 일에 얼마나 책임감을 갖고 일하느냐이다. 진정 업무에 있어서 내 일이라는 책임감이 있다면 누군가에게 떠넘기거나 대충대충 하는 식으로 일하지 않을 것이다. 그렇게 되면 동료들에게 피해를 주는 일도 없을 것이다. 그럼 자연스럽게 동료들로부터 인정받게 된다. '책임감을 갖고 일하는 직원이다.'라는 말은 레퍼런스 체크에 가장 핵심 포인트가 될 것이다.

아울러 인상관리도 중요하다. '나이 40세가 되면 자기 얼굴에

책임을 져야 한다.'라고 말한 미국의 대통령 에이브러햄 링컨의 말처럼 나이를 먹으니 사람들의 인상을 자주 보게 된다. 잘생기고 예쁜 것을 떠나서 사람들을 보다 보면 그 사람의 인품이 보인다. 아무리 숨기려 해도 얼굴에 자연스럽게 나타나 보인다. 그건 하루 이틀, 일이 년 만에 얼굴에 드러나지 않는다고 생각한다. 최소 5년 이상이 되면 얼굴에 쌓이면서 그 사람의 인생이 얼굴에 나타난다. 그러면서 인상이 인품으로 자리 잡는다고 생각한다. '사람 보는 기준은 모두 같다.' 나뿐만 아니라 면접관이라면 공통된 생각일 것이다.

사회 초년생의 경우 열정과 도전의 정신을 갖고 있는 사람들은 얼굴을 찡그리지 않는다. 긴장은 하지만 얼굴의 표정에서 긍정의 에너지가 느껴진다. 얼굴에 밝은 표정이 보인다. 그래서 첫인상에 웃음을 잃지 않으려 노력해야 한다.

책임감과 인상, 인품을 지금이라도 관리해 나가자. 좋은 회사로, 더 좋은 직급으로, 좀 더 나은 조건과 급여를 받고 싶다면 지금 당장 시작해야 한다. 꼭 이직이 아니어도 지금 있는 자리에서 인정받고 싶다면 노력하자.

그나저나 언제 뽑히려나, 사람 뽑기가 정말 힘들다.

돈을 잃을 수도 있습니다. 아주 많은 돈을 잃어도 괜찮습니다. 하지만, 평판을 잃어서는 안 됩니다. 단 한 티끌이라도.

We can afford to lose money - even a lot of money.

But we can't afford to lose reputation - even a shred of reputation.

- 워렌 버핏 Warren Buffet -

Chapter 4

호텔&리조트에서 생활하며
필요한 것들

직장인으로 갖추어야 할 것과 걱정, 고민,
특히 컴플레인 해결과 생활 팁을 정리하고
실제생활에 필요한 기본, 기준, 원칙, 호텔용어를 정리

심성이 우선이다

우리가 가져야 할 마음들

　호텔리어로써 성공하기 위한 기본은 무엇일까. 반드시 갖추어야 할 것은 무엇일까. 그것을 나는 심성이라고 생각한다. 심성은 타고 난 마음씨, 참되고 변하지 않는 마음의 본체라고 사전은 규정하고 있다. 내가 만난 수많은 총지배인들의 심성과 그들만의 빛나는 아우라를 바라보며 느낀 결론이다. 또는 인성, 성정으로도 표현된다. 사람의 성품, 인간으로서의 정과 연민, 배려이다. 이 심성은 사람을 끌어들이는 매력이고 사람의 마음을 얻기 위해 아주 중요하다. 내가 겪은 많은 일들을 돌이켜보면 심성이 좋은 사람들과 함께 한 것 같다. 참으로 복이고 감사한 일이다.

호텔리어라면 다들 아는 일화를 소개한다.

비바람이 몹시 몰아치던 늦은 밤. 작은 호텔로비, 비에 젖은 노부부가 찾아와 "예약은 안 했지만 혹시 빈방이 있습니까?" 하고 물었다. 하지만 인근 도시의 큰 행사 때문에 빈방은 하나도 남아 있지 않은 상태였다. 물론 주변의 모든 호텔들도 상황은 마찬가지였다. 직원은 "손님, 죄송합니다. 객실이 없습니다." 하고 말했지만 간절한 그 노부부의 눈빛을 보고 "하지만 비도 오고, 늦은 시간이니 차마 나가시라고 할 수 없군요. 괜찮으시다면 누추하지만 제 방에서……."라며 자신의 방을 내주었다. 그로부터 2년 후, 그 호텔의 직원은 뉴욕행 비행기 표를 우편으로 받게 된다. 뉴욕에 도착하자 그를 맞이한 것은 그때의 그 노신사였다. 노신사가 궁전 같은 아름다운 호텔을 손짓하며 말한다. "이 호텔은 당신이 경영하도록 내가 지은 것이오." 그렇게 조지 볼트는 미국 최고급 호텔 '월도프 아스토리아'의 첫 번째 총지배인이 된다.

'월도프 아스토리아' 백만장자 윌리엄 월도프 아스토가 1893년 세운 13층 규모의 월도프 호텔과 1897년 세운 아스토리아 호텔을 합쳐, 1931년 10월 문을 연 호텔이다. 현재는 파크 애비뉴와 렉싱턴 애비뉴 사이의 한 블록 전체를 차지하고 있다. 47층 규모의 최고급 시설을 자랑하며 총 객실은 1,413개이다. 1949년 콘래드 힐튼 창업주가 이 호텔을 인수하였고, 뉴욕 시는 1993년 이 호텔을 공식 랜드 마크로 지정하였다. 2014년 10월에는 중국 안방보험그룹에 매각되었으나 계약에 따라 향후 100년 동안 힐튼 월드 와이드가 호텔 운영을 지속하기로 하였다. [네이버 지식백과]

그러나 우리네 인생에 밝은 빛만 있는 것은 아니다.

대형리조트에 근무할 때 일이다. 하루는 교류가 잦은 인근 시설의 총지배인이 찾아왔는데 많이 피곤해 보였다. 그와 이야기 중 하소연과 조언을 구했다. 사정은 이러했다. 회사 내부에 문제가 생겨서 매니저를 내 보냈다고 한다. 그러나 이 직원은 부당한 처사라고 항변했단다. 그동안의 잘못을 충분히 인정하면서도 10년을 넘게 일을 했으니 그 정도는 봐주어야 하는 것이 아니냐며 담당자들을 힘들게 했단다. 조직의 결정이 바뀌지 않았기에 그 직원은 '그래 어디 한 번 두고 보자.'하고 퇴사를 했다고 한다. 그리고 한 달 후 행정관청에서 연락이 온 것이다. 근로기준법 위반으로 신고가 들어왔으니 조사를 받으라는 내용이었다. 물론 회사는 근거를 제시하고 그 일에 대해 성실히 답변을 해서 한 달 만에 이의 없음을 통보받았다고 한다. 그러고 나서 일주일 후 또 다른 관청에서 연락이 왔다. 건축물 관련 민원이 들어와서 건축물에 대한 불법적인 개선 조사와 명령이 나온 것이다. 이렇게 몇 차례 일을 반복하고 나니 어느새 반년이라는 세월이 지난 것이다. 잘못된 일이 있으면 바로잡으면 되는 일이지만 퇴사한 직원으로부터 내부적이고 세밀한 것까지 관청에 투서와 민원으로 시달리고 있었다. 오죽했으면 퇴사한 직원을 만나 사정을 해 본 모양이다. '그래 뭐라고 합니까?' 했더니 돌아온 말은 '무조건적 복직'이었다고 한다. '웬만하면 복직하는 것도 방법이긴 한데. 직원의 심성만 좋다면.'하고 복직을 고려해 보라고 했더니 총지배인은 고개부터 흔들어 보였다. 기본적인 근태도 지각이 잦고 동료 직원들도 일을 꺼려 부서 이동과 그로 인한 퇴사한 직원이 여럿 발생했었다고 한다. 물론 주위와 경고를 여러 번 주었는데 부서 내 사고로 퇴사를 시켰다는 것이다. 한동안 그 총지배인과 자주 만나 이야기를 들어 주었다. 그 후 일 년 만에 그 총지배인의 밝은 얼굴을 볼 수 있었다.

수많은 직원들을 채용하기 위해 많은 지원자들을 만나게 된다. 그리고 채용 결정을 위해 만들어 놓은 리스트와 평가점수를 적어 놓는 칸이 존재한다. 그러나 먼저 지원자들의 얼굴을 보게 된다. 그리고 그들과 대화를 나누다 보면 그들의 낯빛이 어둡고, 말 속에는 은영 중에 어느 정도는 사람을 무시하고 독단적이며 고집스러운 것들이 고스란히 묻어난다. 반면 밝고 미소가 있으며 하려는 의지와 열정이 보이는 지원자들을 보면 가슴이 뛰고 빠른 시일 내에 함께 일하고 싶어진다. 특히 경력직 직원들을 채용을 할 때면 더욱더 신중하고 많은 이야기를 나누어 보려고 노력한다. 그럼에도 면접관도 사람인지라 실수를 하기도 한다.

한 번은 식음료 부서로부터 보고를 받았다. 국립농산물품질관리원에서 불시에 점검이 있었다는 것이다. 때 마침 원산지 표시 관련 새로운 디자인을 위해 교체하는 기간이었다고 한다. 담당 매니저가 불시점검에 원산지 미부착에 대한 확인자란에 서명을 했다는 것이다. 그리고 얼마 지나지 않아 과태료와 개선명령이 서면으로 도착했다. 주변 리조트들도 다수가 같은 상황이었다. 특히 한 총지배인은 전화로 콩에 대한 하소연을 하였다. 콩의 원산지 표시와 두부의 원산지 표시를 별개로 해야 한다는 것이다. 실제 납품에 표시를 원칙으로 하기 때문에 콩과 두부의 원산지가 다를 수 있기 때문이다. 그렇게 주변을 휩쓸고 간 원신지 표시 불시점검 이후 얼마 안 되어 어느 날 갑자기 또다시 점검반이 레스토랑을 다녀갔다. 메뉴판에 한우 표시와 주방의 구매 영수증, 제품 포장지까지 비교 조사를 진행하였다고 한다. 그리고 매출조사까지 이루어져 얼마 지나지 않아 커다란 금액의 벌금이 부과되었다. 원인은 주방 책임자가 교체되면서 국거리로 제공되는 일부 고기류를 국산에서 외국산으로 변경한 것인데 홀과 주방간의 서로 의사소통에 문제가 발생된 것이다. 그러나 그 후로도 불시점검은 부정을 방지한다는 차원에서 타지역에서 온 점검반이 외부에서 받은 투서와 신고로 인하여 특정적인 원산지 표식 게시에 대한 점검이 이루어졌다. 전체적인 점검이 아닌 타깃을 정해서 오는 점검에는 속수무책이었다. 결국 원칙과 규정에 입각한 주기적이고 정기적인 점검을 통해 대비하는 것이 해결책이었다.

개개인의 심성이 중요하다. 그리고 함께하는 조직의 문화와 관리자의 의지도 중요함을 느낀다. 이 모든 것은 조직 구성이 함께 만들어 나가야 한다. 그리고 특히 나 스스로부터 시작된다. 고객에게 기울이는 정성만큼이나 내부 직원들의 관심과 배려가 필요하다. 그것이 조직의 문화와 조직 구성원들의 바른 심성을 만들게 된다.

호텔리어 만의 애환인 수시로 변경되는 스케줄, 성난 고객으로부터 불합리한 컴플레인을 받아 혼미해진 하우스키핑, 프런트 데스크 신입사원의 퉁퉁 부은 다리, 레스토랑 직원의 불나는 발바닥, 치워도 끝이 없는 쓰레기를 처리하는 환경미화 직원들. 그들에게 따뜻한 인사와 미소로 그들을 대하고 고맙다, 감사하다, 수고한다는 말 한마디의 관심, 응원의 말, 배려가 필요하다. 진심을 담아 따뜻한 커피 한 잔을 함께하고 위로하는 것이 절실하다. 직원들의 여러 불만들은 고객에게 어떤 식으로든 전가된다. 그렇게 스스로 조직을 망가트리고 결국 회사가 쌓아온 명성에 흠집 나게 된다. 이제 함께하는 동료 직원들에게 관심과 배려를 위해, 나는 실천하고 반성하며 주변을 한 번 더 둘러본다.

사람이 따뜻한 마음을 잃는다면, 무엇보다도 자기 자신의 일생이 외롭고 비참(悲慘)하다.

- 칼 힐티 -

메모하는 습관을 길러라

나의 영감을 활용하라

 순간적으로 아이디어가 머리를 스쳐 지나간다. 종이에 메모를 했다. 사실 며칠 전부터 골머리를 앓고 있는 문제가 있었다. '아, 이렇게 하면 되겠네.'하는 방법이 불현듯 떠오른 것이다. 생각해 보면 절묘한 아이디어였다. 이렇게 순간적인 영감이나 아이디어가 떠오르는 것을 활용했다. 그런 생각들은 머릿속에 저장하는 기억법으로는 그리 오래가지 못하고 잠깐 사이 잊혔다. 아무리 기억을 하려고 노력해도 떠오르지 않는다. 다시는 아쉬움이 남지 않도록 하기 위해 내가 했던 것들을 소개한다.

 나는 정말 깜빡 깜박 잘 잊어버리는 성향의 사람이다. 특히 스쳐지 나가는 아이디어를 잡기는 더욱 더 어려운 사람이다. 직장에서도 지시사항을 깜빡 깜빡하고, 집에서도 가족들의 부탁도 잠깐 사이 잊어버린다. 심지어 외출을 하다가 집에 두고 온 것이 있어 다시 집으로 갔는데 내가 무엇을 가지러 온 것인지 도통 기억이 나질 않았다. 특히 회사에서의 건망증은 심각한 문제였다. 먹고사는 문제였으니 내겐 커다란 숙제가 아닐 수 없었다.

사회 초년생 시절에 호되게 선배에게 혼이 났다. 호텔산업에 대해 전공은 했으나 실제 현장의 일은 용어부터 모든 것이 낯설었기 때문에 정신을 차려야만 했다. 특히 처음 보는 기물부터 용어까지 틈틈이 메모를 시작했다. 주변에 메모하기에는 A4용지의 이면지를 활용했다. 와이셔츠 앞주머니에 들어갈 수 있도록 용지를 반으로 세 번을 접었다. 그리고 볼펜 한 자루. 하루 종일 중요 메모하며 할 일을 챙겼다. 퇴근 후 숙소에서 노트에 따로 정리를 해 나갔다. 더불어 다음날에 할 것들을 정리하였다. 그런 메모를 습관화하다 보니 순간적으로 업무에 놓친 부분이 스쳐 지나갔다. 그것도 메모를 했다. 틈틈이 그 메모들은 다시 깨어나 나를 움직이게 했다. 약 3개월 정도가 지났는데 습관이 들었다. 그리고 그 습관은 타부서에서 나를 데리고 가기 위해서 애쓰는 결과로 나타났다. 레스토랑에서 벨맨으로 자리를 옮기게 되었다. 나중에 안 일이지만 갑작스러운 일로 공석이 된 벨맨 자리에 많은 직원들은 그 자리를 가기 위해 여러 경로로 줄을 대고 있었다. 그런 자리에 전혀 예상 밖의 인물이 발령이 났으니 다들 놀라는 눈치였다. 프런트 데스크 책임자가 여러모로 나를 지켜본 모양이다. 벨맨은 색다른 경험이었다. 그 때 당시만 해도 벨맨 자리를 위해 뒷돈이 거래되는 자리로 유명했다. 급여는 손대지 않고 고객의 팁(Tip)으로도 충분히 생활이 되었기에 그랬던 것 같다.

메모를 한다는 것이 다른 사람들과의 차별화가 될 것이라고는 전혀 생각하지 못했다. 그러나 업무를 함에 있어 지시한 사람 입장에서 보면 지시 내용을 계속 깜빡 깜빡하는 직원 또는 동료가 있다면 참으로 답답할 것이다.

사실 총지배인으로 근무하면서 직원들에게 많은 지시를 하게 된다. 그런 지시는 지시로 끝나는 것이 아니다. 바로 확인을 한다는 사실이다. 나와 함께 일하던 직원이 있었다. 그는 만년 대리였다. 그는 이 부서 저 부서를 전전하고 있었다. 입사 한 지 10년이 되었다고 한다. 함께 일한 동기들은 전부 과장으로 진급해 있었다. 그는 참 노트에다 메모를 잘 하는 친구였다. 그러나 그 직원은 업무 수행을 이행하지 못했다. 그 이유를 물을 때면 뒷머리를 쓸어내며 '깜박했습니다. 죄송합니다.'이었다. 그런 일이 한두 번도 아니고 지속되니 참으로 답답한 일이었다. 그래서 그가 일하는 모습들을 유심히 관찰하게 되었다. 노트에 메모는 잘 하는데 업무지시가 끝나면 바로 담배를 피우러 나갔다. 그의 책상에는 노트가 퇴근할 때까지 덮인 상태로 그대로 방치되어 있었다. 그와 면담을 통해 메모의 활용에 대해 확인시켜주었고 그는 그 후 일 년 만에 과장으로 승진했다. 작은 습관을 고치고 실행했을 뿐인데, 그 결과는 확실하고 명확하게 그에게 다가왔다. 이제 그는 누구보다 더 열정을 갖고 일하는 사람 중에 하나가 되었다. 그가 승진하고 바뀐 명함을 들고 와서 처음으로 건네는 손의 떨림을 나는 아직도 기억하고 있다.

각종 매체에서 메모의 기술을 알려주는데 이것은 나만의 메모 관리법이다. 좋은 것들을 똑같이 따라 할 수는 있지만 나에게 맞아야 한다. 원칙에서 벗어나지 않는 범위에서 자기의 것으로 만들 필요가 있다. 그래야 온전히 나의 것, 그리고 효과를 발휘할 수 있다. 아무리 좋은 갑옷이라고 해도 입었을 때 헐렁하고 전투에 방해가 되고 걸리적거린다면 전투에서 온전히 나의 생명을 보호할 수 있겠는가. 그럼 찰나의 생각과 아이디어를 내 것으로 만들고 순간에 사라지는 것들과 다양한 영감들을 잡아두기 위한 메모의 기술에 대해 알아보자.

나만의 메모의 기술이다.

첫째, 언제 어디서든 메모를 한다. 그러려면 언제든 즉시 메모할 수 있는 환경이 조성되어야 한다. 와이셔츠 주머니에 딱 맞게 이면지를 활용해도 좋다. 화장실에도 메모지를 붙여 놓아도 좋은 방법이다. 나는 침대 옆에도 메모를 할 수 있도록 준비해 놓았다.

둘째, 중요한 것은 내가 알아볼 수 있게 해야 한다. 한 번은 꿈을 꾸다 일어나 메모를 한 적이 있었다. 잠결에 한 메모는 나중에 아무리 보아도 무엇인지 알아볼 수 없었다. 그리고 급한 마음에 휘갈겨 놓은 메모를 내가 쓰고 내가 못 알아보는 경험을 나도 여러 번 했다. 허튼 짓이다.(뻘 짓이다)

셋째, 기호 등을 활용해 함축적으로 짧게 한다. 특히 내가 좋아하는 기호는 화살표다. 높인다, 증대시킨다, 향상한다는 화살표 위로 표시(↑). 감소한다, 하락한다는 화살표 아래로 표시(↓). 남성 또는 수컷(♂). 여성 또는 암컷(♀). 이런 식으로 순간의 아이디어를 짧고 간결하게 활용했다.

넷째, 적극 활용한다. 메모를 열심히 하고 활용하지 않는다면 그 시간에 다른 것을 하는 것이 더 효율적 일 것이다. 그러니 메모한 것을 활용해야 한다. 나의 경우 화장실에서 또는 버스 안에서 부수적으로 추가 메모를 했고 구체화시켰다. 아울러 메모 한 것들은 버리지 않고 일정 기간 모아 새로운 아이디어로 재활용했다.

다섯째, 습관화시켜야 한다. 처음엔 생각보다 쉽지 않을 것이다. 나는 나의 잦은 실수와 업무를 그리고 내가 원하는 것들을 얻기 위해 노력했다. 서두르지 않고 끊임없이 방법을 찾았다. 그 중 메모는 내 습관이 되었다. 그리고 놀라운 메모의 결과를 몸으로 경험하게 되었다.

메모는 나를 이끌었고 변화시켰으며 생각을 숙성하듯 성숙시켰다. 그리고 일상 정리를 구체화해서 정리, 업무 향상에 도움을 주었다. 메모는 나만이 생각하는 반응을 순간 끌어내서 창의적 아이디어로 전환 시키는 과정이다. 이를 통해 나는 자신감을 되찾고 내 마음과 자신에 대해 좀 더 잘 알아가는 계기가 되었다. 내 삶과 일상을 변화시키고 싶다면 메모 습관에 도전을 권유한다. 지금 당장 메모하고 습관화 시키자. 놀라운 경험을 하게 될 것이다.

단 하나의 문장이 우리가 생각하는 방법, 느끼는 방법, 살아가는 방법을 바꿀 수 있다.

- 미라클 모닝 -

정직하게 살기
항상 자신을 경계하자

KTX를 타고 서울로 이동 중에 차창 밖 풍경이 순식간에 스쳐 지나간다. 영화의 장면처럼 스쳐 지나는 풍경과 기차의 규칙적인 소음과 함께 이렇게 인생도 지나가는구나 생각이 들었다. 한 장면 한 장면들이 모두 모여 영화가 되듯이 나의 시간 시간들이 모여 인생이 되는 거겠지. 되돌아보면 많은 일들이 있었다. 그중에 하나를 꼽으라면 나름 정직한 삶을 살았기에 지금 이곳에 내가 있지 않는가 싶다. 그러나 반대로 정직하지 못한 일들을 주변에서 겪었다. 믿음을 져버려 벌어지는 호텔리어만의 속사정. 나는 이것들을 통해 많은 아픔과 시련을 당했고 더욱 단단해져 새로운 나로 변화되는 계기로 삼았다. 내 경험이 후배나 다른 사람에게 자신을 돌아

보는 계기가 되었으면 한다.

　나의 아버지는 농부였다. 작은 면 단위에서 평생을 농사를 지셨다. 2남 1녀를 키우시고 돌아가실 때는 빚 하나 없으셨다. 오히려 많은 것들을 남기셨다. 천상 농부셨던 아버지는 '뿌린 만큼 거둔다. 땅은 거짓말을 하지 않는다.'라고 항상 말씀하셨다. 빈손으로 시작하여 빚 없이 자식에게 유산을 남긴다는 것이 얼마나 근면, 성실하신지를 단적으로 보여주는 일이라 생각한다. '정직하면 손해 본다'는 자조 섞인 말을 들을 때마다 종종 그 당시의 아버지를 떠올린다. 아버지를 생각하니 종종 내가 하는 말이 있다. 나에게는 유일하게 받지 못한 유산이 있다. 잡기에 관련된 모든 것들이 내게는 쉽지 않았다. 고스톱, 포커, 심지어 오락실 기기와 휴대폰 게임들도 친하지 않다. 고스톱 정도는 간혹 명절날 집에서 가족들과 한두 번은 함께 하지만 여지없이 용돈을 준다는 생각으로 한다. 그래야 마음도 몸도 편한 것 같다. 영 소질이 없다.

　토요일 아침 일찍 전화를 받은 직원들이 혼비백산해서 어쩔 줄 모르고 있었다. "약속한 대로 12시까지 버스를 미리 보내주어야지. 큰일을 앞두고 착오가 생기면 안 된다."고 결혼식 신부 측에서 확인 전화가 온 것이다. 그러나 토요일 당일 리조트에는 결혼식 행사가 잡힌 것이 없었다. 순식간에 리조트에선 대혼란이 일어났다.
　내국인 카지노가 있는 인근 리조트에서 근무할 때의 일이다. 일부 직원들이 카지노 출입을 하고 있었다. 근무시간 이외이니 뭐라

할 일은 아닐 수 있으나 모든 것이 정도가 지나치면 문제가 된다. 과유불급이라는 말도 있지 않은가? 나중에 안 일이지만 저녁 퇴근 후에 카지노에 입장을 하여 새벽에 숙소로 들어오는 일이 잦았다. 도박에 대한 인식개선과 사양성 조장을 우려하는 문제를 개선하기 위해 내국인 카지노에선 요일을 정해 출입을 제한 할 때이니 간혹 심심풀이라는 그들의 말을 한 귀로 흘렸다. 사실 개인적으로도 내심 어떤 곳인가 궁금하기도 했다. 게임의 룰이나 요령 등에 가뜩이나 소질이 없던 나로서는 당장 업무가 급해 관심 밖이었다. 그중에 한 매니저가 잦은 지각과 사소한 금전문제가 발생이 되었다. 당시 모시고 있던 총지배인께 여러 가지 문제에 대해 보고를 드렸다. 그리고 금전적인 문제에 대해서만큼은 단호한 조치가 필요함을 말씀 드렸다. 하루도 안 되어 호된 질책을 받았고 그 매니저와 관련한 업무를 업무영역에서 제외하는 지시를 받았다. 그리고 딱 일주일 만에 일이 발생했다. 예약되지 않는 결혼식에 신부 측으로부터 차량 지원에 대한 확인 전화가 온 것이다. 그것도 당일 아침에.

다행히 다음날인 일요일에 결혼식이 있었기에 사전에 준비된 것으로 대체하여 행사를 잘 치를 수 있었다. 물론 그 다음날의 결혼식 준비로 어려움을 겪기는 했지만. 결론적으로 연회담당 매니저가 결혼식의 예약금을 유용하다 사고가 난 것이다. 게임비로 예약금을 당겨쓰고 또 다른 예식의 예약금으로 일명 돌려 막기 하다가 사고가 난 것이다. 머리가 복잡하고 집중력이 떨어지니 예식 관련 행사 계획서를 누락해서 발생한 일이다. 지금도 그때를 생각하면 앞이 캄캄하고 끔찍한 생각이 든다. 이후에 일은 상상에 맡긴다.

정직하게 산다는 것은 자신의 정신건강에도 좋다. 그리고 건강한 몸도 유지할 수 있다. 돈 몇 푼에 정신이 팔려 양심을 팔고 그로 인해 정신적 육체적으로 자신을 황폐화 시키는 일이다. 자신을 나락으로 내 모는 일들을 볼 때면 마음이 아프다. 그리고 자신의 모든 것을 내려놓아야 하는 일들은 모두에게 큰 고통으로 다가온다.

호텔에 근무할 때의 일이다. OTA업체 관련하여 업체와 계약 후 한 달에 한 번씩 전체 이용에 대해 정산하는 시스템이다. 한동안 업체와 호텔 간의 정산문제는 없었다. 그러나 2~3개월부터 OTA 업체에서 호텔로 정산금액의 입금날짜가 늦어지는 문제가 발생했다. 호텔의 문제 제기에 계약담당 매니저는 여러 이유를 들어 2~3일 이내 정산처리가 진행될 것이라고 했다. 업계에서는 종종 있는 일이긴 했다. 그러다 한 달간 입금이 늦어지는 일이 발생해서 업체와 직접 전화 통화를 해보니 이미 지급이 완료된 건이라는 답변이다. 계약서에는 한 치의 문제도 없어 보였다. 직접 OTA업체를 방문한 직원은 깜짝 놀라고 말았다. 업체가 제시한 계약서를 대조하니 정산 방법과 정산계좌가 서로 다른 것이다. 결국 알고 보니 업체에서 담당 매니저의 개인 사업체로 정산을 진행하면 다시 그것을 호텔에 입금하는 형태였던 것이다. 테이블에 함께 앉아 있는 업체와 호텔 담당자들은 그저 황당함에 할 말을 잊은 채로 한동안 앉아 있어야 했다. 그 후 정상적인 절차에 맞추어 재계약을 하게 되었지만 이후에 벌어진 호텔 내부 일들은 다시 생각하고 싶지 않다. 모두는 아니지만 일부 사람에게 두 얼굴이 있다는 것을 나는 처음 경험했다. 정말 그러고 싶을까?

이런 일을 벌이는 사람들의 공통점이 있다. 이들은 간혹 전혀 생각지도 못한 선물을 준다. 예를 들어 건강식품이나 보약 같은 것들이다. 그리고 이유 없이 살갑게 대하고 주변에 친근감을 과시하는 경향이 있다. 그리고 이들에게는 전조증상이 있다. 사소하지만 작고 같은 실수들이 반복된다. 그리고 유흥을 대부분 즐기며 동료들의 동행을 유도한다. 그리고 돈도 잘 쓴다. 완전 기분파다. 그러나 대부분 자기관리가 부족한 특징이 있다. 기본에 취약하다. 약속을 잘 지키지 못하고 자기 자신을 통제하지 못하는 성향을 띤다.

사람이 자신의 욕망을 채우기 위해, 성공을 향해 앞만 보고 달리다 보면, 자신의 마음을 읽지 못하고 다른 방향으로 삶을 끌고 갈 수 있다. 욕망과 성공이 결코 나쁘다고 할 수는 없다. 그러나 정도와 방법을 벗어난 일들은 한 번 더 고려해야 한다. 가진 것 없고 소박하고 꾸미지 않아도 자신의 정직한 마음과 함께하는 삶이 얼마나 아름다운 것인가 되돌아 생각해 보자.

이외도 호텔과 리조트에서는 기존에 크고 작은 금전사고의 예방과 업무 효율성을 높이기 위한 방편으로 PMS(Property Management System) 도입과 구축으로 수기작업을 줄이고 투명한 업무로 전환하고 있다. 대표적인 시스템으로는 오페라(Oracle Opera), 산하 윙스(Wings), 루넷(Roonets) 등이 있다.

사실 살면서 누구나 거짓말을 하게 된다. 그 거짓말이 또 다른 거짓말을 양산하기도 한다. 그러나 중요한 것은 자신을 사랑할 줄 알며, 잘못되고 거짓된 것을 알고 다시 돌아올 줄 아는 용기도 필요하다. 정직한 삶을 통해 마음의 평안함을 찾고 진심으로 회사와 동료, 함께하는 가족에게도 부끄럽지 않는 당당한 삶을 살기를 바란다. 정직도 습관이라는 말이 있듯이 정직한 마음은 우리에게 편안한 마음과 스트레스 없는 상태로 인도한다. 아울러 사회인으로써의 중요한 덕목이기도 하다.

한편 이 글을 통해 호텔과 리조트에 부정적인 이미지가 확산되지 않기를 바라며, 다수의 호텔리어는 자신의 맡은 업무에 오늘도 최선을 다하고 열심히 일하고 있음을 알고 있다. 그들에게 노고와 열정을 응원하며 항상 자신을 되돌아보고 경계하길 바란다.

그리고 주변에 뜬금없이 소고기를 사주는 직원이 있다면 한 번쯤 신중하고 심각하게 관찰해보자. 아~ 오늘 소고기가 땡긴다.

정직만큼 풍요로운 유산은 없다.

- 윌리엄 셰익스피어 -

흘리지 말아야 할 것들

버리는 놈 따로 치우는 사람 따로

저녁나절 원주천변을 따라 운동을 나왔다. 많은 사람이 운동을 하고 있다. 뛰는 사람, 걷는 사람, 다양한 연령 때의 사람들이 저마다 열심히 운동하고 있다. 대략 1시간 정도를 걷는다. 걷다보면 천변 산책로 중간 중간 사이에 각종 운동기구들이 설치되어 있다. 그리고 여지없이 검정 봉투나 흰 봉투들이 보인다. 쓰레기를 버린 것이다. 참으로 부지런하다. 이 먼 곳까지 들고 왔을 수고로움에 감탄한다. 먹고 마셨으면 가져가면 좋으련만. 참으로 남을 배려한다는 것이 무엇인지 생각하게 한다. 그렇다면 호텔과 리조트에서는 그런 일이 없을까?

하루 일과 중에 시간이 날 때마다 각 업장과 건물 외곽과 주차장을 수시로 돌아보게 된다. 대략 아침에, 점심에, 퇴근 전에. 매번 기상천외한 쓰레기를 발견하고 놀라곤 한다. 매번 그런 것은 아니지만 어느 곳이든 마찬가지이고 점점 양상이 심해지는 것을 느낀다. 호텔의 주차장은 통상 지상 보다 지하에 많이 있다. 환경개선팀에서 열심히 수고를 해주긴 하지만 한마디로 버리는 사람 따로 치우는 사람 따로 있다 보니 여간 어려운 일이 아니다. 예전에는 호텔의 등급이 높을수록 이런 일은 드물었다. 하지만 최근의 양상은 호텔과 리조트의 대중화가 이루어지고 이용층이 젊어지면서 생긴 현상이다. 호텔과 리조트는 정도의 차이가 있을 뿐이다. 특히 주말이 되면 더욱 심하다. 일요일 오전이면 전날 만실로 가득하던 고객들이 퇴실과 함께 오전 11시를 기점으로 짧은 시간에 발생된다. 주차가 되어 있을 때는 볼 수 없었던 것들이 보인다. 특히 편의점 일회용 플라스틱 커피 잔이 주를 이루고 카페 등지에서 먹고 남은 일회용 음료 컵이 뒤를 이룬다. 아울러 캔 음료, 그리고 생수 PT, 음료 PT, 묶인 검정 비닐봉지 순이다. 일요일이 되면 직원을 따로 배치한다. 가능하면 직원들도 보이는 데로 치우고 있지만 고객 차량이 떠난 자리 사이사이 음료수 병들이 나란히 줄이 서있다. 때로는 한곳에 모인 쓰레기가 잠깐 동안 심할 정도로 쌓인다. 일부러 쓰레기를 비우고 가는가 보다.

대체적으로 호텔은 쓰레기통을 많이 배치하지 않는다. 지하주차장이면 엘리베이터를 기점으로 입구 쪽에 한 개 또는 두 개 정도를 배치하곤 따로 없다. 로비나 복도에도 따로 배치하지는 않는다. 유일하게 화장실에는 휴지통이 있다. 로비에 있다 보면 쓰레기를 가득 들고 다니는 사람도 많다. 다가가 물어보면 여지없이 쓰레기 버릴 곳을 찾는다. 이제 버릴 곳을 찾는다면 화장실로 가 보길 권한다. 물론 제일 좋은 방법은 쓰레기는 되가져가는 것이 좋다.

리조트에 근무할 때 일이다. 직원의 보고가 있어 현장을 가 보았다. 소형 냉장고였다. 높이가 140센티는 되어 보이는데 싣고 이동해서 주차장에 내려놓은 것이 신기할 따름이다. 냉장고 문을 열어보고 새것 인지 사용하던 것인지 확인한다. 대부분 새것은 당연히 없다. 그리고 보안 팀에 CCTV를 확인하는 것이 우선이다. 곧장 버리기보다는 약 2~3일 정도는 보관 후에 폐기한다. 폐기를 하더라도 처리 과정이 있으니 또다시 2~3일은 집하장에 보관하게 된다. 그 밖에 특이한 물건들을 발견한 것은 커 보이는 TV도 있다. CCTV 영상을 확인해 보니 자연스럽게 주차하고 천연덕스럽게 TV를 내려놓고 가버렸다. 무슨 택배 배달원인 줄. 특히 인바운드 고객이 투숙하면 심심치 않게 여행용 캐리어들이 많이 나온다. 주차장과 화장실에 2개에서 많게는 하루에 8개까지 수거한 일도 있다. 이것은 단체 외국여행객들이 자신들의 나라에서 사용하던 캐리어를 가져와 싸고 디자인이 예쁜 국산의 캐리어를 구입하고 가방을 바꾼 것이다. 우리는 그것을 '가방 갈이'라고 한다. 물론 내용물을 확인하고 대부분 폐기 처리한다.

한 번은 프런트 팀장이 여행용 캐리어를 찾는 전화가 왔다고 한다. 먼저 확인을 해 보았는데 통상적인 일은 아니기에 보고가 올라왔다. 인바운드 가이드인 그는 고객의 짐이 보이지 않아 리조트에 전화를 했다. 다음 숙박지인 호텔에 투숙하고 나서 발견된 것이다. 색상과 크기, 내용물 등의 정보를 확인하고 주차장을 관리하는 부서와 습득물을 관리하는 부서를 확인했으나 당일 나온 물건 중에 없었다. 간혹 매번 같은 일을 반복하다 보면 직원들도 실수가 있기에 보관창고를 뒤져 보았지만 나오지 않았다. 그럼 마지막으로 할 수 있는 일은 퇴실 시간 때 동선을 따라 CCTV를 확인하는 방법이 유일하다. 이미 가이드에게선 2차례 전화가 온 상태다. 마음이 급해진다. 딱히 특이사항은 발견되지 않았다. 1시간이 흐른 뒤 다시 가이드에게서 전화가 왔다. 찾았다고 한다. 여러 팀들의 인바운드가 같은 시간 퇴실을 하다 보니 짐 하나가 다른 차에 실린 것이다. 그런데 그 팀도 다행히 같은 호텔에 투숙해서 가이드끼리 만나 주고받았다고 한다. 숙박업체에 근무하게 되면 다양한 일들이 많다. 많은 고객들이 이용하면서 사람과 사람 사이 벌어지는 해프닝이다.

한 번은 일요일 오후에 전화가 한 통 왔다. 본인들의 짐이 아닌데 싣고 왔단다. 그리고 짐 하나가 없다고. 아마도 혼잡한 퇴실 때 캐리어가 바뀐 것 같다고. 함께 온 가족 일행들이 있다 보니 캐리어 바뀐 것 같다고 한다. 캐리어의 상호와 색상, 크기, 주요 내용물, 연락처, 특이한 점을 확인하고 분실한 정보도 확인 후에 보관하고 계시라고 알려드렸다. 아니나 다를까 40분 정도에 비슷한 전화가 한 통 왔다. 두 개의 정보를 비교해 보니 같은 결과다. 양쪽 고객께 전화해서 상대방 주소와 연락처를 알려드렸다. 일주일 후 확인해 보니 서로 잘 받아 보았다고 고맙다고 한다. 흔한 일은 아니다. 그러나 부주의해서 벌어지는 일들이 종종 일어난다. 여러 가족들이 이동할 때는 여러 짐이 있다면 가방 손잡이에 네임텍과 색상 끈으로 구별하면 도움이 될 것이다.

  편의점에서 막대 아이스크림을 사서 나오는 한눈에 보아도 미인이었다. 당연히 눈길이 간다. 스쳐 지나가는 공기에 진한 향수향이 느껴진다. 몇 걸음 뒤에 뒤태를 또 한 번 쳐다본다. 아름다움 그 자체라고 생각할 쯤, 놀라운 일이 버려진다. 아이스크림 포장지를 자연스럽게 바닥에 버리고 간다. 그 모습이 아주 자연스럽다.
  인도나 버스정류장의 벤치와 광고물이 설치된 턱 주변에도 여지없이 카페음료 플라스틱 컵이 나란히 작품처럼 진열되어 있다. 물론 쓰레기통을 찾아보기 어려워 그런 현상이 생기겠지만 참으로 마음 아픈 현실이다. 기초질서 지키기가 실종된 현장이다. 이젠 공공지역의 양심과 환경을 위해 서로 서로가 노력해야 한다. 그리고 깨끗한 환경을 다른 사람과 공유하기 위해 배려해야 할 때이다. 간혹 남자 화장실에 가면 이런 문구들을 붙인 곳이 있다. '한 걸음 더 가까이 와주세요. 남자가 흘리지 말아야 할 것은 눈물만이 아닙니다.'

그런데 이런 것들은 유치원에서 배우는 게 아닌가? 여하튼 흘리지 말아야 할 것들을 잘 챙겨보자.

우리의 인격은, 우리의 운명의 전조이고, 우리의 도덕성을 더욱 기르고 지킬수록 우리의 운명은 더 단순하고 고결하게 될 것이다

- 조지 산타야나 -

걱정과 고민을 해결하는 방법
걱정과 고민에서 벗어나자

　사는 내내 걱정과 고민을 앉고 살았다. 어떤 때에는 걱정과 고민을 하기 위해 사는 것이 아닌가 싶다. 특히 내겐 주기적으로 심하게 걱정과 고민들이 찾아왔다. 나는 그것을 '그 분'이라고 표현한다. 잊을 만하면 찾아오는 '그 분' 때문에 미칠 지경이다. 어찌 보면 걱정과 고민으로 나는 이렇게 성장했는지도 모를 일이다. 그러나 매번 주기적으로 찾아오는 그분은 같으면서도 다른 모습으로 찾아왔다. 정말 한도 없고 끝도 없이 밀려오는 파도처럼 나를 흔들어 댔다. 나는 결정해야만 했다. '그 분'을 어떻게 해야 할지. 결론은 '그 분'을 받아들이고 활용하기로 마음을 먹었다. 그 이후 '그 분'이 오면 반갑고 '그 분'을 통해 나를 되돌아보고 챙기면서 함께 성장할 수 있었다.

한 번은 직장문제로 휴무일에 집에서 쉬고 다시 여러 도의 경계를 통과해 도착한 일터. 종일 정신없이 일을 하다가 직원숙소로 도착해 보니 아는 사람 하나 없는 도시에서 내가 뭐하고 있나 생각이 들었다. 아내에게 전화를 걸어보았다. 가까운 거리도 아니고 아이들 키우고 돌보랴, 집안 살림하랴, 아내도 고생이 이만저만이 아니었다. 그렇다고 매번 온 가족이 이사할 것도 아니었다. 아이들은 중고교생으로 커가면서 삶의 터전을 옮기는 것도 쉽지 않아 우리 가족은 기존에 사는 곳에 있고 나 홀로 직장을 찾아온 것이다. 호텔의 일이 잘 풀리면 다행이지만 이곳도 사람이 사는 곳이라 사건 사고가 일어난다. 또한 새로운 직장과 부서에 새롭게 적응해야 했다. 그러나 외로움은 어쩔 수가 없었다. 직원들과 소주 한 잔 하는 것도 하루 이틀이다. 몸은 무거워지고 아침에 일어나서도 개운치 않고 찌뿌듯하다. 이렇게 늦은 저녁 퇴근하여 덩그러니 앉아 있으면 오만가지 생각이 다 난다. 내가 지금 잘하고 있는 것인지. 이 길이 맞는 것인지. 가족들에게 아빠가 필요한 시기에 함께하지 못한다는 죄책감이 밀려오기도 한다.

이직을 통해 승진도 하고 연봉도 상당히 올랐다. 새로운 직장에 적응하고 일에 대한 열정과 의욕으로 한참 넘칠 시간이 지나고 조금 안정이 찾아올 때쯤이면 한 번의 고비와 함께 어김없이 나타나는 현상이다. 때늦은 이직에 대한 나의 선택이 오른 것일까. 지금쯤이면 전 직장에서 직원들과 시원한 맥주 한잔하면서 안락함과 편안함을 즐기고 있을 이 시간에 왜 고생을 사서 하는지. 지금 내가 잘 하고 있는지. 이직을 통해 내 욕심만을 챙기고 있는 것은 아닌지. 이 연봉을 받을 자격이 내게 있는 것인지. 정말 내게 실력은 있는지. 나름 지금까지는 잘 해왔다고 생각했는데 역량이 모자란 것은 아닐까. 밥을 먹을 때도 잠을 자려고 누워서도 생각에 생각이 꼬리를 물고 웃음도 사라진다. 먹어도 영 소화가 되지 않는 것 같다. 항상 무언가에 얹혀 있는 것 같은 상태다. 쓸데없는 불안감이 몰려온다.

총지배인으로 일하면서 생긴 버릇이다. 직책이 오르면 오를수록 더 깊어가는 걱정과 고민들이 강도가 심해진다. 팀원이었을 때는 내 일만 열심히 하면 되었다. 팀장일 때도 팀원들 관리만 잘 하면 되는 일이지만 책임자의 자리에선 혼자서만 잘 한다고 되는 일이 아니다. 좀 더 챙길 것이 많아지고 생각도 많아진다. 하루 자고 일어나면 예기치 않은 사건사고가 발생할 수도 있는 것이고 직원의 작은 실수로 인해 일이 점점 커져갈 수도 있다. 갑자기 불안감이 몰려온다. 매번 꼼꼼히 일을 챙기고 확인하고 해도 밀려오는 걱정과 고민을 어쩔 수가 없다. 또한 책임자로써 결정과 결단을 내려야만 한다. 이 결정과 결단도 올바른 것인지 또 다른 고민과 걱정거리다. 매 순간 벌어지는 일들에 대해 생각이 머리에 머물면서 생각이 꼬리에 꼬리를 문다.

사람은 완벽하지 않다. 완벽한 사람은 없다. 다만 최선의 노력을 다할 뿐이다. 이렇게 고민하고 걱정하니 사람일 것이다. 이 걱정과 고민의 고리를 끊어야 한다. 끊임없이 꼬리에 꼬리를 물고 이어지는 생각의 '그 분'을.

나는 '그 분'을 최근에도 만났다. 적게는 한 달에 한번 씩 아주 심하게 대면해야 했다. 모든 것이 어느 날 갑자기 '그 분'과의 거리와 입장이 정리된 것은 아니다. 내게도 숱한 노력의 결실과 경험으로 나름 익숙해졌고 친근해졌을 뿐이다.

그 방법은 첫 번째, 몰입할 거리를 찾는 것이다. 제일 좋은 방법은 책을 펴들고 천천히 뜻과 의미를 음미해가면서 정독을 하는 것이다. 그것도 머리가 복잡하면 밖으로 나가 걷기 시작한다. 바람을 쐬면서 조금 빠른 걸음으로 걷기 시작한다. 아니면 세상에서 제일 좋아하는 낚시를 하면 대부분 걱정과 고민거리에서 벗어날 수 있다.

두 번째, 고민과 걱정거리를 글로 적어보는 것이다. 단순하다. 지금 내 주변에 있는 일기장 또는 종이와 펜 만 있으면 족하다. 그리고 나만이 있을 수 있는 고요한 공간이면 된다. 그리고 아주 진솔하게 내가 걱정하고 있는 것을 적는다. 내가 할 수 있는 것들을 적는다. 모든 것을 적어 나가다 보면 생각이 정리되고 길이 보이며 결론이 난다. 이때 어떻게 할지 결정한다. 결정한 것을 즉시 실행에 옮긴다.

세 번째, 마음을 내려놓는 것이다. 이 일은 연습이 필요하다. '그래. 어차피 뭘 해도 잘 안되는데 그냥 맡기자. 어쩔 수 없다. 그리고 지금 할 수 있는 일만 하자!'라는 마음이다. 이건 신의 영역으로 맡김으로써 나의 일이 아닌 것이다. 오직 신께서 결정하시는 일이다. 그리고 내가 할 수 있는 일은 기도 밖에 다른 방법이 없다. 모든 것을 내려놓는 것이다.

직장 생활을 하는 내내 수많은 일들이 발생한다. 이 모든 일들에 대해 하나하나 민감하게 반응하여 스스로를 괴롭혀서 자신에게 득이 될 것이 아무것도 없다. 결국 직장에서의 경쟁력만 저하될 뿐이다. 부정적인 생각이 꼬리에 꼬리를 물어 연쇄작용을 한다. 결국 정신건강에도 영향을 줄 수 있다. 이제 현명한 선택을 통해 마음의 평화를 찾아야 한다. 아울러 때가 되면 나타나는 '그 분'을 온전히 받아들이자. 이를 통해 내가 가는 길을 점검도 하고 반성도 하는 계기로 삼아보자.

직원숙소 주변에 자주 산책하는 강이 있었다. 이 강물을 바라볼 때면 나는 생각한다. 물은 유연하고 민첩하다. 물은 아무리 막아도 약간의 틈과 기울기만 있으면 방향을 바꿔 흐른다. 막히면 돌아가고 차오르기를 기다린다. 그리고 유유히 제 갈 길을 묵묵히 간다. 냇물이 강물로, 강물이 다시 바다로 흐른다. 이렇게 물의 본질은 멈추지 않고 흐르는 것이다. 계속 흐르기 위해선 민첩성이 필요하다. 유연하고, 민첩하게 흐르는 것이 물의 속성이듯 우리 직장인들도 물과 같아져야 한다는 생각이다.

아울러 인생이라는 길고 긴 시간, 어찌 보면 순간과 찰나의 시간을 오로지 나의 의지와 실천과 지혜밖에 필요한 것은 없다. 다른 사람에게 기웃거리거나 기대지 말자. 걱정과 고민의 원인을 다른 사람에게서 찾지 말고 누구누구 때문이라고 말하지 말자. 걱정과 고민은 지극히 자연스러운 현상이다. 진정 중요한 것은 다른 사람이 아닌 나 자신이고, 내 호흡으로 한 걸음 한 걸음 뚜벅뚜벅 걸어가는 것뿐이다. 이것이 내 삶이고 인생이다.

힘을 내자.

어느 정도의 걱정, 고통, 고뇌는 항상 필요할 것이다. 무거운 짐을 싣지 않은 선박이 불안정하여 나아갈 수 없는 것과 같다.

- 쇼펜 하우어 -

컴플레인 처리방법과 원칙

다양한 컴플레인을 해결하기 위해

호텔과 리조트에서 오랜 세월 근무하면서 내가 겪은 컴플레인(Complain) 이루 헤아릴 수 없이 많다. 지나고 생각해 보니 다양한 컴플레인으로 인해 나 자신이 이만큼 성장하지 않았나 싶다. 주말이 되면 특히 고객이 많아지고 고객들의 다양한 문제 제기가 발생된다. 시간이 지날수록 점점 강도가 심해지고 어느덧 내성만큼 내공도 동시에 생기는 것 같다. 사실 컴플레인의 기본적인 방법과 원칙은 있으나 정해진 정답은 없는 것 같다. 그럼에도 불구하고 중요한 것은 인내심을 갖고 정직하게 고객의 입장에서 바라보려 노력했다는 사실이다. 그렇게 시간이 지나 단골 고객도 생기고 이용 고객이 늘어났다. 진심을 담아 최선을 다한 결과라고 믿어 의심치 않는다.

프런트 데스크는 모든 업장에서 발생되는 불만이 모이고 최초에 응대하는 메인 부서다. 그래서 나는 시간이 있을 때마다 프런트 데스크 직원들과 자주 대화하는 편이다. 사실 불만을 제기하는 고객들은 일부라고 한다. 논문연구에 따르면 실제 10명 중에 1명이 불만을 제기하고 나머지 9명은 아무 말도 하지 않는다고 한다. 그런데 실상은 '다른 고객들은 아무 소리 하지 않는데 왜 유별나게 이 고객만 이러나'라는 생각이 들게 마련이다. 사실 서비스라는 것이 이런 고객을 위해 필요하다. 그러나 그렇게 생각하는 것은 결코 쉬운 일은 아니다. 항상 고객의 입장에서 생각하기보다는 자신의 입장에서 생각하는 경우가 많기 때문에 고객을 이해 하려들지 않는다. 우리가 일상에서 경험을 생각해 보면 긍정적인 것보다 부정적인 말들이 기억에 오래 남는다. 이처럼 불만을 품은 고객의 부정적인 이미지는 그 순간 10배로 퍼지고 '다시는 돌아오지 않는 고객'으로 바뀌게 된다. 반면 작은 관심과 애정이 불만을 최소화한다. 그리고 불만을 재빨리 해결한다면 95%가 재방문과 충성고객이 된다고 한다. 이런 중요성 때문에 기업에서는 다양한 방법을 통해 불평불만 사항을 모으고 해결하기 위해 투자와 관심을 갖게 되는 것이다.

주된 컴플레인 사례를 정리해 보면, 무관심과 무시에서 발생한다. 직원들이 로봇처럼 딱딱하게 인사하고 웃지도 않으며 묻는 말에만 기계적으로 업무적으로만 대답하여 시작된다. 사실 반복되는 업무에 익숙하다 보니 기계적이고 업무적으로 흘러간다. 나이가 지긋하신 고객께 혼쭐이 난 기억이 있다. 몇 마디 대화에 화를 내셨다. 너무 기계적으로 업무적으로 고객을 대한다는 지적이었다. 슬쩍 나와 함께 일하던 사수가 나서고 나를 백사이드로 이동을 시켜주었다. 이후로 나 자신을 많이 되돌아보는 계기가 되었다.

그리고 "규정상 그렇게 해드릴 수 없습니다." "그렇게 하시면 저희 회사 규정에 어긋나기 때문에 안 됩니다."라고 하는 말은 고객이 제일 싫어하는 말 중에 하나이다. 규정은 회사를 위한 규정이지. 고객을 위한 규정은 아니기에 에둘러 돌려서 표현을 할 줄 알아야 한다. 모처럼 전화한 기업에서 간혹 고객을 '뺑뺑이' 돌려서 문제가 되는 경우도 있다. "제가 담당이 아닌데요. 다른 분을 연결해 드릴게요." 이런 상황이 여러 번 반복되면 누구나 화가 나게 된다.

최근에 호텔과 리조트에는 예전과 다른 기류가 있다. 컴플레인을 처리할 때 우선적인 사과를 먼저 하지 않는다는 것이다. '고객은 왕이다.'라는 시대가 지난 것이다. 우리가 초기에 배울 때는 사과를 먼저 하라고 배웠지만 시대가 변화한 것이다. 무조건적 사과는 컴플레인에 해결을 오히려 사태를 키울 수 있다. 해서 컴플레인 해결을 위한 기본적인 원칙, 가이드라인을 정리해 보았다.

첫째, 경청이다. 첫 단추가 중요하듯이 고객의 불쾌한 감정이 확대되지 않도록 신속히 응대하고 성실한 태도로 경청하는 인상을 주도록 하는 것이 중요하다. 고객의 불평불만을 들을 때는 참을성 있게 듣도록 하며, 예의 바른 자세를 갖추는 것을 잠시도 잊어서는 안 된다. 불평사항 또는 지적사항을 메모하는 자세를 보여주는 것도 좋은 방법이다. 아울러 경청하는 동안 원인을 파악, 분석한다. 5분간 화를 낼 수는 있어도 한 시간을 화를 낼 수 없기에 인내심을 갖고 고객이 화가 난 주제에서 벗어나지 않도록 유도하고 중심을 잡아주는 것도 필요하다.

둘째, 공감과 정리다. 고객이 흥분하고 화가 난 상태에서는 논리적이지 못하다. 그렇기에 절대 고객과 함께 감정적으로 평정심을 잃으면 안 된다. 고객의 이유 있는 항변에 공감을 하게 되면 진정시키는 효과도 있다. 더불어 경청한 내용을 처음부터 끝까지 정리해서 고객에게 육하원칙으로 한 번 더 확인시켜준다. 여기에는 두 가지 효과가 있다. 대화의 주도권을 가져오는 것과 문제점을 제대로 이해하고 있음을 인식시켜주는 것이다.

셋째, 원인 분석과 사과. 불평 내용 중 일부가 오해 또는 고객의 착각에서 오는 부당한 것이라고 생각되더라도 대화 중간에 변명하거나 고객의 잘못을 지적해서는 안 된다. 또한 절대로 고객의 불평을 회피하려고 해서는 안 되며, 과소평가나 성급하게 해결하려는 인상을 주어서도 안 된다. 아울러 문제점을 파악하기 위해 왜 이런 문제가 발생했는지 확인할 시간이 필요하다고 양해를 구해 시간을 버는 것도 한 방법이다. 무조건 잘못을 시인하거나 잘못이 없다고 주장해서는 안 되며, 명백히 직원의 잘못으로 판단될 경우 충분한 사과를 한다.

넷째, 설득과 납득. 이 단계는 지금까지 쌓아온 노하우와 정보들, 고객의 성향 등에 맞춤 대응이 필요하다. 고객의 잘못이나 실수로 잘못 알고 있는 부분의 경우 자칫 무시당하거나 가르치려 든다는 인상으로 모욕감이 들게 하면 안 된다. 다른 고객이 옆자리에 있다는 것을 인식하고, 고객의 언성이 격해지지 않도록 최대한 노력하여 해결한다. 고객이 요구하는 바가 무엇인지 신속하게 판단하여 불평을 적극적으로 수용하고 가능한 한 빨리 시정할 내용을 알려드려 불쾌감을 해소시켜 드린다.

다섯째, 대안 제시와 보상이다. 회사 측의 잘못이라면 최악의 경우 이용금액을 전체 환불하는 경우도 있지만 이미 시스템을 갖춘 곳이라 이런 경우는 흔치 않다. 그리고 상사에게 보고하여 진행하면 될 일이다.

여섯째, 후속 조치다. 남은 투숙 기간 내에 추가적인 문제가 발생하지 않도록 신경 쓰는 것이 매우 중요하다. 명함을 드려 컨트롤하는 것도 좋은 방법이다. 아울러 같은 실수 및 불평이 발생하지 않도록 개선되어야 할 문제점 등을 기록, 공유하여 접객 서비스 향상의 자료로 활용한다.

더불어 불만고객 응대 시 3가지를 활용하면 도움이 될 것이다.

첫째, 장소를 바꾼다. 다수의 고객이 같이 있는 장소에서 시간이 오래 걸리게 될 경우에는 장소를 바꾸어서 응대한다. 고객이 불만을 제기하기 시작하면 말도 안 되는 것까지 트집을 잡기 마련이다. 그런 고객을 계속해서 방치하게 되면 다른 고객까지 불만이 확대

될 수 있다. 더불어 화가 난 것도 모자라 서 있어 다리까지 아프다면 더 화가 나기 때문에 다른 고객이 없는 곳이나 분리된 장소로 이동하면 도움이 된다.

둘째, 시간을 바꾼다. 화가 났을 때 냉수를 대접하면 '아니 지금 냉수 먹고 속 차리라는 거야'라고 화를 더 나가게 할 수 있다. 이럴 때 따뜻한 차나 음료를 드리며 '잠시만 기다려주시면 고객님의 문제를 해결해 드리겠습니다. 이와 같은 말로 고객을 일단 진정시키고 기분을 가라앉기를 기다려 시간을 벌어 주면 된다. 불평의 내용에 따라서 그 장소에서 결론을 급하게 내지 말고 날짜나 시간을 변경해서 상대방이 납득이 가는 해결을 진행하는 것도 방법이다.

셋째, 사람을 바꾼다. 차나 음료를 드리고 나서 처음 불만을 터트린 직원이 계속 응대하는 것보다는 다른 직원이 응대하는 것이 좋다. 여성보다는 남성이, 젊은 직원보다는 연장자가, 고객에게 불쾌감을 주었을 경우에는 평사원 보다는 상급자처럼 응대 담당을 바꾸는 것이 좋다. 만약 음식이 잘못됐을 경우 즉시 사과하고 우선적으로 교환해 드리고 홀의 책임자가 책임 있는 사과를 하면 좋다.

최근에 가장 많이 발생하는 컴플레인은 '객실정비가 미흡하다.' '아이들이 너무 시끄럽다.' '냄새가 난다.' '벌레가 있다.' '엘리베이터가 너무 느리다.' '음식 값에 비해 퀄리티가 떨어진다.' 등이 있다. 그리고 제일 황당한 경우는 '침대에 귀신이 누워있으니 방을 바꾸어 달라'는 경우다. 또 '나는 특정 색상을 싫어하니 관련된 모든 기물을 치워 달라'는 요청, '객실에서 다이아반지가 없어졌다.

배상하라' 등으로 업계에서 일하지 않으면 상상도 못할 일들이다. 참으로 고객들이 존경스럽기까지 하다. 어떻게 매번 돌아가면서 억지와 생떼를 쓰는지 기가 막히다.

사실 컴플레인 처리에 대한 정답과 정해진 기준은 없다. 그만큼 상황에 따라 처해져 있는 입장이 저마다 다 다르기 때문이다. 다만 최소한의 기준, 가이드라인을 갖고 상황과 입장에 따라 유동적으로 적용하면 될 듯싶다.

호텔과 리조트에 접객 서비스가 아무리 완벽하게 해도 고객으로부터의 불평불만은 있기 마련이다. 사람은 완벽할 수가 없으며 주관적인 사고를 갖고 있는 모든 고객의 욕구가 똑같을 수 없기 때문이다. 따라서 고객으로부터 지적이나 불평이 발생했을 경우, 항상 긍정적인 자세로 고객의 입장에 서서 정확한 원인을 파악하는 것이 우선이다. 그리고 불평에 대한 해결 방안을 강구하고, 고객이 만족한 조치로 신뢰감을 줄 수 있도록 한다. 아울러 고객으로 하여금 재방문하게 하여 단골 고객으로 만들 수 있을 것이다. 역지사지(易地思之)의 마음을 갖고 인간적인 배려와 따뜻한 마음으로 인간미 있게 해결하길 바랍니다. 이것이 우리가 그곳에 있는 존재의 이유이기 때문이다. 매번 컴플레인으로 어렵고 힘겨운 모든 동료, 선배, 후배들을 응원한다.

매사에 항상 여유를 가져라. 그래야 그대의 지위가 안전하다. 자신의 능력과 힘을 한 번에 모두 다 사용해서는 안 된다. 어떤 나쁜 결과에 이르는 위험이 있을 때는 항상 빠져나갈 무엇을 지녀야 한다. 구원병은 공격 병보다 더 많은 것을 한다. 신뢰와 굳건함을 보여 주기 때문에.

- 발타자르 그라시안 -

아낌없이 주는 사람

행대사소이대지, 행소사대이소지

우리가 살아가다 보면 수많은 명언과 조언들을 듣고 보게 된다. 그리고 지인들로부터 내 삶에 이정표가 되어줄 좋은 글들을 접하게 된다. 그리고 학창 시절 이후 사회생활하면서부터 학생처럼 별도의 교육을 받을 기회가 없다 보니 대신해서 다양한 책들을 읽게 된다. 책은 고민과 역경에 도움이 될 귀중한 조언들이 계속 손짓해준다. 그런 것들을 한번 읽고 스쳐 지나가는 것은 참으로 아깝고 아쉬운 일이 아닐 수 없다. 그래서 나름대로 활용을 해 보고자 시작한 일이었다. 세상은 계속 변화하고 있고 나의 자리와 위치도 변화하고 있었다. 변화하는 만큼 나 또한 변해야 한다고 생각했다.

만약 계속해서 스스로의 편안함과 안락함을 추구한다면 나의 꿈과 목표는 영영 이룰 수 없는 일이었다. 아울러 그 위치에 있어도 버틸 수 없을 것이라는 것을 알고 있었다. 사실 나는 지금도 절실하고 간절히 변화하는 중이고 변화하려 발버둥 치고 노력하는 중이다. 그것이 현실이고 현재의 나임을 부정하지 않는다.

조조의 윈윈 경영이라는 책을 보다가 마음에 와 닿는 문구를 발견했다.
行大事小而大之 行小事大而小之(행대사소이대지, 행소사대이소지)
'큰일을 하는 사람은 아무리 작은 일이라도 그것을 큰일처럼 시행하고, 작은 일밖에 못하는 자는 아무리 큰일이라도 하찮은 일로 생각해 버린다.'는 뜻이다. 삼국지를 좋아하는 탓에 삼국지와 관련된 책들을 종종 찾아 읽는 편이다. 이 문구를 보는 순간 내게 절실하게 필요한 것이 이거였구나 하고 느끼게 되었다. 그 즉시 출력을 해서 코팅을 한 다음 이 문구와 5년을 함께 했다. 가장 잘 보이는 곳에 붙여놓고 하루에 수차례 큰 소리로 읽었다. 내게 부족한 것을 잊지는 않겠다고 반성하고 스스로를 되돌아보았다. 그런 절실하고 간절했던 그 하루하루가 쌓이고 쌓여 내 인생이 되었다.

대형 리조트에서 일할 때의 일이다. 겨울 시즌이 되면 스키장으로 인해 고객들과 직원들로 넘쳐난다. 여름철 보다 겨울 한철에 유독 고객들이 많았다. 리조트의 매출에서 12월부터 2월까지의 매출이 연중 월별 매출로는 최고치를 경신한다. 조금 보태어선 겨울 3

개월(시즌)에 벌어들여 1년을 먹고산다고 봐야 할 정도였다. 상황이 이러하니 직원들과 아르바이트까지 직원 수도 만만치 않다. 아르바이트 학생들을 보통 고3에서 대학생들이 주를 이룬다. 이때 아르바이트 학생들과 일을 해 보면 두 가지 부류로 나눌 수 있다. 한 부류는 묵묵히 일만 하고 또 다른 부류는 먹고 마시고 즐기는 부류다. 아르바이트 기간이 결코 짧지는 않은 기간이기에 함께 일을 해보면 유독 기억에 남는 친구들이 있다. 이것 또한 같은 맥락에 두 부류다. 저녁만 되면 숙소에서 나와 주변의 식당과 술집에 가면 온통 아르바이트생들이다. 밤새 술 마시고 즐기기에 여념이 없다. 물론 일부 직원들과 함께 하다 보니 피 끓는 청춘들이 유흥으로 인한 사건사고도 제일 많은 시기이다. 작은 의견 충돌에도 그들은 자신의 의견이 맞는다는 것을 우격다짐으로 상대에게 각인시키려니 119와 112가 출동하고 한바탕 소동이다. 일부는 남녀가 함께 일을 하니 애정행각을 벌이기도 한다. 정말 피가 끓다 못해, 주체하지 못해 끓어 넘치는 화산 폭발과 같은 젊은 청춘들이다.

반면 끊임없이 물어보고 힘든 일도 마다하지 않는 친구들도 있다. 그중에 C라는 친구는 리조트에서 운영하는 모든 자원들을 찾아보고 혜택을 누리는 친구를 보았다. 무료 셔틀부터 스키장 할인 혜택, 각종 식당과 주변 볼거리들을 찾아다녔다. 눈망울이 초롱초롱하던 C와 차를 한잔했다. 유독 질문이 많아서였다.
"뭐가 그렇게 궁금한 게 많아." 하면
"젊으니까 많이 경험해 보고 싶습니다."라고 대답한다.
한 번은 그가 떠난 자리에 그의 지갑이 떨어져 있어 돌려주려

잡는 순간 무언가 툭 떨어졌다. 반쯤 접힌 것에는 '경험이란 헤아릴 수 없는 값을 치른 보물이다. 셰익스피어' 문구였다. 그 후 스키를 배우고 싶다던 그의 소원은 이루어졌다. 그에게는 내가 갖고 있는 소소한 혜택들을 지원해 주었다. 예를 들면 무료 스키강습과 무료 리프트 이용권 등을 주는 내 마음이 뿌듯했다. 시즌이 끝날 쯤 그의 스키 수준은 주변에 부러움을 샀다.

호텔과 리조트에 근무하던 나는 회사에서 제공해 주는 기숙사를 주로 이용했다. 간혹 아내와 아이들이 놀러 와서 내 방을 보게 되거나 직원이라도 내 방을 들어오는 경우가 간혹 있다. 벽면 한쪽에 붙어있는 명언들을 본 그들의 반응은 한결같다. 그것은 그들에게 깊은 인상을 남겼고 그 영향력은 일부에게 긍정적인 효과로 전파되어 나갔다.

인생을 살면서 세상에서 '아낌없이 주는 나무'와 같은 사람을 만나게 되었다. 사과의 열매를 나누어주고, 나뭇가지를 주고, 나무에 몸통을 주고, 마지막 남은 나무의 그루터기가 되어주는 아낌없이 주는 나무의 일화같이 말이다. 이해관계가 얽혀 있거나 무엇을 바라지도 않지만, 인연이라는 하나만으로 소중한 지혜와 용기를 나누어 주시는 그런 분들이다. 사실 이렇게 글을 쓰고 책을 펴내게 된 이유와 응원해 주신 분들이 내게 두 분이 계신다. 이 기회를 삼아 감사의 인사를 드린다. 우연을 가장한 새로운 나를 찾아 헤매고 부딪치고 하던 시기에 그분들을 만났고 이후 그분들의 애정 어린 조언은 아직도 진행 중이다. 아낌없이 주고 또 주시는 두 분이다. 한 분은 홍석환 대표님이다. 그분은 여러 대기업의 인재개발팀에 오랜 기간 근무를 하셨다. 아울러 '홍석환의 3분 경영'이라는 메일을 매일매일 보내주시는 분이다. 〈신입사원은 무엇으로 성장하는가?〉, 〈나는 리더인가?〉, 〈인간관계가 답이다〉 등의 많은 저서와 열정적인 HR 강의를 하시는 분이다. 그리고 또 한 분 전성수 전북연합신문 사장님이시다. 매일매일 카카오 톡으로 좋은 말씀들을 보내주시고 계신다. 전북 군산의 사업체 사무실에서 여러 번 뵈었는데 뵐 때마다 참으로 인자한 분이란 생각을 했다. 어찌 보면 스쳐가는 인연인데도 한 번 맺은 인연으로 끊임없이 관심과 애정을 주시는 분들이다. 내가 이분들을 만난 것은 행운이었고 인생에 커다란 축복이었다. 내게는 앞으로 살아가야 할 삶의 지평을 열어주시고 올바른 사회 어른으로서 모범을 보여주신 참된 리더가 아닐까 생각한다. 참으로 존경하고 사랑하는 마음을 담아 이 자리에서 감사의 인사를 꼭 드리고 싶었다. 특히 두 분께서 보내주신 내용들은 시간이 날 때마다 보고 또 보며 용기와 새로운 지혜를 얻는다.

호텔과 리조트에서 총지배인이 된다는 것이 영광되고 감사한 자리이다. 한편으로는 어깨에 무거운 책임감과 외롭고 힘든 자리이다. 또한 여러 기능과 역할을 하지만 그중 우선인 것은 동료직원들의 교육과 육성을 꼽을 수 있다. 이제 사회생활에서 경험하고 지인들로부터 받은 지혜와 용기를 바로 함께하는 직원들과 아낌없이 나누는 일이다. 일전에는 자신의 노하우가 평생의 성공을 지탱하는 성공의 바탕이었다면 이젠 과감하고 아낌없이 가지고 있는 것들을 나누는 것이 중요하다. 미래의 직장을, 사회를, 나라를 이끌 인재들에게 지혜와 용기를 나눌 차례이다. 특히 이런 영향을 받아 총지배인으로서 Give & Take 가 아닌 조직 내에 한없이 양보하고 상대를 배려하며 베풀고 희생하며 아낌없이 조건 없이 주는 사람이 되려고 노력한다. 그것이 내가 이 사회로 받은 것을 돌려주는 것이고 존경하는 두 분의 깊은 뜻일 것이다. 그리고 그것이 나의 최선이고 책무일 것이다.

또한 마음속에 귀감이 되고 담아 둘 좋은 글이나 명언 등을 흘려보내지 말자. 독서나 인터넷, SNS 상에 자신의 인생에 귀감이 될 문구나 지인으로 받은 인생에 지평이 될 문구를 받았다면 한 번의 감명과 놀람으로 끝낼 것이 아니다. 이제 잘 보이는 곳에 액자나 새롭게 인쇄하여 끊임없이 보고 또 보고, 나 자신과 함께 하도록 하자. 이제 이런 작은 행동과 노력을 통해서 스스로 달라진 인생과 삶을 만나자. 그리고 이것을 통해 나를 일깨우고 나를 성장하고 발전시키는 계기가 되었으면 한다. 변화하는 나를 체험하고 경험하는 자신을 발견하길 간절히 기대해 본다.

가장 오래 산 사람은 나이가 많은 사람이 아니고 많은 경험을 한 사람이다.

- 찰스 다윈 -

알아두면 좋은 호텔용어들

그 밖의 유용한 호텔용어들

American Breakfast : 아메리칸 브렉퍼스트(미국식 조식) _ 계란 요리(Egg), 주스(Juice), 토스트(Toast), 커피(Coffee)가 주요리로 구성되어 있다. 그 외 곡류, 핫케이크, 햄, 베이컨, 소시지, 계절과일 등 자기 기호에 맞게 선택할 수 있다.

Afternoon Tea : 애프터눈 티 _ 여유로운 오후, 아름다운 전망과 함께 디저트와 티를 즐길 수 있다. 호텔 투숙객이 아니라도 유료로 즐길 수 있고, 애프터눈 티가 포함된 패키지를 이용할 수도 있다.

Account : 어카운트 _ 회계정보가 직접, 요약되어 있는 기록

All inclusive : **올 인클루시브** _ 식당 및 부대시설을 추가비용 없이 이용할 수 있는 패키지, 고급휴양지에서 많이 활용

Amenity : **어메니티** _ 고객의 편익을 위해 추가요금 없이 무료로 객실에 비치하는 물건, 서비스로 제공되는 욕실용품, 사무용품, 객실 편의 용품 등을 말한다. 보통 샴푸, 바디워시, 컨디셔너, 바디로션 등 일회용품이 다 포함된다.

Auditing : **오디팅** _ 프런트 오피스의 회계기록이 정확하고 완벽하게 작성되었는지 확인하는 작업

Average Daily Rate : **애버리지 데일리 레이트** _ 당일 객실 총 수입을 판매객실로 나눈 지표로서 객실영업지표 중 가장 중요한 지표

A La Carte : **알 라 카르트** _ 불어로 일품요리라는 뜻. 메뉴 중에 자기가 좋아하는 요리를 주문하는 형식으로 세트메뉴와 반대되는 개념

Average Room Rate : **애버리지 룸 레이트** _ 판매된 객실의 총 객실요금을 판매된 객실 수로 나누어 구한 값으로 평균 객실판매 요금 이라고 함.

Appetizer : **에피타이저** _ 식사 전에 식욕을 촉진시키기 위해 마시는

식전 음료를 지칭함

Assign Room : 어싸인 룸 _ 배정 객실. 고객요청 및 VIP 객실,
재방문 고객을 위한 사전 배정객실

Back of the house : 백 오브 더 하우스 _ 호텔 내 부서 중 고객과
직접 접촉하지 않거나 그 기회가 적은 지원부서
(경리부, 인사부, 구매부, 시설부 등)

Bell Man : 벨 맨 _ 프런트 부근에 있으면서 고객의 입, 퇴실절차를
마친 숙박객의 짐 운반 및 보관업무와 안내 역할을 하는 호텔
종사원. 과거에는 어린 소년이 주로 이 업무를 맡았기 때문에
Bell Boy라고 불렸다.

Block Room : 블록 룸 _ 투숙이 예정된 고객을 위하여 일부 객실을
미리 배정해 놓은 것

Baggage Tag : 베기지 테크 _ 짐을 맡겼을 때의 짐표. 보통
중간 절취선이 있어 반쪽은 짐에, 반쪽은 고객에게 전달한다.

Baggage Down : 베기지 다운 _ 체크아웃 시 로비 또는 차량이
있는 곳까지 가방을 옮겨주는 서비스로 주로 특급호텔에서 제공된다.

Break-Even Point : 브레이크 이븐 포인트 _ 경영분석의 한 방법으로서 매출이익과 비용이 일치되는 매출액을 말하며, 이익도 손실도 발생하지 않는 상태, 손익분기점이라고도 한다.

Beverage : 베버리지 _ 콜라, 사리다, 주스, 와인, 위스키 등 모든 음료를 말한다.

Connecting Rooms : 커넥팅 룸 _ 홀이나 복도를 지나지 않고 객실과 객실 사이를 오갈 수 있도록 방 사이를 문을 가지고 있는 객실을 말하며, 문의 방음을 위해 각각의 방에서 잠금 수 있도록 해놓음

City Ledger : 씨티 레저 _ 외래객 매출금 계정, 투숙 중이던 고객이 Check-Out 시 현금으로 계산하지 않을 경우 이들의 계산서를 Guest Ledger에서 City Ledger로 이관된다. 또한 내부적으로 사용되는 House account도 여기에 해당된다. 호텔의 외상 매출장으로 특히 비투숙객에 대한 신용판매로부터 발생된 수취원장으로 후불장이라고도 한다.

Check-In : 체크 인 _ 투숙 수속(입실)을 하는 절차

Check-Out : 체크아웃 _ 숙박한 곳에서 숙박료를 지불하고

퇴실하는 것

Chafing Dish : **챠핑 디쉬** _ 연회장 행사나 뷔페 레스토랑에서
뜨거운 음식이 식지 않도록 알코올이나 전기로 열을 가하면서
뜨거운 음식을 담아 제공하는 용기.

Concierge : **컨시어지** _ 숙박안내, 여행, 쇼핑 등의 투숙객의
요구를 들어주는 서비스를 뜻합니다. 5성급 호텔에서는 아예
따로 데스크를 운영한다. 버틀러 서비스 같이 개인 비서처럼
손님에게 서비스를 제공한다. 고객의 도착, 출발, 이동 시
고객을 맞이하고 혹은 짐의 운반, 보관과 더불어 호텔 내,
외부의 여러 정보를 제공하고 고객을 관리하는 직원

Complimentary (Comp) : **컴플리멘터리(컴프)** _ 무료라는 뜻으로
고객이 객실 사용에 대한 요금 지불을 하지 않지만 이미 정산된
것을 알리는 객실상황 표시 용어. 숙박업체의 선전을 위해 무료로
제공하는 객실 또는 기타 물질적 서비스를 말한다. 호텔, 리조트
에서 무료로 제공되는 것들을 표현하는 용어로 약칭으로 컴프라고
한다.

Commercial Rate (Coporate rate) : **커머셜 레이트** _ 이용이
빈번한 회사를 위해 회사와 숙박시설 간의 계약에 의해 제공

하는 할인된 요금

Crib (Baby Bed) : 크립 _ 유아용 침대

Cancellation : 켄슬레이션 _ 예약 취소. 약자로 CNL로 많이 사용

Cancellation Charge : 켄슬레이션 차지 _ 예약 취소에 따라
지불하는 비용

Captain : 캡틴 _ 레스토랑에서 손님의 주문을 받는 일을 수행
하면서 웨이터와 함께 정해진 구역의 서비스를 책임지는 종사원.
웨이터보다 지위가 높고 매니저보다는 낮다.

Cloak-Room : 클럭 룸 _ 호텔, 연회장, 식당의 코트 또는 휴대폰
등의 일시 보관소

Complaint : 컴플레인 _ 고객의 불평 사항을 통칭

Continental Breakfast : 컨티넨탈 브렉퍼스트(유럽식 조식) _ 주스
(Juice), 버터나 잼을 곁들인 토스트, 모닝롤 등의 빵(Bread),
커피(Coffee) 혹은 티(Tea) 등 간단조식.

Corkage Charge : 코키지 차지 _ 식당이나 연회장에서 그곳의 술을 대가로 지불해야하는 요금을 말함.

Coaster : 코스타 _ 음료를 서비스할 때 음료 잔(Glass)을 받치는 천이나 종이로 된 받침.

Canape : 카나페 _ 작은 빵 조각이나 토스트, 크래커 위에 정어리, 치즈, 엔쵸비 등을 얹어서 만든 식욕촉진제의 일종으로 식전 음료에 제공되는 술안주를 말한다.

Confirm : 컨펌 _ 객실, 레스토랑, 연회장의 이용에 관한 예약된 사항을 다시 한 번 확인하는 것을 말함.

Due Out : 듀 아웃 _ 당일 체크아웃 예정고객

Due in : 듀 인 _ 당일 체크인(입실) 예정고객

Daily Operation Report : 데일리 오퍼레이션 리포트 _ 보통 나이트 오디터(Night Auditor)가 준비하는 리포트로서 24시간 주기로 호텔의 영업현황을 요약하는 보고서. 주된 내용은 총 매출, 총 고객수, 객단가, 평균 객실료 등을 기재한다.

Do Not Disturb : 두 낫 디스터브 (DND 카드) _ '방해하지 마세요.'라는 표식으로 보통 더 자고 싶거나, 짐 푼 것을 치우기 싫어서 청소가 난감한 경우 사용한다. DND를 기억하면 된다. 호텔마다 다르지만 버튼을 누르거나 문고리에 팻말을 걸면 된다. 그럼 하우스 키핑에서 일하시는 분들이 그걸 보고 청소를 하지 않는다. 이 카드가 걸려 있으면 객실을 노크하거나 고객의 휴식을 방해해서는 안 된다. 하지만 수건을 바꾸고 싶거나, 어메니티를 교체하고 싶다면 프런트나 하우스 키핑에 연락하면 된다.

Deposit : 디포짓 _ 객실 예약 시 결제요금을 사전에 지불 완료하는 지불방법. 현금, 신용카드, 또는 계좌이체가 가능하다.

ETA(Estimated Time of Arrival) _ 도착 예정시간

ETD(Estimated Time of Departure) _ 출발 예정시간

Executive room : 이그제큐티브 룸 _ 소규모 모임을 열거나 취침을 할 수 있도록 설계된 다목적 호텔 객실. 조식이 다르거나 층수에서 차이가 나고, 라운지를 이용할 수 있다.

ENT : 이앤티 _ 엔터테인먼트(Entertainment)의 약자로 접대라는 말. 객실이나 식음료를 고객에게 요금을 징수하지 않고 무료로

제공할 때 쓰는 용어. Comp와 가장 많이 사용하는 용어

Executive Floor Lounge : 이그제큐티브 플로어 라운지 _ 일종의
귀빈층 개념. 특정 객실에 투숙하는 고객 또는 VIP 고객에게
제공하는 서비스를 위해 마련된 공간, 호텔마다 상이 하지만
아침에는 간단한 조식, 오후에는 티타임, 저녁에는 해피타임 등
호텔의 콘셉트에 따라 음료와 음식, 스낵을 무제한 즐길 수
있는 서비스라운지.

Express Check-in : 익스프레스 체크인 _ 고객의 신속한 입실과
퇴실을 위하여 사전에 필요한 서류를 준비하고 고객을 맞이하는것,
또는 VIP 또는 단골고객을 위해 프런트에서 체크인 절차를 거치지
않고 바로 미리 배정된 객실로 체크인 하는 것.

Extra Bed : 엑스트라 베드 _ 고객의 요청으로 세팅되는 추가
베드로 추가비용이 청구 된다.

Early Check-In : 얼리 체크인 _ 체크인 규정시간(보통 2시 /
3시)보다 일찍 체크인 하는 것. 객실은 정비에 시간과 노력이
투입된다. 체크인 시간을 지키는 것이 매너겠지만 사전 요청
시 1시간 ~ 2시간 정도는 가능할 수 있음. 추가요금이 별도로
발생함.

European Plan : 유로피안 플랜 _ 객실요금에 식사대금을 포함 시키지 않은 숙박요금제도. American Plan과 반대개념.

Full House : 풀 하우스 _ 만실, 전체 객실이 판매됨.

F.I.T(Foreign Independent Tour) : 에프 아이 티 _ 단체여행의 반대 개념으로 개별적인 개인여행객을 말함. 개별여행자 또는 개인 여행자로도 쓰임.

F/O : 에프 오 _ 프런트 오피스의 약자(Front Office)

F&B : 에프 앤 비 _ Food & Beverage의 약자로 통칭 식음료 부서를 지칭한다.

FF&E : 에프에프 앤 이 _ Furniture(가구류), Fixture(전등, 욕조 등의 고정 시설물), Equipment(TV, 스탠드 등의 각종기구 및 장비)의 약어

Full/Half board : 풀/하프 보드 _ 풀 보드는 숙박기간 내내 식사를 제공하는 것을 뜻하고, 하프 보드는 조식 외에도 한 끼의 식사를 더 제공하는 것을 뜻하고, 일반적으로는 디너를 제공한다. 추가로 올 인크루시브 서비스는 시설 내 식당을 포함한 부대

시설을 추가비용 없이 이용 가능한 것을 뜻한다.

Front Of The House : 프런트 오브 더 하우스 _ 부서 중 고객의
접촉이 제일 많은 영업부서로 객실부나 식음료부를 말한다.

Flambee : 플람베 _ French Service 기법 중의 하나로 음식에
술의 향과 맛이 베게하면서 고객에게 볼거리를 제공하기 위해
브랜디나 리큐르 같은 특정한 술을 사용해서 불꽃을 만들어
보이면서 고객 앞에서 직접 조리하는 것을 말함.

Guest History Card : 게스트 히스토리 카드 _ 방문고객에 대한
기록으로 사용한 Room Type(객실형태), 가격, 특별한 요구
사항, 고객의 신용정보 등을 기록한 것.

Guest Ledger : 게스트 레저 _ 현재 투숙 중인 모든 고객에 대한
계좌.

General Manager : 제너럴 매니저 _ 영업을 총괄관리, 감독하는
사람을 가리키며, GM 또는 총지배인이라고 한다.

Happy Hour : 해피 아워 _ 호텔 라운지나 칵테일 바 등 식음료
업장에서 고객이 붐비지 않는 시간대(오후 4시~6시 사이)에

무료 또는 저렴한 가격으로 음료와 스낵 등을 제공하는 서비스.

House Use : **하우스 유스** _ 직원이 무료로 객실을 이용하고
있음을 나타내는 객실 상황표시

House Keeping : **하우스 키핑** _ 객실의 관리 및 객실에 제공
되는 모든 서비스를 의미하며 객실의 청소와 객실 설비, 가구,
비품 정비, 객실 린넨 및 소모품을 관리하는 부서를 말한다.

Incentive Tour : **인센티브 투어** _ 포상여행

Invoice : **인보이스** _ 예약 확정서로 부르는 인보이스는 호텔
예약 싸이트, 여행사 등에서 발급하는 일종의 영수증이다.

In-Bound : **인 바운드** _ 국내로 오는 외국 관광객, (Out-bound :
국외로 나가는 국내관광객)

Log Book : **로그 북** _ 원활한 업무 수행을 위해 중요한 행사
기록이나 결정사항, 기타 인수인계 등을 기록한 업무일지

Lost & Found : **로스트 앤 파운드** _ 고객 분실, 습득물 및 신고센터

Late Check-Out : 레이트 체크아웃 _ 규정 체크아웃 시간(보통 11시 / 12시)보다 늦게 체크아웃 하는 것. 시간 당 추가요금이 별도로 발생함.

MICE : 마이스 _ Meeting, Incentive, Convention, Exhibition 의 머리글자를 딴 말로 국제회의 등과 관광을 결합한 산업이다.

Mock Up Room : 목업 룸 _ 모델하우스 역할의 객실. 고객에게 전시용으로 적절한 디스플레이를 해놓은 방

Mini Bar : 미니바 _ 호텔 냉장고 안에 있는 음료, 주류, 과자, 안주류 등 이용 시 요금을 지불해야 하는 유료 서비스

Market Segmentation : 마켓 세그멘테이션 _ 고객의 집단을 그들의 특성에 따라 세부적으로 분류하여 관리하는 것으로 시장 분할이라고 한다.

Master Key : 마스터 키 _ 이중 잠금장치가 된 객실을 제외한 전 객실을 열 수 있는 열쇠

Morning Call : 모닝콜 _ 숙박고객을 다음날 아침, 시간을 정하여 전화로 깨워 주는 서비스

Make Up : **메이크업** _ 고객이 객실에 등록되어 있는 동안
침대의 린넨을 교환하거나 정리정돈을 하는 것.

No Inform Guest : **노 인포** _ 고객이 투숙 시 본인의 어떠한
정보공개를 거부 요청하는 고객

No Show : **노 쇼** _ 예약만 하고 등록이나 예약취소를 하지 않고
나타나지 않는 고객

Night Auditor : **나이트 오디터** _ 야간 회계감시자라고 하며,
야간에 영업이 종료되면 일일영업 매출을 심사하여 확정시키는
업무를 담당함.

OTA(Online Travel Agent) _ 인터넷 여행사로 대량구매를 통해
단가를 낮추고 마진을 붙여 저렴하게 팔고 있다. 숙박업체 입장
에서는 비수기에 객실을 판매하기에 요긴한 채널이다. 반면 너무
싸서 마진이 적고, 고객입장에서는 너무 좋은 시스템이다.

Out Of Order : **아웃 오브 오더** _ 수리, 보수, 고장 등의 이유로
고객에게 판매할 수 없는 객실

Off Season Rate : **오프 시즌 레이트** _ 비수기에 적용하는 할인

된 객실요금.

Over Booking : **오버 부킹** _ 초과예약으로 만실(원)임에도 불구
하고 취소가 있을 것으로 예상하여 그 이상의 예약을 접수하거
나 판매하는 것.

Over Charge : **오버차지** _ 규정의 허용범위를 벗어난 레이트
체크아웃(통상 2시간 이내는 무료적용, 이후 시간당 1만원 발생,
16시 까지는 half-Day Charge(반값), 이후는 1박 요금 적용),
또는 기준인원 외 인원추가 시 발생하는 추가요금.

Occupancy : **오큐펀씨** _ 객실경영에 있어 객실의 실제 가동
상태를 가리키는 지수로서 객실점유율(%), O.C.C 로 간략하게
표시하기도 함.
(판매 객실 수 / 판매 가능 객실 수 × 100) = 객실 점유율(%)

Penthouse : **펜트 하우스** _ 건물의 최고 꼭대기에 구민 특별실.
호화로운 가구나 특별설비가 있고 전망 좋은 거실에 침실, 욕실,
화장실 등이 꾸며진 고가의 객실.

Pick Up : **픽업** _ 호텔과 연결하여 공항에서 손님을 태우고 가는
차편으로 예약고객의 요청으로 의하여 공항에서 고객을 영접하여

호텔에 체크인하는 서비스. 체크아웃 시에도 서비스는 가능하다.
(Sending : 샌딩 _고객을 호텔에서 공항까지 모셔다 주는 서비스)

Paid Out : **페이드아웃** _ 고객을 대신하여 현금을 미리 지불하고
이 금액만큼을 고객의 계좌에 반영하는 것. 정산완료 상태.

PL(Profit and Loss Statement) : **피엘** _ 기업 활동을 수치적으로
표시한 재무제표 중에서 일정기간 동안 기업이 영업활동을
한 결과가 손해인가 이익인가를 나타내는 표.

Pressing Service : **프레싱 서비스** _ 객실에 제공되는 세탁 서비스
중 다림질 서비스로 하우스 키핑 부서에서 담당한다.

Rack Rate : **랙 레이트** _ 경영진이 정해 놓은 각 객실의 할인되지
않은 정상요금(Tariff Rate)

Residence Hotel : **레지던스 호텔** _ 취사 시설과 세탁기가 비치
되어 있는 호텔, 사무용 오피스 공간에 주거를 결합한 형태의
호텔(일반 호텔에서는 취사가 불가능함)

Room Service : **룸서비스** _ 투숙 중인 고객의 요청으로 식사,

음료 등을 객실에 운반하여 서브하는 호텔 식음부의 영업기능

[Room]

Single Room : **싱글 룸** _ 1인용 싱글 침대가 있는 객실

Double Room : **더블 룸** _ 2인용 더블 침대가 있는 객실

Twin Room : **트윈 룸** _ 1인용 싱글 침대가 2개 있는 객실

Triple Room : **트리플 룸** _ 1인용 침대가 4개 또는 2인용 더블
침대, 1인용 싱글 침대가 각각 1개씩 있는 객실

Registration Card : **레지스트레이션 카드** _ 숙박등록카드를
말하며, 고객의 성명, 주소, 연락처, 객실번호, 요금, 도착일시,
출발예정시간, 지불방법, 담당자 성명 등을 기재한다.
보통 Regi Card로 부른다.

Reception : **리셉션** _ 고객을 맞이하는 곳. 체크인 등록을 받는 곳.

Rooming List : **루밍 리스트** _ 단체 고객의 예약 시 여행사에서
숙박업체로 사전 제출하는 고객명단

Suite Room : 스위트 룸 _ 특실을 말하며 보통 침실과 응접실을 갖춘 객실

Skipper : 스키퍼 _ 요금을 지불하지 않고 떠난 투숙객

Sleep Out : 슬립 아웃 _ Room Status는 Occupied Room인데 실제로는 사용하지 않은 객실

Stay Over : 스테이 오버 _ 퇴실 예정일에 퇴실하지 않고 1박 이상 객실을 추가로 사용할 때.

Sleeper : 슬리퍼 _ 손님이 이미 퇴실하여 객실이 비어 있는데도 등록카드에 대한 정리가 채 이루어지지 못해 판매하지 못한 경우, 또는 비어 있는 객실이 Room Rack의 기록착오로 손님이 있는 객실인줄 알고 판매하지 못하는 객실

Steward : 스튜어드 _ 주방에서 접시, 유리잔, 식기 등을 저장, 운반, 세척하는 일을 맡은 호텔 종사원.

Turndown Service : 턴다운 서비스 _ 취침 전에 편안한 잠자리를 위해 객실을 한 번 더 정리해주는 것을 뜻한다. 보통 수건이나 침대를 한 번 더 정리해주거나 비품을 교체해주기도 하고, 객실

의 커튼, 조명 등을 정리해 잠자기 좋은 분위기로 만들어 주기도
한다.

T.I.P(To Insure Promptness) : **팁** _ 민첩한 서비스를 보장받기
위해 서비스 맨에게 베푸는 손님의 호의

Turn Away : **턴 어웨이** _ 객실 부족으로 고객을 더 받을 수
없어, 예약된 고객을 빈방이 있는 다른 숙박시설로 주선하여
보내는 것.

Turn Over : **턴 오버** _ 일정기간 동안 재고량이 몇 번 순환되는
가를 나타내는 재고회전율, 또는 식사시간에 식당좌석이 몇 번
사용되는가를 나타내는 좌석회전율.

Upgrade : **업그레이드** _ 고객의 편의를 위해 한 단계 높은 등급의
객실이나 고급 서비스를 받을 수 있도록 상향 조정해 주는 것.

Vacant & Ready : **베이컨트 앤 레디** _ 판매 가능 객실, 빈 객실.

Valet : **발렛** _ 고객의 차를 대신 주차해 주는 서비스

Voucher : **바우처** _ 여행 패키지나 숙박시설의 예약 시 예약이

확정되었다는 증명서 또는 예약확인서. 온라인 예약사이트에서 예약하고 체크인 시 혼선을 빚지 않으려면 꼭 프린트해 가야한다.

V.I.P(Very Important Person) : 브이 아이 피 _ 귀빈이나 특별히 정중하게 모셔야 할 사람.

Vacant : 베이컨트 _ 투숙하지 않은 객실, 판매 가능한 청소된 객실

Welcome drink : 웰컴 드링크 _ 모든 고객에게 제공되는 무료음료. 보통 Check-in 시에 생수, 주스, 커피 등을 제공한다.

Waiting List : 웨이팅 리스트 _ 이미 예약이 만원 되어 있는 좌석 또는 객실을 예약하기 위하여 이미 예약된 것 중 취소되는 것을 기다리고 있는 사람의 명부

Walk-In Guest : 워크 인 게스트 _ 예약 없이 들어오는 고객.

[계란 요리 방법]
1) Fried Egg
• Sunny Side Up : 계란 한 면만 익힌 후 노른자가 익히지 않은 상태
• Over Easy(Light) : 계란 양면을 굽되 흰자만 약간 익힌 상태

- Over Medium : 양면을 완전히 익히고 노른자는 약간
  익힌 상태
- Over Hard(Welldone) : 흰자와 노른자를 모두 익힌 상태

2) Scramble Egg

계란 두 개에 한 스푼 정도의 우유 또는 생크림을 넣어 잘 휘
저은 다음 프라이팬에 기름을 넣고 가열한다. 계란을 넣고
빨리 휘저어야 한다. 앤초비, 치즈, 감자, 버섯, 새우 등을 넣어
만든다.

3) Boiled Egg

물이 끓은 온도보다 조금 낮은 온도(93℃)에서 계란을 깨지
않고 삶은 계란요리. 계란을 세우기 위한 Egg Stand와 계란
속을 떠먹기 위한 Tea Spoon이 필요하다.

- Soft Boiled Egg(미숙) : 3 ~ 4분
- Medium Boiled Egg(반숙) : 5 ~ 6분
- Hard Boiled Egg(완숙) : 10 ~ 12분

4) Poached Egg

소량의 소금과 식초를 넣어 약하게 끓는 물(93℃)에 계란
껍데기를 제거하고 삶은 계란요리

- Soft Boiled Egg(미숙) : 3 ~ 4분
- Medium Boiled Egg(반숙) : 5 ~ 6분
- Hard Boiled Egg(완숙) : 8 ~ 9분

5) Omelet

보기 좋은 크기와 형태를 만들기 위해 계란 3개로 만든다. 첨가물 없이 계란만 말아서 만드는 것을 Plain Omelet이라 하고, Ham, Cheese, Bacon, Mush-room, Onion, Sausage 등을 속에 곁들여 만들기도 한다.

6) Corned Beef hash Two Egg any Style

소고기의 질긴 부위를 소금물에 절인 후 삶아서 작게 다져 감자와 양파, 샐러리를 넣어 요리하거나, 토마토 페이스트를 넣어 요리하는 방법도 있다. 계란요리와 함께 제공된다.

꿈이라고 말해놓고 건들이지 않으면 그것은 계속 꿈이다. 하지만 꿈이라고 말해놓고 건들이면 더 이상 그것은 꿈이 아니다. 현실이다!

- 개그우먼 이영자 -

Chapter 5

호텔&리조트 취업을 준비하는
후배들에게

취업을 준비하는 예비 호텔리어들을 위한 조언,
사업장에 필요로 하는 인재상과 마음가짐,
취업에 필요한 것들에 관한 조언

이루고자 하시는 꿈이 있으신가요

꿈 ★ 은 이루어진다

인사팀장은 항상 '이루고자 하시는 꿈이 있으신가요?'하고 면접자들에게 묻곤 했다. 면접자들의 절반은 자기 꿈을 이야기했지만 절반은 꿈이 없다고 했다. 꿈이 있고 없고는 그렇게 중요하지 않을 수도 있다. 그러나 채용하는 입장에선 가능하면 자신의 명확한 꿈이 있는 사람을 채용하려 노력할 것이다. 꿈을 통해 자신을 매진하고 노력하는 사람이 직장 생활을 잘할 것 같아서이다. 그러나 최근 나도 꿈에 대해 다른 생각을 하게 되었다. 사람마다 생각의 차이가 있듯이 꿈에 대한 생각도 다름을 알게 되었다. 애초에 각자의 꿈이라는 것이 일률적이고 편향적이지 않기에 말이다. 그럼에도 멋진 꿈을 가진 사람과 이야기를 하면 그 사람이 달리 보이는 것은 어쩔 수 없다. 그리고 그를 만날 때마다 그의 꿈을 응원하게 된다.

　꿈 이야기를 하면 꼭 이런 생각이 먼저 들곤 한다. 어린아이들의 꿈이 무엇이냐고 물으면 대부분 대통령과 과학자였던 시절이 있었다. 지금은 유튜버, 연예인, 프로게이머 등처럼 다양하지만 세월에 따라 조금씩 변해가는 것 같다. 어린 시절을 생각해 보면 그 많던 아이들이 지금 어른이 되어서도 전부 대통령이 되지는 못했다. 만약 전부다 대통령이 되었으면 어땠을까 하고 속으로 상상을 하며 살짝 웃곤 한다.

　나의 꿈은 무엇인가 생각을 해 본다. 느껴서 알겠지만 '총지배인이 되는 것'이었다. 이 꿈은 정확히 표현하면 이루어졌고 완성해가고 있다는 표현이 정확할 것이다. 그리고 꿈은 한 가지가 아니다. 나의 꿈은 중학교 시절부터 시인, 고등학교에 꿈은 수필가, 이 꿈은 졸업앨범에 인쇄되어 있다. 그리고 대학에서는 소설가로 꿈이 바뀌었다. 대학시절 문학 동아리에 가입하여 열심히 활동도 했다. 그리고 아직 여전히 소설가의 꿈은 진행 중이다. 그러고 보면 아내는 나를 쉬는 날에도 참 바쁜 사람으로 알고 있다. 나는 끊임없이 가만히 있지 못하고 무언가를 하고 있다. 사실 하고 싶은 것이 너무 많다. 지금도 그러하다. 아무에게도 알리지 않은 채 호텔리어의 경험을 담은 이 글을 쓰고 있는 순간에도 부단히 열심히 글을 쓰고 있다.

　"참, 이상한 사람이네. 뭘 그렇게 끊임없이 하는지. 그리고 뭘 그렇게 하고 싶은 게 많은지 부럽다. 부러워"

"그럼 당신 꿈은 뭐예요" 하고 물어본다.

"나는 꿈이 없어요. 꼭 꿈이 있어야 하는 것은 아닌 것 같아. 꿈이 없어도 이렇게 잘 살고 있고 행복하면 됐지"

사실 함께 사는 아내에게 이 말을 듣고 사실 충격을 받았다. 항상 모든 사람에게는 꿈이 있어야 하는 줄 알았다. 그렇게 배우고 그런 삶을 살아왔다. 그래서 나름의 목표도 세우고 열심히 했다. 그런데 대체 세상에는 꿈이 없는 사람도 있구나. '왜 없을까'를 곰곰이 생각했는데. 어느 날 TV에서 한 연예인이 나와 자기는 꿈이 없다고 당당히 이야기하는 것이다. 사람에 따라 자아실현형과 삶을 즐기기형 두 가지가 있다고 한다. 첫 번째, 자아실현형은 꿈에 대한 실현에 대해 만족하지 않고 그다음, 또 다음의 꿈의 실현을 위해 계속 나간다고 한다. 늘 갈증을 느끼고 미친 듯이 꿈의 실현을 위해 노력한다고 한다. 두 번째, 삶을 즐기기형은 취미를 통해 소소하고 확실한 행복을 즐기는 요즘 말로 '소확행'이 대표적인 사례라고 한다. 자신에게 주어진 업무 수행에 성실하게 하고 삶을 즐기면서 소박한 행복을 유지해간다고 한다. 작은 일에도 감사하고 주어진 역할을 열심히 수행하면서 그 자체로 행복을 추구한다. 나름 멋지다. 세상살이가 정답이 있는 것은 아니니까. 이후부터 나는 꿈이 없는 사람도 그들에게 사소한 편견도 갖지 않으려 노력한다. 꿈이 없다고 나쁜 것은 아니기 때문이다. 꿈이 있는 사람과 꿈이 없는 사람은 다만 개인의 성향 차이임을 알게 되었다. 원대한 꿈은 없지만 삶을 통해 소소한 행복을 찾으려는 그들에게도 스스로의 자기다움을 응원한다.

　일전에 조리 부서의 인력을 채용하는 면접관으로 참여하게 되었을 때의 일이다. 호텔에서는 별도의 레스토랑을 신규로 오픈해야 했기에 여러 명의 직원들을 채용해야 하는 입장이었다. 여기에서도 인사팀장의 '이루고자 하는 꿈이 있으신가요?'라는 질문에 절반은 꿈이 없었고 절반은 꿈이 있었다. 예전 면접자들은 당연히 '총지배인이 되는 것이 꿈 입니다.'라고 절반은 대답한 것 같다. 그러나 요즘은 직업과는 전혀 상관없는 꿈들이 많아졌다는 것이 달라진 것 같다. 주로 창업 관련된 것들이 주를 이루고 있다. 여러 명의 면접자 중에 특이한 대답의 소유자를 기억하고 있다. 그는 인사팀장의 질문에 이렇게 대답을 하였다.

　"저는 제주도에 있는 우도에 조그마한 피자집을 차리는 것이 목표이고 꿈입니다. 그래서 다양한 요리를 배우기 위해 많은 레스토랑의 경험과 경력을 갖고 있습니다. 그것은 저의 꿈을 이루기 위한 일부분인데. 사실 갖고 있는 자금 문제로 부족해서 직장 생활을 조금 더 하려고 합니다."

　그래서 얼마나 하면 그 꿈을 이룰 수 있는지. 그리고 이곳에 얼마나 근무가 가능하냐고 되물어 보았다.

　"제 계산대로라면 2년 반이면 가능하고 근무는 3년을 넘으면 좋겠습니다."라는 것이다. 그 이유는 급여로 저축해서 모으고 자기 자신도 일부는 써야 하니 3년이면 좋겠다고 한다. 그가 이루고자 하는 꿈은 장기적이고 아주 구체적이었다. 그리고 간절해 보였다.

또한 그의 꿈은 가능하다고 생각하는 한 실현 가능한 꿈이었다. 꿈은 실제 멀리 있어 보이지 않았다. 그는 자신이 꿈꾸는 꿈을 이루기 위해 차근차근 실현하려는 의지가 보였다.

이후 그의 실력에 대한 검증 절차를 마치고 약 한 달 후 함께 근무하게 되었다. 그를 볼 때마다 그는 열정적이고 눈동자가 살아 있음을 느꼈다. 또한 그를 만나면 그의 꿈을 이루는 데 도움을 주고 싶었고 마음속으로 항상 그의 꿈을 응원해 주었다.

꿈은 꿈이 있고 없고, 누가 더 높고 낮고, 더 좋고 나쁘고의 개념은 아니라 서로 다른 성향의 차이이다. 꿈은 없어도 일상에 감사하고, 작은 일에도 감사하는 삶, 무엇을 하고 있다는 것보다 가족과 함께하는 행복한 삶도 있음을 함께 응원하자. 흘러가는 대로 살아가면서 주어진 대로 최선을 다해 하루하루를 충실한 삶도, 다른 사람과 비교하며 사는 것을 멈추는 삶도 존중받아야 한다.

더불어 꿈이 있는 사람은 삶의 방향성을 잃지 않도록 인생의 뚜렷한 목표를 세우고 그 일을 통해 자신감과 성취감, 확신을 갖고 노력하면 될 일이다. 꿈은 이루어진다. 꿈을 갖고 노력하며 자신의 자리에서 최선을 다하고 열심히 하면 반드시 이루어짐을 신념을 갖고 키워 나가길 바란다. 힘들고 지칠 때 잠시 쉬더라도 다시 일어나 묵묵히 내 호흡과 내 발걸음으로 뚜벅뚜벅 걸어가길 기원한다. 꿈이 있는 사람에게는 꿈은 살아가는 데 있어서 큰 힘을 주는 원천이다.

이렇게 모든 삶이 소중하고 존중받아야 마땅하다. 그럼에도 스스로 꿈을 꾸는 사람에게 마음이 더 쓰이는 이유는 무엇 때문일까. 아마도 꿈은 꾸는 것만큼 이룰 수 있는 기회가 있기 때문이 아닐까. 나는 오늘도 또 다른 꿈을 위해 꿈 앞에 당당해지고 열정을 다해 오늘을 살 것이다. 내게 있어 꿈은 지금을 버티게 해주는 하루의 가장 큰 에너지원이기 때문이다.

이제 꿈에 대해 강요하지는 말자. 서로 다름을 인정하고 존중하는 사회가 되길 기원한다. 그럼에도 불구하고 이루고자 하는 꿈이 있다면 마음껏 펼쳐보길 바란다. 꿈은 꿈꾸는 사람의 것이다. 그리고 그 꿈은 반드시 이루어질지어다. 각자 꿈꾸고 있는 호텔리어들의 소중한 꿈을 응원한다.

당신이 할 수 있는 가장 큰 모험은, 당신이 꿈꾸는 삶을 사는 것이다.

- 오프라 윈프리 -

우리가 '호텔 뽀이'라고?

호텔리어, 그 화려한 이름

호텔리어(Hotelier), 참 이름만으로도 화려하고 고급스러움이 때깔부터 다른 느낌이다. 이렇게 좋은 언어로 부를 수 있었는데 처음에는 '호텔 뽀이'라고 불렀다. 나는 그 소리가 참 듣기 싫었다.

1990년대 그 어감은 호텔리어를 비하하며 부르던 이름이다. 그리고 스스로를 낮추어 부르던 어감 그 자체였다. 선배들의 신세 한탄을 할 때에는 어김없이 스스로를 그렇게 불렀다. 호텔 종사원, 숙박 종사원, 관광 종사원 등의 명칭은 있었지만 그렇게 부르는 것은 공식적인 교육에 가서나 언급하는 말들이었다.

2001년 4월부터 6월까지 MBC 문화방송에서 '호텔리어'라는 드라마가 방영이 되었다. 그 당시 배용준, 김승우, 송윤아, 송혜교,

허준호 등의 배우들이 출연하며 선풍적인 인기를 끌었다. 드라마의 위력은 참으로 대단했다. 드라마에 유니폼을 입은 호텔리어들의 우아함과 깔끔함은 많은 사람들에게 호텔리어에 대한 환상을 심어주었다. 특히 호텔리어가 되고 싶다는 젊은이들에게 막연히 직업에 대한 환상을 심어주는 계기가 되었다. 이후 뉴스와 신문 등 언론매체에서는 호텔리어라는 직업이 가장 선호하는 직업으로 순위가 급상승하였다. 직업으로서 사회적인 인식과 평판은 긍정적으로 좋아졌으나 실상을 보여주기에는 드라마의 한계가 있었다고 생각한다.

호텔과 리조트는 공통적으로 일정한 기간 숙박을 제공하는 곳, 즉 임시 숙소라고 생각하면 좋을 것 같다. 다만, 리조트는 호텔과 달리 내부에 취사시설이 존재한다. 일부 레지던스 호텔들도 취사시설을 갖추어 놓은 형태도 있기는 하다. 특히, 리조트는 도심보다는 자연과 가까이 있어 스키, 워터파크, 골프, 리프트를 활용한 다양한 상품들과 액티비티를 제공한다. 아울러 개념상으로는 리조트는 호텔보다는 좀 더 큰 개념이다. 쉽게 생각하면 시내에 각 동, 면들은 호텔의 개념이고 시, 군의 개념은 리조트라고 생각하면 좋을 것 같다.

또한 직무상 백오피스로 불리는 관리부서와 전면에 보이는 영업부서로 나누어진다. 관리부서에는 경영기획, 인사, 구매, 마케팅, 판촉 세일즈, 시설, 브랜드 매니지먼트 등의 부서가 있고, 전면 부서인 영업부서는 프런트 데스크, 컨시어지, 식음료(F&B), 조리, 연회, 하우스키핑 등이 있다. 이렇게 부서와 업무들이 세분화, 전문화되어 있다.

그런데 사람들로부터 호텔 종사원들이 '호텔리어'라는 드라마를 통해 보이는 이미지가 180도 달라지면서 내게도 변화를 체감할 수 있는 일들을 경험하게 되었다. 우선 가족들의 반응이 달라졌다.

"밥은 맛있게 먹었니."

예전에 없던 따뜻한 말들. 번쩍번쩍 광이 나는 대리석과 높은 천정에 달려있는 샹들리에의 불빛, 온화한 카펫과 고급스러운 의자, 그리고 등장하는 호텔의 호화찬란한 뷔페 음식들. 호텔리어들의 식사는 항상 매일 잔치 같은 뷔페를 이용하는 것으로 인식되었다. 그런데 우리도 남들과 마찬가지로 직원식당에서 밥을 먹는다. 김치찌개도 먹고 제육볶음도 먹는다. 다른 회사원과 다를 바 없다. 그런데도 친구들과 만나면 부러움과 동경의 대상이 되었다. 호텔리어라는 직업 하나로. 분명한 신분 상승이었다.

반면 직업병도 생겼다. 엘리베이터를 탈 때면 먼저 사람들이 타기를 기다렸다. 식당에서 식사할 때도 음식물에서 머리카락이라도 나올라 치면 조용히 자리에서 일어났다. 버스 탈 때도 급한 사람이 있으면 양보하고, 고객이 우선이니까. 한 번은 집에 이사를 하게 되었다. 이사를 마치고 거실을 정리하는데 거실 소파 다리 한쪽이 금이 가있었다. 물론 화가 나고 마음이 상했지만 이사업체엔 따로 항의하지 않았다. 지금 같으면 이사에도 품질관리와 서비스를 해야 하는 업이니 보험처리를 해서라도 새 물건으로 보상하던지 금전 보상을 해야 한다고 주장 했을 터인데. 소비자의 정당한 권리를 지켜내지 못한 탓에 가끔 거실에 있는 소파를 볼 때마다 주인 잘못 만난 것에 미안함이 밀려온다.

더불어 호텔에 취업하려는 사람들도 많이 늘어났다. 각 대학에는 관광과 호텔 관련 학과들이 많이 늘어났고 직업교육원에서도 종사원들을 배출했다. 1988년 올림픽 이후에 호텔도 많이 짓기 시작했다. 양적으로 질적으로 성장하기 시작했다. 호텔에 들어서면 압도하는 호텔 로비와 프로정신으로 똘똘 뭉쳐 있는 프런트 데스크의 직원들을 접하게 된다. 친절한 미소와 뛰어난 어학실력을 자랑하는 직원들의 모습이 보인다. 그러나 호텔의 화려한 이면에는 호텔리어들의 애환이 서려있었다. 고객 동선에 비치는 화려함 이면에 직원들의 동선은 '백 사이드'로 불리는 지하로 내려가 긴 복도를 따라 다닥다닥 사무실이 배치되어 있다. 그리고 여전히 직원들의 종아리는 붓고, 발바닥은 아프다. 그리고 막무가내식 고객의 부당한 요구에 시달리고 있다.

유니폼을 입은 멋진 모습과 깔끔한 외형을 보고 새내기들은 부푼 꿈을 안고 입사를 한다. 동경의 대상이 된 직업군으로 호텔리어는 모든 사람들에게 말하기에도 좋다. 그런 상상들이 현실과 괴리가 발생되면 많은 문제들을 야기한다. 그래서 교육과 면담을 통해서 다짐을 받고 정신교육을 시킨다. 4~5성급 호텔의 경우 4주, 2~3성급 호텔의 경우 약 1주간의 업무 교육을 시행한다. 물론 일손이 부족하면 하루 이틀 정도에 현장에 투입하는 경우도 있지만 대부분 사전 준비교육을 통해 현장에 투입을 한다.

특히 지방의 경우는 일반적으로 기숙사를 제공을 하는데 2인 1실을 제공하는 것이 통상적이다. 나름대로 첫 적응을 시키기 위한 배려이기도 하다. 그러나 하루 혹은 일주일 정도가 되면 수증기처럼 증발하는 경우가 상당수 발생한다. 연기처럼 사라진다. 기숙사에는 입사할 때 가져온 짐들이 감쪽같이 사라져 있다. 물론 휴대전화도 락이 되지 않는다. 아울러 외부에서 출퇴근하는 경우도 출근 자체를 하지 않고 이 경우도 연락 두절이다. 참으로 판단도 빠르다. 어쩌겠는가. 본인들이 생각한 호텔리어의 업무들이 너무 다르다는 것을 인식한 것이다. 참고 견디기에는 본인에게 엄청난 충격이었을 것이다. 얼마나 홀로 고민하고 마음의 상처를 입었을까 생각하면 자식을 둔 부모 입장에서 마음이 참으로 아프다.

어떻게 보면 호텔리어는 다른 직장 생활과 같다. 평범한 직장인과 같다. 그러나 결코 호텔리어라는 직업을 처음 접한다면 만만치 않다. 처음 스스로 지니고 있던 이미지와 정반대 일 수 있다는 사실을 간과해서는 안 된다. 화려하고 멋진 유니폼 사이로 가려진 이면과 현실은 실제 근무를 통해 간극의 차이가 드러난다. 특히나 호텔리어들에게는 강한 인내심과 서비스 마인드가 필요하고 요구된다. 그 멋진 화려함과 능숙한 서비스 매너는 그런 어려움과 고난을 겪고 이겨낸 인내심의 결과인 셈이다. 뿌리지 않고, 심지 않고, 가꾸지 않고, 어떻게 가을의 수확만을 거두려 하는가.

이제 호텔에 입문을 하였다면 수습 3개월을 거쳐 정식 직원이 되고 사원부터 캡틴, 부매니저, 매니저, 그리고 호텔리어의 꽃인 총지배인이 될 것이다. 그들의 우아하고 당당하며 멋진 서비스 마인드가 바로 그들의 인내심과 피나는 노력의 결과로 그곳에 우뚝 서 있는 것이다. 호텔리어로서의 긍지와 자부심은 하루아침에 완성되지 않는다. 이제 그 옛날 '호텔 뽀이'가 아닌 '호텔리어'로 거듭 자리 잡은 지금 그대들의 멋진 생활과 꿈을 응원한다.

호텔리어 화이팅!

우리 인생의 최대 영광은 한 번도 실패하지 않는 데 있는 것이 아니라, 넘어질 때마다 다시 일어나는 데에 있다.

- 골드스미스 Oliver Goldsmith -

인사만 잘해도 성공한다(먹고산다)

첫인상을 관리하라

　인사만 잘해도 성공할 수 있다. 대인관계에서 기본이 되는 일이다. 그리고 사회생활에서도 기본이 되는 일이다. 그러나 그 기본이 참 어렵다. 머릿속에는 있는데 실천하고 행동하기가 어려우니 참으로 안타까운 일이다. 호텔리어에게 인사는 아주 기본이 되는 일이다. 호텔을 처음 방문하게 되면 인사성 좋고 반겨주는 곳이 호텔과 리조트다. 그러나 꼭 외부고객만이 고객은 아니다. 내부 직원 간의 상호 인사가 필요하다. 이곳도 엄연히 조직이고 사회이기 때문이다. 인사를 잘해서 얻은 경험들을 함께 공유해 보자.

　나는 강원도 양구 시골마을에서 태어났다. 내가 태어난 마을은 약 50여 가구가 모여 사는 작은 마을이다. 마을 주변으로 논과 밭

농사를 주로 짓고 사셨는데, 하굣길 어른들을 만나면 인사를 연신
했다. 작은 마을이니 두세 번을 마주쳐도 매번 인사를 했다. 그래
서인지 마을 어르신 모두 참으로 아껴주시고 예뻐해 주셨다. 간혹
날계란도 챙겨주시고 과일도 주셨다. 인사를 잘 하니 생긴 일이다.
그리고 제일 기분 좋은 일은 이웃 어른들이 부모님께 '댁에 아들은
참 인사성이 밝아요.' '인사 잘 하는 아들 두어 부럽네.'하는 말들
이었다. 이런 말들을 들을 때면 기분도 좋아지고 어깨가 으쓱했다.
어린 나이에도 느꼈다. 인사만으로 얻어지는 것은 의외로 많이 있
다는 것을.

사람을 만났을 때 인사의 중요성은 아무리 강조해도 부족하지
않다. 인사로 인해서 사람의 첫인상이 좌우될 수 있기 때문이다.
호텔리어 세계에서 가장 많이 접하는 것이 MOT, 'Moment of
truth' 진실의 순간, 결정적인 순간이다. 짧은 순간에 모든 것이
결정되는 것이다. CS 교육에 아주 기본이 되는 것이다. 'Moment
of truth'는 원래 투우 경기에서 투우사와 황소가 맞부딪친 결정적인
순간을 의미한다. 스페인의 마케팅 학자 리처드 노만(R, Norman)
이 서비스 품질관리에 처음 사용하였다. 이후 얀 칼슨(J, Carlson)
이 현장에 MOT 기업 경영에 도입했다. 1970년대 말 석유파동으
로 인해 17년간 연속 흑자를 기록하던 스웨덴 스칸디나비아 항공
이 1979년과 1980년 사이 3,000만 달러의 적자 누적으로 위기의
스칸디나비아 항공사의 최연소 사장으로 취임하였다. 그의 나이
39세였다. 그는 단 일 년 만에 적자기업을 흑자로 전환시켰다. 위

기의 항공사를 구하기 위해 얀 칼슨은 MOT 개념을 도입하였다. 매일 고객과 만나는 일선에 있는 직원에게 15초의 '결정적인 순간' 동안에 아이디어, 방법, 대책을 강구할 수 있는 책임과 권한을 위임하는 것이다. 그 순간이야말로 그 항공사를 선택한 것이 가장 좋은 선택이었다는 사실을 고객에게 입증시켜야 할 소중한 시간이란 것이다. 만약 승객들이 기내에 제공되는 자신의 음식 트레이(쟁반)가 지저분한 것을 발견했다면 고객들은 그 순간 자신이 탑승한 비행기가 불결하다고 느끼게 된다. 그로 인해 항공사의 이미지도 영향을 받는다. 항공사 직원들이 고객과 접하는 처음의 15초 동안의 짧은 순간에 회사의 이미지가 좌우되고 사업 성공을 좌우한다고 강조한다. 그렇게 얀 칼슨은 위기에 빠진 회사를 구하고 서비스 품질경영의 전설적인 신화를 창조한 사람이다.

이런 MOT 결정적인 순간을 나는 첫인상이라고 생각한다. 이 첫인상을 바꿀 필요가 있다. 그 효과적인 방법이 인사다. 사람을 처음 만났을 때 사람에게는 선입감과 편견이 작용한다. 그것도 아주 짧은 시간에 처음 만난 사람을 스캔하고 인식하게 된다. 한 번 정해진 이미지를 바꾸는 데는 많은 시간이 필요하다.

호텔에 첫 근무할 때의 일이다. 낯선 환경과 사람들이 내게 심리적으로 두려움과 긴장하게 만들었다. 나는 그것을 이겨내고 상황 반전이 필요했다. 그래서 선택한 것이 인사였다. 나의 전략은 일단 먼저 인사하기였다. 누구를 보든지 인사하기. 처음 본 사람도 고객도 그리고 두세 번 마주친 직원들도 모두 포함되었다. 인사를 왜 하냐고 하는 사람은 없었다. 다만 "좀 전에 봤는데"라는 반응에도 내 원칙은 변함이 없었다. 그것은 그 당시 내가 할 수 있는 전부였다. 그렇게 믿었다. 그런데 인사를 계속하다 보니 요령이 생겼다. 그러나 문제는 반응이 좋을 때도 있었지만 그렇지 않을 때도 있었다. 화장실에 갔을 때 그 이유를 알았다. 거울에 비친 내 모습은 영혼이 없었다. 그때부터 틈틈이 화장실을 갈 때면 내 모습도 점검하고 어차피 인사하는 것이니 함박웃음, 반가운 웃음, 은은한 미소를 연습하게 되었다. 사실 그 시절에는 선배들이 무서웠다. 휴식이라곤 화장실을 간다고 자리 비우는 일 밖에 없었다. 자주 화장실을 갈 때마다 내 얼굴 표정과 인사의 형태를 수정했다. 상황에 따라 알맞은 인사와 표정관리가 필요하다는 생각이었다. 그렇게 레스토랑 내에서도 한식당과 양식당을 오가며 인사를 했다. 얼마 안 되어 선배들로부터 관심에서 사랑받는 존재가 되었다. 그리고 직원들이 소망하고 부러움의 대상인 벨맨도 하게 되었다. 아울러 인사를 잘 하다 보니 프런트 데스크에 일원이 되었고 직장 내 지위도 어느덧 과장이 되어 있었다.

그 당시 열심히 인사했던 내용과 원칙을 정리해 보았다. 나만의 인사원칙이다.

첫 번째, 먼저 인사하기. 먼저 인사를 통해 나에게 우군을 만드는 것이다. 꼭 어린 시절의 놀이인 땅따먹기와 같다. 먼저 실행하는 사람이 모든 것을 차지한다는 생각으로. 하면 할수록 나의 땅과 우군은 기하급수적으로 늘어난다.

두 번째, 순서대로 인사하기. 처음 상대와 눈을 마주치면 즉각적인 미소, 인사하고 반응 확인. 물론 여기에서도 미소가 포인트다. 내가 당신에게 적이 아닌 같은 편임을 짧은 순간 상대에게 각인시킨다.

세 번째, 모든 인사는 상황에 맞게. 가벼운 인사, 보통 인사, 정중한 인사, 그리고 알아주는 인사가 있다.

가벼운 인사에는 목례도 포함한다. 하루에도 여러 번 마주치는 직원, 고객과 함께 있는 때, 짐을 들었을 때, 복도나 실내 등의 좁은 장소일 때 한다. 보통 인사는 일반적인 인사로 가장 기본이 되는 인사로 상사나 웃어른들에게 한다. 정중한 인사는 고객맞이, 배웅 때 하고, 사과할 때, 감사의 마음을 전할 때 한다. 그리고 상황에 따라 처음 만났을 때는 정중하고 밝고 명랑하게 인사하고 다시 만나면 가벼운 인사, 목례를 했다.

특히 고객과 함께 이동 중에 상사를 만나거나 고객과 함께 있는 상사에게도 목례만 한다. 화장실에선 눈을 마주쳤을 때만 목례를 했다. 그 외 모든 인사는 반갑게 목소리를 내어 인사를 하는 것이 포인트다. 나 자신을 알리기 위해서.

마지막으로 알아주는 인사다. 안면이 있는 고객이나 외부 인사가 오면 그 인사는 달라야 한다. 상대를 알아봐 주는 인사야말로 꽃 중에 꽃이고 인사 중에 최고 기술적인 인사다. 사람이 나를 알아주고 기억해 준다는 것 차체는 상대를 가장 짧은 시간에 무한한 신뢰와 신임을 얻게 한다. 단골 고객은 회사에만 있는 것이 아니다.

바로 나에게도 단골 고객이 생긴다. 단 한 가지 인사로 만든 단골 고객. 이것이 나를 이끌어 온 바탕일 것이다.

이제 인사 하나로 인사만 잘해도 성공할 수 있다. 당신 첫인상을 단 몇 초 만에 상대에게 인사 하나 만으로 각인시킬 수 있다. 바꿀 수 있다. 이로 얻어지는 수많은 이득과 혜택을 누려보길 바란다. 인사 하나만으로 인생을 바꾸고 모두 성공하길 기원한다. 거울을 보고 내 인생을 바꾸어 보길 간절히 기원한다.

인사하자. 지금 바로 먼저.

인사성이 밝아야 합니다. 언제 어디에서나 인사성이 밝은 사람은 모든 사람들에게 좋은 인상이 각인될 것이며 그것이 대인관계에 있어 가장 기본이 되는 예절입니다.

- 뭘 해도 잘되는 사람 중에서 -

호텔, 리조트 면접 시 질문들

면접 보러간다고, 준비는 했어?

"면접 보러 간다고, 준비는 했어?"

면접 간다는데 준비는 잘 하셨는지. 무엇을 준비해야 하고 어떻게 가야 하는지 막막한가? 신입사원이든 경력사원이든 답답해하는 후배들에게 묻는다. 나는 28년 동안 많은 직원들을 채용하는 면접관으로 참여했다. 나는 그들에게 몇 가지를 물었고, 그리고 평가하고 채용을 했다. 그럼 대체 무엇을 물어보고 무엇으로 평가하는지. 무엇을 준비해야 하는지 알아보자. 면접에서 채용까지의 과정을 소개한다.

일반적으로 호텔과 리조트의 채용은 수시로 이루어진다. 즉 회사

내 업장이 추가 신설(늘어나)이 되거나, 기존 직원의 퇴사로 결원(빈자리)이 생기면 그때마다 채용을 하게 된다. 그러나 모든 숙박업체들이 그런 것은 아니다. 대기업이 소유한 또는 5성급 호텔들은 정기적인 시기에 공개채용을 통해 약 4주 정도의 교육 후 실제 업장에 인력을 배치하게 된다. 그러나 요즘은 상시 채용을 하는 곳이 많다.

　호텔과 리조트의 신입사원 채용 시 채용공고를 통해 다양한 방법으로 이력서가 접수된다. 그런데 이력서를 접수해 보면 30% 이상은 면접까지 진행하지 않는다. 서류 전형에서 떨어진다. 그 이유는 무엇일까? 그것은 입장 바꾸어 생각해도 마찬가지 일 것이다. 단순히 호기심 또는 그냥 성의 없이 이력서를 접수한 경우다. 대체 이력서가 어떠하기에. 한마디로 중간고사에 이름만 쓰고 나온 경우와 같을 것이다. 성의 없고 영혼 없는 이력서다. 한 번은 이런 경우도 있다. 연락처 없는 이력서다. 실수로 그럴 수도 있겠으나 이력사항을 보면 더욱 이런 생각이 든다. '무슨 생각으로 이력서를 넣었을까?' 참으로 이해할 수 없는 일이다. 이런 경우가 심심치 않게 발견된다. 예외는 있다. 지인들과 직원의 소개이면 소개한 사람의 얼굴을 봐서 서류 통과시키고 면접을 진행하기도 하지만 결과는 역시 마찬가지다. 아마 본인도 크게 기대하지 않은 자신감 없는 면접이 대부분이다.

　아울러 이력서를 검토하면서 회사에서 필요한 인재인지 평가를 거치게 된다. 해당 직무에 아르바이트 경험은 있는지. 관련 전공자인지. 꼭 학력을 보는 것은 아니지만 대부분 진정성과 성의가 느껴지는 이력서를 면접까지 진행하게 된다. 사람들은 생각할 것이다. 학력이 중요하지 않을까? 숙박업은 매니저 만 있는 것은 아니다. 환경미화부터 객실을 청소하는 여사님들(룸 메이드), 레스토랑, 프런트 데스크, 시설부, 판촉 세일즈 등 다양한 분야의 직원을 채용하기에 학력도 경력도 다양한 사람들이 이력서를 접수한다. 심지어 함께 일한 직원 중에는 불어 전공 한 직원과 화학, 철학을 전공한 사람도 있었다.

이렇게 서류전형을 마치면 일괄 연락을 취해 면접을 진행한다. 대개 면접은 인사담당자와 해당 부서장이 우선 진행하고, 총지배인이 최종 면접을 보는 경우도 있고 함께 보는 경우도 있다. 하지만 요즘은 한꺼번에 면접을 진행하는 경우가 많다. 그 이유는 다들 업무에 바쁜 사람이니 여러 번 나누어 보는 것은 비효율적이라는 판단이겠다.

아울러 회사마다 중요하게 생각하는 부서와 새롭게 신설되는 업장이라면 임원을 포함한 대표이사 면접도 진행되는 경우가 종종 있다. 예를 들어 마케팅, 판촉 세일즈와 세일즈 코디, 예약실 등이다. 가능하면 대부분 2~3회 이내로 면접의 횟수를 줄이려는 추세이다. 그 만큼 인재 채용에 신중하고 중요하게 생각을 한다는 반증일 것이다.

면접장엔 2~4명의 면접관이 앉아있다. 우선 면접관을 소개한다. 그러고 나서 면접이 시작된다. 면접에 제일 중요한 포인트는 첫째, 첫인상이다. 가능하면 남녀 모두 정장을 입는 것이 좋은 인상을 주는 데 도움이 된다. 그런 사항이 안 된다면 가능하면 빨강, 파랑, 노랑 같은 원색은 피해야 한다. 간혹 염색한 머리를 하늘로 곤두세워 사나워 보이는 고슴도치를 보게 되곤 한다. 첫 만남에 최대한 깔끔하게 참여하면 좋겠다.

둘째, 본인소개다. 통상 본인소개를 통해 면접자의 서비스 마인드, 리더십, 친화력, 트렌디한 감각들을 살펴보게 된다. 그러나 면접장의 풍경은 당황스러울 때가 많다. 아예 자기소개를 못하는 경우도 있다. 그 이유는 너무 긴장한 나머지 말이 떨어지지 않는 것이다. 땀을 흘리고 말을 더듬거린다 싶으면 마음을 안정시키도록 물을 먹게 하고, 약간의 시간을 주기도 한다. 내 경험상 그런 자리에서 머리가 하얘진 경험이 있다. 긴장한 탓이다. 쉽고 간단해 보이지만 이것 또한 사전 연습이 필요하다. 그리고 마음을 편히 먹자.

셋째, 자신감이다. 질문에 대한 답변에는 면접자의 당당하고 주관이 뚜렷한 자신감이 배어 있어야 한다. 면접을 진행할 때에는 보통 2~3명의 경쟁자가 있게 마련이다. 그 경쟁에서 선택받으려면 자신감 있는 대답이 필요하다. 나는 면접자에게 조언한다. '대답할 때는 자신감 있게 하시고, 혹여 모르면 모른다고 하세요. 이것이 오히려 긍정적으로 작용할 수 있습니다.'

한 번은 면접 중에 살짝 떨리는 목소리로 과하게 대답하는 사람이 있었다. 그래서 좀 더 깊이 있게 연달아 질문을 던져보았다. 말문이 막혀 진땀 만 흘리는 면접자를 1분 동안 보아야 했다. 아마

쥐구멍을 찾고 싶었을 것이다. 간혹 이렇게 짓궂은 면접관을 만나면 진땀이 날 것이다. 그러나 한편으로 보면 긴급 상황 시 대처능력을 볼 수 있기에 간혹 압박면접, 밀어붙이기식의 면접을 진행하기도 한다.

넷째, 과정 준비다. 어떤 회사에 입사를 결정했다면 최소한 그 회사에 대해 알아보고 가야 한다는 사실이다. 인터넷을 활용한 홈페이지 검색, 블로그를 통한 이용 고객의 평가, 인스타나 페이스북 등 회사에서 추진하는 이벤트와 고객들의 반응 등을 확인해 볼 필요가 있다. 나는 모든 면접자들에게 묻는다.

"우리 회사에 대해 얼마나 알고 계세요."라고.

이번에는 경력자들의 몇 가지 면접에서 추가되는 사항이다. 경력자 면접을 볼 때 최소한 1년 이상을 한곳에서 근무했다면 경력으로 인정해 준다. 또한 동종업계에 근무한 이력을 경력으로 인정해 주니 참고하길 바랍니다. 경력자를 채용할 때는 면접자가 갖고 있는 경력이 회사에 채용하는 분야에 얼마나 잘 맞을지를 우선 보게 된다. 아울러 2~3배수로 면접을 진행하는 경우가 대부분이다. 그렇기 때문에 면접에서 선택을 받기 위해서 꼭 준비해야 할 사항이 있다. 첫째, 경력 위주로 간단한 소개를 준비해야 한다. 질문이 나오면 술술 나와져야 한다. 둘째, 이직 사유를 정리해야 한다. 왜, 회사를 옮기려 하는지. 왜, 기존 회사에서 퇴사를 했는지. 생각에 따라 지대한 영향을 준다. 미리 회사의 입장에서 의구심이 없도록 명쾌하게 대답하지 못하면 원하는 결과를 얻을 수 없다. 셋째, 본인만의 차별화된 장점을 준비해야 한다. 비슷한 경쟁자들 사이에서 채용이라는 목표를 잡기 위해 다른 경쟁자들과의 차별화되고 특화된 것이 있다면 채용 결정에 지대한 영향을 줄 것이다.

끝으로 통상적으로 사전 준비를 해야 할 사항이다. 회사의 지원과 직무에 동기는 무엇인지. 입사 후 포부, 직무에 대한 이해 등이다. 아울러 회사 생활에 필요한 자신의 주관에 관한 대답, 답변을 정리하여 준비하면 좋다. 예를 들어 업무 중에 상사가 부당하다고 생각하는 지시가 있다면 어떻게 대처할지, 상사와 의견 대립이 있다면, 야근을 어떻게 생각하는지, 지원 부서와 다른 부서로 배치받는다면 어떻게 할지에 대한 사전 답변을 준비하는 것이 좋다. 그 답변의 요지는 회사 입장을 고려하며 개인 입장을 논리적이고 상식적인 선에 준비하면 무리가 없겠다.

추가로 면접을 준비하고 있다면 최소한 자기소개, 지원 동기, 자신의 강점 정도는 서면으로 작성하여 머리에 넣고 직접 면접장소에서 하듯 말로 연습을 해보자. 물론 현장에서 똑같이 하면 좋겠지만 상황에 따라 긴장하거나 말문이 막힐 것을 대비하면 좋겠다. 특히 자신이 하고 싶은 말을 미리 연습하고 나름 논리적으로 표현한다면 좋은 결과가 있을 것이다. 사실 나도 면접 보는 입장에서 언제나 긴장되고 떨리기는 마찬가지다. 그래서 더더욱 연습이 필요하다고 생각한다.

"면접 보러 간다고, 준비는 했어?"

내가 면접관이면 면접자에게 무엇이 궁금할지 생각해 보고 준비하면 될 것 같다. 매번 많은 사람들을 면접을 보고 채용을 하다 보니 이젠 첫 이미지와 그 이미지가 맞는지 확인하는 일로 면접을 진행하고 채용을 결정한다. 면접자로서 기본적인 자세와 말 몇 마디를 해보면 회사에 알맞은 인재인지 알아볼 수 있다. 그러니 이제라도 준비해 보자. 그리고 쫄지 말자. 좋은 결과가 있기를 응원한다.

★ 면접에서 자주 물어보는 질문들(공통)

1. 우리 회사에 지원하게 된 동기는?
2. 우리 회사에 본인이 잘 할 수 있는 것은?
3. 우리 회사 대표이사 이름은?
4. 우리 회사에 광고나 기사를 본 적이 있는가?
5. 우리 회사에 대해 궁금한 점은?
6. 우리 회사에 이미지는?
7. 지원한 부서가 하는 일은 무엇이라고 생각하는가?
8. 지금 지원하는 분야와 맞지 않는 것 같다. 어떻게 생각하는가?
9. 간단한 자기소개(프런트의 경우 영어로 소개)
10. 우리 회사에 입사해서 무엇을 이루고 싶은가?
11. 입사 후 어떤 일을 하고 싶은가?
12. 본인이 지원한 부서에서 맡게 될 업무가 구체적으로 무엇인지 아는가?

13. 지원 부서 왜 추가로 희망하는 부서가 있는가?

14. 당신의 어떤 점이 우리 회사에 도움이 되는가?

15. 이 업무를 위해 필요한 역량이 무엇이라고 생각하는가?

16. 우리 회사를 어떻게 알게 되었고 얼마나 알고 있나?

17. 직무 관련 자격증이 없는 이유는?

18. 롤 모델이 있다면 누구이고 이유는?

19. 자신의 장점을 3가지만 이야기해 보세요.

20. 인생에서 가장 힘들 때와 어떻게 극복했는지?

21. 우리가 왜 당신을 뽑아야 하는가?

22. 타사에 인턴 경험이 있는데, 왜 우리 회사를 지원했는가?

23. 우리 회사에서 떨어지면 어떻게 하겠는가?

24. 솔직히 우리 회사 말고 또 어디에 지원했는가?

25. 타사에도 합격한다면 본인의 선택은?

26. 열심히 하겠다고 대답했는데 구체적으로 말한다면?

27. 꿈이나 소망이 있다면?

28. 일, 돈, 명예 중에 가장 중요한 것과 그 이유는?

29. 좌우명이나 생활신조가 있다면?

30. 마지막으로 하고 싶은 말은?

늘 갈망하고 바보처럼 도전하라.

-스티븐 잡스 -

종교가 있으세요

호텔리어의 정신건강을 위하여

언제부터인가 직원들을 채용할 때 '종교가 있으세요?'라고 질문하고 있는 나를 발견한다. 종교의 자유가 있는 나라에서 종교로 인한 차별이나 제한을 두기 위함이 아니다. 다양한 호텔과 리조트, 수익(분양)형 호텔까지 경험에서 우러난 직업병 같은 질문이랄까. 적어도 종교로 인한 어려움을 겪지 않도록 하기위한 나만의 최소한의 배려일까. 사실 나는 가톨릭 신자이다. 물론 독실한 신자이며 한편 고무줄 같은 나이롱 신자를 자처한다. 특히 신입사원들을 채용할 때는 채용면접 리스트에 필수 질문으로 활용한다. 왜냐하면 혹시나 잊지 않고 꼭 챙겨서 질문과 이해를 시키기 위해서이다. 이심전심인가. 인사팀장도 먼저 면접자에게 질문을 던지는 경우도 있다.

　낮에는 볼 수 없는 것들이 밤이면 선명히 보이는 것들이 있다. 그중에 제일은 도심지에 십자가, 바로 교회일 것이다. 낮에는 도심에 건물들이 빼곡하고 눈에 보이는 간판들은 생활에 익숙하고 편리를 위해 보이는 것들뿐이다. 그러나 밤이 되면 다양한 네온사인과 더불어 수많은 십자가가 도심에 불을 밝히고 있다. 그만큼 교회가 많다는 반증이고 관심만 조금 있으면 종교를 쉽게 접하고 믿음을 만날 수 있다는 증거이다. 그렇다고 다른 종교를 편애하거나 부정하는 것은 아니다. 종교를 통해서 얻어지는 삶의 활력, 정신적 건강 유지 등의 차원에서 가능하면 종교 갖기를 권한다. 그럼에도 호텔리어는 주말 내내 출근해서 일을 해야 하기에 종교 활동에 제약이 많다. 특히 현장 근무를 제외하면 사무실 직원과 판촉 세일즈 직원 정도는 주말 종교 활동이 가능할 것이다. 사실 호텔, 리조트 직원들은 남들이 쉴 때 제일 바쁜 직업이다. 한편 남들이 열심히 일할 때 조금은 여유가 있기에 주말 종교 활동이 어려운 이들에겐 주중 종교 활동을 할 수밖에 없는 현실이다. 이런 내막을 모르고 입사하는 신입사원들의 심적 고통을 알기에 신입 채용에는 그 마음가짐에 대해 확인을 하는 것이다. 호텔리어 초년생 시절 주말에 성당을 가지 못하는 심리적 압박과 자괴감이 극도로 심했었다. 직업의 특성이 이러하니 이 직업을 떠나기 전까지는 해결되지 않는다. 물론 주말에 시간을 뺄 수는 있지만 다른 동료들을 생각하면 고집스럽게 종교 활동을 이유로 주말에만 쉬겠다고 요구하기에는 한계가 있다.

　오너와 대표의 의지에 따라 호텔과 리조트 내에 채플 교회가 생기기도 한다. 나의 경우에는 세 번의 경험이 있다. 교회를 호텔 부지 내에 별도로 건립한 경우도 있고, 건물 내에 예배당 겸, 기도실을 만드는 경우도 있다. 대부분 기독교 성향의 회사 쪽이다. 간혹 중동 국가와 인도네시아, 말레이시아 등의 이슬람 신도를 위한 할랄 푸드와 기도실을 제공하는 곳도 있다. 종교 활동을 위해서 반드시 시설을 만들려는 의지가 반영된 결과 일 것이다. 그러나 그런 종교시설이 잘못하면 직장 생활에 커다란 짐이 될 수 있다. 그리고 마음의 부담감으로 작용하여 회사를 떠나게 된다.

　호텔에 근무할 때의 일이다. 판촉 세일즈에 유능한 직원이 있어 회사에서 그리고 나 또한 관심을 갖는 직원이 있었다. 직원의 열정으로 많은 성과를 이루어 냈고, 업계에서 단계적으로 성장 가능성이 높은 직원이었다. 그에게 관심과 애정이 가는 것은 그 일을 먼저 경험한 입장에서 어렵고 힘든 노고들을 알기에 도움을 주고 싶었다. 한참을 잘 일하던 직원은 얼마 안 되어 면담을 요청했다. 그는 심적으로 힘들어하고 있었다. 종교를 가지고 있지 않았으나, 회사에서 주1회 주간예배와 10명 안팎의 직원들이 돌아가며 한 번씩 성경발표가 있는데 몹시 힘들어 했다. 물론 회사가 기독교적인 색채가 강하다는 것은 알고 있었다. 하지만 한번 힘들다는 생각을 하고 나니 주간 예배와 회의 때마다 기도를 먼저 드리고 시작하는 일상이 그에게는 하루하루가 견디기 힘든 일이라고 생각했다. 그렇다고 조직문화가 강제적인 것은 아니었지만 조직과 동료들이 다 참석하는데 자신의 의지대로 참석을 거부하는 것도 쉬운 일이 아니다. 또한 세일즈는 개인과 팀의 실적으로 모든 것을 판단하고 기준을 세우다 보니 그렇지 않아도 힘든 상황에 본인이 느끼는 심리적 압박감은 점점 커져만 갔다. 여러 가지 조언에도 불구하고 그는 면담한지 한 달 만에 퇴사를 하였다.

최근 내게도 이직하는 자리에서 호텔 대표님께서 '종교가 있으세요.'라고 운을 떼셨다. 그리고 호텔에 예배당과 교회가 있는 것에 대해 어떻게 생각하는지. 행사나 일을 하기 전 기도를 하는 것에는 거부감이 없는지 세세하게 물어보셨다. 아울러 그런 경험은 있는지에 대해서도.
나는 기독교적인 회사 문화가 있는 곳에서 직원 채용을 할 때 같은 것을 묻게 된다. 종교는 있는지. 있다면 종교 활동에 주일을 지키는 것이 어려운 것과 제약이 있음을 충분하게 질문과 설명으로 이해시킨다. 혹시 종교가 없다면 회사 문화에 대한 거부감과 종교로 인한 심리적 문제가 발생하지 않도록 신경을 쓴다. 애초 처음부터 아무것도 모르고 종교적으로 같은 일을 반복해서 겪다 보면 그것 또한 개인의 입장에서는 커다란 고통이 될 수 있기 때문이다.

이외에도 숙박시설 내 객실 서랍에는 성경책이 하나씩 들어있다. 최근 들어 불교 성전도 무료 배포로 투입하는 곳이 조금씩 늘어나고 있다. 반면 문화적인 다양성을 존중하여 소리 소문 없이 사라지기도 한다. 대신 고객의 요청이 있을 때에만 제공하는 곳도 있다. 특히 성경책은 기드온협회에서 무료 배포되는데 성경책 배부를 통해 영혼 구원을 실천하는 교회단체이다. 전 세계에 20억 권을 배부했다니 대단하다. 국내에서는 1990년대 전후부터 제공되었다. 특히 호텔, 리조트, 모텔, 병원, 요양소, 교도소, 구치소, 군부대에도 기증을 한다고 한다. 내게는 기드온 협회 전국 단위 단체 행사를 위해 고객으로 모신 기회가 있어 반갑고 감사한 단체다.

간혹 종교가 없는 직원들에게 종교를 권하기도 한다. 굳이 어느 종교를 딱 집어 권하는 것은 아니다. 본인의 자유 의지에 따라 가능하면 조속한 시일에 믿음 갖기를 권한다. 복잡하고 다양한 세상에서 마음을 다치고 고통 받는 영혼들이 비단 호텔리어뿐이겠는가. 한편으론 호텔리어만큼 정신적, 심리적 휴식이 필요한 직종이 없을 거라고 생각한다. 새로운 내일과 고객서비스를 위해 기도와 명상이 절대적으로 필요하다고 생각한다. 우리는 육체적인 건강을 위해 운동을 게을리하지 않는다. 건강한 몸이 있어야 일을 하기 때문이다. 그럼 정신적 건강을 위해 우리는 무엇을 하고 있는가 생각해 본다. 가장 접근하기 쉬운 종교 활동을 권하는 이유이다. 정신적 건강도 육체적인 건강만큼 중요하다. 부당하고 억눌린 고객의 갑질 행태에서 우리에게 필요한 것은 기도와 명상으로 뇌를 쉬게 하고 맑은 정신을 갖는 것이 무엇보다도 절실한 지금이다.

100세 시대에 건강하고 맑은 영혼을 위해 합리적인 종교의 선택과 기도와 믿음, 그리고 명상이 필요한 시대이다. 종교 활동은 평범한 일반인처럼 주말을 지키면 좋을 것이다. 그러나 직업상 주말을 지키기 어렵다면 주중을 활용해서 열심히 믿음을 실천하면 될 일이다. 믿음 생활이 주말과 낮에만 이루어지는 것은 아니기에. 아울러 그분께서도 충분히 헤아려서 아끼고 반겨주실 것이다. 다만 믿음에 대한 자신 스스로의 의지가 중요할 뿐이다. 이제 감정노동자들도 믿음을 통해 지치고 고단한 마음을 기대고 의지하는 것도 필요하다. 호텔리어의 정신 건강을 위하여.

"종교가 있으세요."

기술적으로 그리고 학문적으로 발전한다고 해서, 그것을 종교와 바꾸어서는 안 될 것입니다. 과거의 역사가 보여주듯 종교적 가르침이 수반될 때 기술적이고 학문적인 발전이 이루어지는 것입니다.

-톨스토이 -

총지배인이 신입사원에게

신입사원에게 전하는 총지배인의 조언

창밖에 쾌청한 날씨가 이어지고 있다. 오늘은 신입사원의 면담이 있는 날이다. 입사일은 다르지만 최근에 입사한 4명을 한 번에 만나기로 했다. 사회생활이 초년생인 그들에게 무슨 말을 전해야 할까. 총지배인이 되기까지 많은 선배들을 만났다. 그들의 조언을 생각해 보았다. 사회생활에 밑거름이 될 조언을 해주어야 한다. 대략 주어진 시간은 약 한 시간 이내다. 시계를 다시 한 번 더 본다.

갑자기 대학생활을 하는 두 딸들이 생각났다. 아르바이트 첫날 많이 긴장하는 모습이다. 그것을 지켜보는 아빠의 마음도 그러하다. 한마디 건네주고 싶어도 자칫 잔소리로 비추어질까 '열심히 해

라. 우리 딸 화이팅.' 정도가 전부였다. 퇴근해 집에 들어오는 딸의
낯빛을 먼저 확인한다. 집안으로 들어설 때부터 환한 미소다. 아내
와 손을 부여잡고 오늘 매니저는 어떻고 함께 일하는 오빠는 어떻
고 매장 사장님은 인상이 좋았다는 말까지 나오면 안도의 한숨을
쉰다. 다행이다. 휴~

　　작은 회의실에 들어서니 4명의 남녀 직원이 앉아 있다. 눈망울
이 초롱초롱하다. 따뜻한 차 한 잔을 앞에다 두고 사원들의 얼굴을
쳐다본다. 긴장한 모습이 역력하다. 두 딸들을 생각하며 부모의 심
경으로 경험을 과감 없이 말하면 다소 긴장을 푸는 듯하다. 가능하
면 나는 총지배인이 된 이후 신입사원이 출근하면 당일 또는 이후
에 반드시 면담을 한다. 물론 관리팀 또는 인사팀에서 회사에 대한
설명은 충분히 하였을 것이다. 그러나 회사에 입사하여 최고 책임
자의 얼굴을 마주하고 직접 듣는 회사 이야기와 선배로써 해줄 수
있는 조언을 듣는다면 커다란 힘이 될 것이다. 반면 내 경험 상
그들의 입장에선 긴장되고 어려운 자리임에 틀림없다.
　　우선 간략히 회사 소개하고, 조직과 업장에 대해 알려준다. 그리
고 회사만의 특수한 문화를 알려준다. 예를 들어 회식 없는 문화를
설명한다. 외부 회식과 술을 권하지 않음을 분명히 해둔다. 특히
음주로 인한 안전사고가 발생하지 않도록 충분히 주의를 준다. 가
능하면 사적인 만남까지 통제하지는 않지만 회사 내에 음주나 음
주 상태로 업장과 회사 내 출입 시에 대한 주의사항들이다. 　그
리고 회사만의 강점인 기숙사 운영과 직원식당 운영 대해 설명을

마치고 나면 신입사원들에게 당부의 말을 한다.

첫째, 호텔리어로 품의를 지키고 바른 행동을 하자. 유니폼을 입는 순간 회사를 대표하는 직원이고, 호텔리어가 되는 것이다. 출근할 때는 유니폼 락커에 사적인 모든 것들을 함께 두고 나서야 한다. 호텔리어는 프로다. 고객이 보기에 유니폼을 입으면 다 같은 직원으로 인식한다. 물론 내부적으로 실습, 수습, 정직원 등 명찰로 따로 구분하는 호텔도 있다. 하지만 고객의 입장에서 유니폼을 먼저 보고 직원들에게 도움을 요청한다.

한 번은 행사를 위해 호텔을 찾아온 지역 기관 단체장이 함께 한자리에서 내게 살짝 말했다. "총지배인님, 제가 이 호텔에 오면 꼭 대접을 받는 느낌입니다. 깔끔한 직원들의 말 한마디가 매너 있는 행동들이 항상 기분 좋게 만들어요." 그러니 옷차림도 품위 있게 단정해야 하는 이유이다. 아울러 행동 자체도 바르고 프로답게 행동해야 한다.

둘째, 1년은 근무해 보라고 권한다. 호텔에 입사할 때에는 많은 생각을 하고 입사했을 것이다. 그러니, 본인의 생각과 다르더라도 인내하고 견디어 보길 바란다. 그리고 이후에 진로와 미래를 결정해 보길 권한다. 시내 카페에서 차 한 잔하며 지인을 기다린 일이 있었다. 건너편에 젊은 두 명의 남자들이 하는 이야기 소리가 들린다. "나 호텔에도 근무했었잖아." "그래, 호텔은 일하기 어땠는데." "야, 좋았지. 직원식당도 호텔식 뷔페로 나온다. 그리고 내가 일한 호텔 로비 천정이 얼마나 높은지 아니. 그게 말이야~." 말을 듣던 친구가 물어본다. "너 그곳에서 얼마나 일했니." 한참 자기자랑과 호텔에서의 무용담을 말하던 친구는 멈칫한다. "어어, 이틀 일했나." 빈 수레가 요란하다고 했다. 서울 남대문을 지날 때는 신발을 벗고 들어가야 한다고. 뭐든 진실을 알려면 직접 보고 듣고 느껴야 한다는 말일 거다. 그리고 제대로 알려면 최소한 어느 정도의 기간이 필요하다. 더욱이 그것이 직업으로서의 판단이라면.

종종 업계 총지배인들과 만나면 요즘 젊은 직원들에 대해 정보를 교환한다. 하루 출근하고 다음 날 결근해서 기숙사에 가 보았더니 짐이 하나도 없더란다. 맛보기로 딱 하루 근무하고 이건 아니다 싶으니 사라진 것이다. 특히 이런 직원들일수록 말이 많고 무용담이 많은 것이다. 총지배인들의 공통된 결론은 본인에게 일이 맞지 않더라도 시작과 끝을 잘 정리하는 것도 직장 생활의 요령이다. 갈 때 가더라도 사정이 생겨 사직함을 알려주면 좋으련만 반면 그만큼 업체에서도 관심과 배려가 필요한 일이다.

셋째, 고민을 함께하자. 호텔 조직은 각 업장에 매니저와 팀장들이 있고, 운영지원팀, 인사팀도 있다. 아울러 총지배인에게도 오픈된 사무실이 있으니 언제든 찾아오라고 말한다. 직장 생활을 하다 보면 뜻하지 않는 일이 생긴다. 호텔, 리조트도 사람이 사는 곳이다 보니 다른 직장과 같아 사람과 사람 간의 많은 일들이 발생한다.

한 번은 사귀던 여자 친구로 고민하던 직원이 있었다. 곧 헤어질 것 같다고 괴로워하는 직원에게 회의실 안에서 한참을 그의 이야기를 들어 주었다. 또 한 번은 환경개선팀 남자직원이 찾아왔다. 회의실로 이동해서 그의 이야기를 들어주었다. 그의 인생 역경사를 내게 들려주었다. 인내심이 필요한 그들의 상담은 상담이라기보다 잘 듣고 있다는 호응과 함께 경청해 주는 일이었다. 끝까지 들어주면 그들은 스스로 답을 찾는 듯 보였다. 내가 해 줄 수 있는 것은 담당 팀장을 불러 조용히 근무 스케줄을 조정하거나 휴무를 조정하도록 배려하는 일뿐이었다.

회사를 이끄는 리더로서 역할은 고객과 직접 대면하는 직원들이 자신감을 갖고 밝은 표정으로 고객을 대면하는 일이다. 그리고 보이지 않는 곳에서 묵묵히 자신의 맡은 일에 최선을 다하시는 분들의 어려움을 이해하고 그들이 성실하고 깔끔하게 일을 처리할 수 있도록 마음의 평정을 찾을 수 있게 하는 역할도 함께 있다. 그리고 그들을 인정해 주는 일이다. 전체를 보고 일을 하지만 때때로 개인 하나하나 관찰하고 마음을 나누는 일이다. 더불어 그들과 함께 발전하고 함께 성장해 나가는 일이다. 내가 근무하는 사업장에 함께한 직원들은 항상 얼굴에 그늘 없이 참 밝은 표정들이었다. 그들 스스로 즐거워하며 일에 애착을 가져 주었다. 모두 감사한 일이다.

때때로 신입사원들이 갖고 있는 허상과 환상에서 깨어나 현실을 제대로 볼 필요가 있다. 아울러 초심으로 돌아가 처음 가졌던 꿈과 이상을 실현하기 위해 노력해야 한다. 조직 내 선배들과 구성원이 신입사원에 대한 사랑과 애정을 담은 관심이 필요하다. 올챙이가 개구리가 되고 병아리가 닭으로 성숙하기 위해서는 시간과 단계가 필요하다. 다시 강조하지만 신입사원에게는 인내와 끈기를, 선배와 구성원에게는 사랑과 애정 어린 관심이 필요하다. 우리가 처음 그 시절을 생각해 보자. 받은 관심만큼 이제 되돌려줄 때가 지금이다. 또한 내가 하는 사소하고 작은 일들이 모여 전체 사업장의 서비스라는 상품으로 표현된다. 즉 호텔리어 한 명 한 명의 행동과 말들이 고객에겐 금전을 지불하는 상품이라는 인식과 자부심을 가져야 한다. 우리가 함께 일할 때 빛이 나고 시너지 효과가 나게 된다. 호텔리어는 혼자가 아니다. 호텔리어 초년생들이여. 힘내서 이곳에서 멋진 꿈을 함께 펼치고 성장해 보자.

꿈을 품고 뭔가 할 수 있다면 그것을 시작하라. 새로운 일을 시작하는 용기 속에 당신의 천재성과 능력과 기적이 모두 숨어 있다.

- 괴테 -

뭐, 주말에 쉬겠다고

호텔리어의 근무형태와 장단점

'호텔리어'하면 깨끗한 호텔에서 깔끔한 복장으로 근무하니 보이는 겉모습이 반지르르하다. 아울러 만나는 모든 직원이 선남선녀이고 보니 외부에선 부러움의 대상이 되는 것 같다. 그러나 그 이면에는 호텔리어만의 애환이 있다. 그들이 그곳에서 어떻게 근무하고 그들이 생각하는 호텔리어의 장점과 단점을 정리해 보았다. 물론 지역과 호텔, 리조트별로 모두 다를 수 있지만 서울, 지방, 분양형호텔까지 근무를 해보니 거의 대동소이 한 것 같다. 이번 참에 내부 직원들이 생각하는 장점과 단점을 정리해 보았다.

"팀장님, 이번 주 연휴와 주말에 쉬고 연차도 이틀만 쓸게요. 딱 일주일이네요"

"집에 무슨 일이 있나요?"

사무실을 지나는데 매니저와 팀장이 나누는 대화를 들으면서 생각이 났다. 며칠 전 나이 지긋한 하우스키핑 팀장과의 대화가 떠올랐다. '30년 동안 주말과 연휴를 쉬어본 일이 거의 없어요. 두어 번 정도 손가락으로 꼽을 겁니다.' 나름에 이유가 있다. 호텔은 연중 365일 그리고 24시간 운영된다. 특히 주말과 연휴가 되면 고객이 늘어난다. 객실은 만실이고 연회장에서는 돌잔치와 결혼식도 이루어진다. 즉 고객이 제일 많을 때 쉰다는 것이 아주 특별한 일이 아니고선 생각하기 어렵다. 쉬는 마음도 그리 편치 않다. 나의 빈자리를 누군가의 희생으로 채우고, 일손이 모자라 지나는 작은 손이라도 빌려야 할 판이다. 함께하는 동료들의 수고함을 잘 알기에. 그럼 언제 쉬었냐고 팀장에게 말을 걸었다. '자녀 결혼식과 아버지 상에 쉬었다.'고 한다. 어떻게 생각하면 왜 이곳에 발을 들여놓아선 하는 동질감에 씁쓸한 생각이 든다. 남들 놀 때 일해야 하고 남들 열심히 일할 때 쉬어야 하는 인생이다.

리조트와 호텔 근무자들의 근무형태는 교대제로 이루어져 있다. 첫 번째, 3교대 근무는 프런트 데스크나 시설 근무자들이다. 3교대는 오전, 오후, 야간으로 이루어진다. 특히 프런트 오전 조는 호텔리어가 가장 선호하는 근무형태다. 아침 일찍 출근해서 일찍 퇴근한다. 매일 반차를 쓰는 느낌이라고나 할까. 오후에 자유시간을 활용할 수 있다. 반면 아침 일찍 일어나야 하는 것은 고역이다. 물론

습관화되면 적응된다. 출근하면 예약전화가 많고 온갖 민원을 감당
해야 한다. 세심하게 신경 쓸 일도 많다. 아침에 일처리를 잘못하
면 하루를 망칠 수도 있다.

오후 조는 늦잠을 잘 수 있다는 장점이 있다. 그런데 그때는 왜
이리 잠이 많았던지. 그리고 상사의 눈치를 보지 않아도 된다. 대
부분 상사들이 퇴근 후 마무리가 이루어진다. 개인적으론 월요일부
터 목요일까지는 다 퇴근하고 혼자 자신밖에 없다는 느낌이 좋았
다. 반면 오후가 되면 객실 내에서 걸려오는 전화가 많고 손님이
몰리는 시간 때는 정신없이 바쁘다. 도중에 오전조로부터 발생된
작은 실수들을 온통 뒤집어쓰는 경우도 있다. 동료의 실수도 내 실
수로 감당해야 한다. 특히 컴플레인 없도록 신경 써야 한다. 간혹
문제가 생기면 퇴근도 늦어지고 밤잠을 설칠 수 있다. 그러나 일을
마치고 나설 때면 뿌듯하고 나 홀로의 시간에 때때로 외로움을 느
낀다. 그리고 느긋하게 즐겨야 할 오전 시간은 왜 이리 빨리도 지
나가는지. 시간에 발이 달린 모양이다.

야간 나이트 근무는 별로 할 일이 없다. 고객들도 잠을 잘 시간
이니 간혹 걸려오는 전화 업무만 처리하면 된다. 긴 밤 근무시간을
활용해서 자기개발에 힘쓴 적이 있었다. 그런데 생각보다 피곤하
다. 깜박 졸아도 피곤하다. 거울 속에 때꿍(눈이 퀭하고 움푹 들어
가 보이며, 초췌하고 피곤해 보임)한 내 모습을 보면 자주 빨리 늙
어가는 모습을 보게 되고 느끼게 된다. 비유하자면 여행하면서 시
차 적응이 안 되는 것 같은 착각이 든다. 퇴근하고 커튼을 단단히
치고 잠이 들다가 잠깐 옥상이라도 올라가면 눌려버린 머리에 기

지개 펴는 모습에 옆집 마주머니와 눈이라도 마주치면 외면한다. '나 백수 아니에요'라고 속으로 말을 건넨다. 진짜 억울해 미치겠다.

호텔리어들이 생각하는 3교대의 장점은 여유시간을 활용하여 자기개발이 가능하다. 웬만하면 추가 근무가 거의 없고 칼퇴(칼퇴근)이 가능하다. 휴무지정도 가능하고 워라벨이 보장된다. 시설관리 근무자들은 '주주야야비비'라는 말로 대변한다. 대부분 시설 근무자들은 업무범위도 넓힐 겸, 시간 활용을 통해 열심히 공부하고 자격증 취득에 많이 노력한다. 내가 아는 매니저는 어려서부터 꼭 피아노를 치고 싶다고 했다. 여의치 않은 경제여건과 시간이 부족했지만 직장 생활하고부터 취미생활로 피아노 칠 때면 제일 행복하단다. 그리고 피트니스 정기 회원권을 끊어 열심이다. 내게 간혹 '직장생활 100배 즐기기'라며 자랑을 늘어 논다.

리조트에 근무한다면 대체적으로 지방 또는 한적한 곳에 위치해 있어 생활비가 절약된다. 보통 숙식을 제공하는 곳이 대부분이다. 프런트 데스크의 경우는 대부분 연령층이 낮아 젊은 층의 문화가 형성되어 있어 서로 말도 잘 통하고 업무 속도도 빠르다. 그리고 전공도 다양하게 모여 있다. 어학만 된다면 근무가 가능한 곳이다. 그리고 최대의 장점은 직무역량 강화로 부서이동이 가능하다. 대체로 컨시어지, 판촉 세일즈, 예약실, 인사, 재무 쪽으로 이동이 가능해 폭이 넓다.

단점은 대부분 첫 번째로 꼽는 것이 일에 비해 급여가 낮다고 생각한다. 그리고 휴일과 연휴에도 근무를 하기 때문에 개인적인 경조사나 가족 성수기 여행, 사적인 정기모임 참석에 어려움이 있다. 특히 프런트 데스크는 감정노동자로써 심심치 않게 벌어지는 고객의 폭언과 무리한 요구, 부당한 처사에 감정을 숨기고 준 공인으로서 미소를 지어야 한다. 내부에서 말하는 슈퍼 갑질과 갑을이 아니라 갑을 병정 중에 가장 끝인 정의 위치의 어려움을 겪게 된다. 다리는 붓고 발바닥도 아프다, 그리고 1차 컴플레인 접수하는 최전선에서 시설 결함, 정비 미흡 등에 사과 응대해야 한다. 대부분 시설부 직원들과 내부 소통 문제로 어려움을 많이 겪는다. 처음에는 많이 섭섭했는데 꼭 부부 사이 같다는 생각을 한다. 부부 싸움은 칼로 물배기. 그리고 부서 단합에도 어려움이 있다. 전체가 모여 회식이나 식사 한 번 하기가 어렵다.

둘째, 2교대는 연회부와 레스토랑, 조리사 등이다. 오전 조와 오후 조로 나누어진다. 2교대인 레스토랑, 연회부 등 식음료 부서의 장점은 다양한 경험이 가능하다. 특히 음료 만들기나 테이블 매너, 와인 서비스 등 나름대로 열심히 시간을 활용하여 조주사, 소믈리에, 바리스타 자격증을 취득하는 직원들이 많다. 또한 최대의 장점은 맛있는 음식들을 공짜로 먹을 수 있다는 것이다. 고객이 얼마나 올지 모르고 음식이 떨어지면 안 되기 때문에 조리에서는 일정량의 음식을 확보하게 된다. 그곳에서 일하는 하나의 즐거움이다. 그러나 장점이 있으면 단점도 있다. 생각보다 일의 강도가 세다. 구두 신은 여직원은 다리가 붓고 남직원은 발바닥이 아프다. 손님이 많을 때는 정신이 없다. 손님이 많은 만큼 식기와 컵도 핸들링 해야 한다. 초기 제일 많은 실수가 컵을 닦다가 손을 베이는 사고다. 주의해야 한다. 그러다 보니 식음료에는 이직이 많아 팀원들이 자주 바뀐다. 친해질 만하면 사라지기에 조금은 불편하다. 연회부에는 스케줄이 고무줄 같다. 상황이 발생되면 오전과 오후 근무가 바뀌기도 하고 오티(Over Time)도 감수해야 한다. 대부분 보름(15일) 단위를 기준해서 스케줄 계획을 세우지만 이곳은 일주일 단위로 근무를 편성하고 전날에도 근무 스케줄이 변경되기도 한다. 물론 주말과 공휴일 연휴에 쉬겠다는 생각은 동료들이 눈에 밟혀 입이 떨어지지 않는다. 식음 부서는 서비스업에 관심이 많고 의지력도 강하며 자신과 성격이 잘 맞는 사람이면 추천한다.

셋째, 일근은 하우스키핑, 환경, 판촉 세일즈, 관리부서인 경영기획, 인사, 구매, 마케팅 등의 부서들이다. '그만 둘 거야. 정말 그만 둘래.'하면서 꾸역꾸역 일 년, 이 년이 지난다. 매번 하는 다이어트처럼 몸무게가 줄었다 늘었다 하는 것과 같다고나 할까. 일도 마찬가지로 퇴근한 침대 위에서 그날그날 바쁘고 슈퍼 갑질을 당하고 나면 분하고 억울함을 이기지 못하고 화산처럼 폭발하여 몸부림치는 자신을 발견한다. 잡코리아, 사람인 등에 이력서도 작성해 보고 '내일 당장 그만 둘래.'하고 잠이 든다. 그러다 한가해진 일터에 조금 여유가 생기면 잊어버린다. 환경도 깨끗하고 멋진 유니폼에 '그래 뭐, 이만한 곳이 또 어디 있겠어. 어느 직업이나 바

262

쓰고 힘들 때도 있고 한가할 때도 있지.'라고 생각하다 보면 어느 새 시간은 저만치 흐르고 있다.

호텔리어들이여, 무안한 인내심으로 슈퍼 갑질도 이겨내고 고객의 폭언도 무리한 요구, 부당한 처사도 모두 다 이겨내는 우리가 슈퍼영웅이다. 호텔리어들의 앞날은 영원할 것이다. 그런 호텔리어들을 응원한다.

순간을 지배하는 사람이 인생을 지배한다.

- 에센 바하 -

딸에게 전하는 메시지

멋진 인생을 응원하며

　자식을 생각하는 부모의 마음은 다 같지 않을까 생각한다. 생각만 해도 기분 좋고, 무엇하나 힘들지 않게 도움을 주고 싶은 존재이다. 유독 울음이 많고 병약했던 아이가 건강하게 어느덧 대학을 진학하여 잘 다닌 것을 보면 대견하고 뿌듯하다. 간혹 만나면 대학생활에서 필요한 것을 물어본다. 그리고 가능하면 친구들과 많은 대화를 주문한다. 서로 다른 생각을 갖고 있는 사람들과 다양한 의견을 나눌 수 있는 기회를 충분히 갖고 느껴보기를. 대학생활에 꽃인 남자친구도 사귀어보라고 권유한다. 간혹 아내와 딸이 나누는 이야기에 귀를 쫑긋 세워본다. 때때로 나란히 걷는 길에 아빠의 팔짱을 끼며 나누는 이야기도 들어보면 어느새 쑥쑥 성장해 가는 것을 느낄 수 있다.

이제 곧 사회에 진출하는 딸에게 살면서 귀감이 될 것들을 글로 남겨본다. 더불어 같은 길을 가고자 하는 관광계열 취업생과 예비 호텔리어들도 함께 하면 좋겠다는 생각이 들었다. 이들 모두에게 해 주고 싶은 말들이 너무 많다. 그러나 좋은 말들도 장황하고 길게 설명하면 머릿속에 들어오지 않는다. 그렇게 고민하다가 신입사원과 산학 실습생들에게 조언했던 것들을 정리하여 네 가지를 꼭 전해 주고 싶다. 사회생활을 하다 보면 부딪치게 될 커다란 벽과 좌절, 역경들을 피해 갈 수는 없다. 그럴 때일수록 외면하거나 피하지 말고 꿋꿋이 견디고 슬기롭게 헤쳐 나가길 바라는 마음에서 이 글을 정리해 본다.

첫째, 사람 냄새나는 인성을 갖추어라. 정이 없고 나만 아는 사람은 좋은 인연을 만날 수 없다는 것은 이미 스스로 알고 있을 것이다. 그리고 그런 사람이 다른 사람을 위해 서비스한다면 그곳에는 영혼과 진정성이 없을 것이다. 내가 가고자 하는 길이 인정받고 존중받으며 함께 일하고 싶다면 사람 냄새나는 인성이 필요하다. 더불어 함께 살아가기 위해 조금은 내려놓고 상대방을 배려하는 마음, 그 인성은 내 스스로가 만들고 가꾸어야 한다.

둘째, 항상 목표를 갖고 성장해라. 목표는 구체적이고 측정 가능해야 한다. 그 목표를 위해 하나하나 성취해가면서 얻어지는 것들에 감사해야 한다. 사실 그 모든 것들은 혼자서 이룩한 것이 아닌 주변과 함께 했기에 얻을 수 있는 것이다. 그리고 주기적으로 목표를 점검해야 한다. 올해, 5년, 10년, 20년, 30년을 준비하고 성취하다 보면 달라지고 성장한 또 다른 자신을 만나게 될 것이다. 그것은 인생에서의 가장 큰 행복과 즐거움이 될 것이다.

셋째, 실력을 쌓고 전문가가 되어라. 지금 하는 일에 전문성을 위해 노력해야 한다. 그것이 전문가가 되는 지름길이다. 그 실력이 쌓여 수준이 되고 스스로의 경쟁력이 될 것이다. 水滴穿石(수적천석) '작은 물방울이 모여 바위를 뚫는다.'는 말처럼 작은 노력이라도 꾸준히 끈기 있게 노력하면 이룰 수 있는 법이다. 이를 통해 인생의 다채로움과 흥미로운 성취, 행복의 순간들을 경험해 보기를 바란다. 스스로의 빛나는 경쟁력의 열매를 만나게 될 것이다.

넷째, 중간에 포기하지 말고 도전해라. 모든 것은 마음가짐에 있다. 리처드 닉슨(미국 제37대 대통령)의 '인간은 패배했을 때 끝난 것이 아니다. 포기했을 때 끝나는 것이다.'라는 말처럼 인생은 길고 긴 마라톤이다. 절대 포기하지 마라. 포기하지 않으면 반드시 그 꿈은 이루어진다. 그리고 끊임없이 도전해라.

열네 살에 목사가 되기 위해 신학교에 입학한 젊은이가 있었다. 그러나 그는 학교 규율을 지키지 못해 퇴학당했다. 또한 그는 언어 장애와 극도의 신경쇠약으로 자살을 시도하기까지 했다. 공장 기술자가 되려 했지만 자폐증으로 그만두었다. 그 뒤 그는 서점 점원으

로 들어가 소설을 썼다. 그가 바로 노벨문학상을 받은 독일의 대표
작가 헤르만 헤세(Herman Hesse)다. 절대 포기하지 마라.

아울러 어떤 일이 있어도 내가 소속된 조직을 외부에서 절대로
부정적이거나 나쁘게 표현하지 마라. 스스로가 자기를 부정하고 깎
아내리는 언행을 삼가해야한다. 나를 아껴주시던 존경하는 'C 총지
배인'께서는 항상 강조했다.

"누가 묻거든 그리고 친한 사람들과의 대화에서도 절대 회사를
흠내선 안 된다. 오히려 장사가 덕분에 잘 되고 있다고 해야 한다.
간단히 생각해 보면 누가 그곳에 소속된 직원이 부정적이고 안 좋
은 말과 영업이 안 된다는 곳에 관심을 두고 이용하겠는가. 누가
신뢰하겠는가?"

생각해 보면 구구절절 바른 말이라고 생각한다. 이후론 절대 일
하고 있는 회사에 대해 부정적인 말을 하지 않았다. 간혹 동종업계
매니저들을 만나면 사사로이 모시고 있는 상사의 험담과 더불어
회사의 기밀한 이야기까지 꺼내어 부정적인 말들을 한다. 결코 좋
은 일은 아니다. 조직 내에서도 불평불만을 퍼트리고 비난하는 사
람들에게 자신들의 의견을 막상 들어보면 대안도 없는 경우가 많
다. 반복되는 불평불만과 짜증은 자신을 스스로 개미지옥으로 몰고
가는 어리석음을, 잘못을 초래하는 결과를 낳는다. 결국 자신과 자
신이 소속된 조직의 평판에 지대한 부정적인 영향만 끼치게 된다.
이 또한 자기관리가 철저히 필요한 일이다.

더불어 중요한 것은 어떤 역경과 고난 속에서 스스로의 자존감

을 잃지 않고 자신을 아끼고 사랑하는 사람이 되길. 스스로 꾸준히 성찰하고 자기반성을 통해 품격 있는 사회의 일원으로 성장하길 바란다.

끝으로 '돈을 잃으면 조금 잃는 것이요. 명예를 잃으면 반을 잃는 것이요. 건강을 잃으면 전부를 잃는 것이다' 말이 있다. 항상 건강해야 무슨 일이든 이룰 수 있는 것이다. 특히 육체적인 건강은 기본이고, 정신적인 건강도 매우 중요하니 여행, 독서, 종교생활에도 힘을 써 주길 당부한다. 부디 빛나는 인생에 멋진 성공을 응원한다.

뜻을 세운다는 것은 목표를 선택하고, 그 목표에 도달할 행동 과정을 결정하고, 그 목표에 도달할 때까지 결정한 행동을 계속하는 것이다. 중요한 것은 행동이다.

- 마이클 핸슨 -

Chapter 6

호텔&리조트에서 호텔리어로
성장한다는 것

호텔리어로, 직장인으로 성장하고 꿈을 펼쳐나가기 위한
꿀팁 정보와 조언의 내용을 포함하고
미래에 대한 흐름과 성장을 위한 도전응원

이직을 고려하자

지방에서 서울로

    누구에게나 새로운 도전은 낯설고 가슴 떨리는 일임엔 틀림이 없다. 더욱이 이직이라면 어쩌면 도박과도 같을 수 있다. 아주 친숙하고 적응된 곳을 두고 새로운 환경, 사람, 조직을 만나다는 것은 설렘과 두려움이 공존하는 것 같다. 새롭게 시작한다는 것이 주는 느낌이다.

    '시작이 제일 어렵죠.' 건축가 안도 다다오의 말이다. 수많은 건축을 시작하고 새로운 공법에 도전하는 그도. 자신의 명성에도 불구하고 그의 말은 오래 뇌리에 맴돈다.

    또 한 예로 스탠리 큐브릭 감독이 스티븐 스필버그 감독에게 '당신은 영화를 촬영하면서 언제가 가장 두려운가요?'라고 물었다고 한다. 스티븐 스필버그 감독은 1초의 망설임 없이 "차에서 내릴 때."라고 말했다고 한다. 스티븐 스필버그 감독은 신의 경지에 오른 감독으로 수백 명의 스텝과 배우들이 잡아먹을 듯 기다리는 현장에 들어설 때가 제일 피하고 싶다고 한다. 그럼에도 불구하고 나는 지방에서 서울로 이직을 여러 번 했다. 이직을 통한 나의 생각을 공유하고자 한다.

멀쩡히 일하던 회사에서 나는 여러 번 직장을 옮겼다. 어떤 때는 회사에서 다른 지역에 새로운 호텔과 리조트를 신축하거나 인수하면 내부에 직원들에게 우선 기회를 준다. 이때 지원하면 개인의 지원을 받아 발령을 낸다. 지원자가 없고 꼭 필요 인력이 있다면 그때는 강제성을 띤 인사명령을 받기도 한다. 그리고 다른 방법으론 타 회사로 이직하는 것이다. 사실 호텔리어만큼 이직이 많고 교류가 많은 직종도 없을 것이다. 통상 한 회사를 꾸준히 다니는 10년 이상의 장기근속자가 많은 회사도 많이 있다. 한 곳에 오래 근무하며 경력을 인정받고 진급의 기회도 얻을 수 있다. 그리고 회사에서는 장기근속에 대해 좋은 점수를 주는 것 또한 사실이다. 그러나 이런 회사에는 성골과 진골의 차이를 극복하는데 많은 애를 먹기도 한다. 평생직장이 없는 요즘, 인력 구조조정이나 상시 인턴과 일용직을 채용하다 보니 이직은 어쩌면 자연스러운 현상일지 모른다.

처음 나의 서울 생활은 88올림픽 자원봉사자로 급식사업단 일원으로 참여하면서부터다. 서울 개포동에 친지의 집에서 숙소를 신세지고 올림픽 선수촌 식당에 근무를 했다. 그때 보았던 칼 루이스, 농구선수 허재, 박찬숙 선수 등 국내외 여러 스타들이 생각이 난다. 그리고 정말 멀쩡히 다니던 회사를 그만두고 서울 남산에 위치한 그랜드 하얏트에 근무를 했다. 호텔 맞은편 한남동에 집을 얻어 생활을 했었다. 그리고 마흔 중반에 다시 서울 삼성역에 있는 콘도 운영사업부 서울사무실로 출근을 했다. 이때는 관악구 낙성대역 인근에서 집을 얻었다.

이중 두 번째 서울로 올라갔을 때는 20대 초반이었다. 멀쩡히 잘 다니던 회사를 그만 두고 올라가는 심정을 직원들은 이해해주었다. 젊은 때였으니 좋은 경험을 하라고 위로와 격려가 있었다. 한편으론 잘 적응하고 있는 회사를 그만두고 왜 어렵고 험한 길을 가려고 하느냐는 말도 들었다. 익숙한 업무와 친숙한 사람들을 두고 새롭게 처음부터 시작하는 것이 얼마나 무모한 일인가. 그럼에도 그때는 젊었기에 도전했다. 무엇이든지 할 수 있었고 자신도 있었다. 젊었으니까

그러나 세 번째는 상황이 달랐다. 당연히 큰 회사로 이직한다고 대부분은 축하해 주었다. 반면, 주변에서 놀라는 사람들도 있었다. 나이도 있고 지방에서만 근무했는데 경력이나 실력으론 많이 부족했다고 생각한 모양이다. 일부에서는 말리기까지 했다. 새로운 것에 도전하는 것이야 누구나 할 수 있지만 아주 새로운 곳에서 생활한다는 것이 쉬운 일은 아니기 때문이다. 아울러 기존 거래처와 직원들, 환경들이 충분히 성장할 수 있는데 왜 사서 고생하느냐는

것이다. 사실 나 또한 그리 편한 마음은 아니었다. 떠나는 차 안에서 정든 직장과 직원들, 거래처, 아껴주신 고마운 분들, 모두 다 일일이 인사를 드리지는 못해 미안한 마음이었다. 그분들은 그곳에서 새롭게 시작하는 나에게 많은 도움을 주신 감사한 분들이었다. 떠나는 마음이 편치 않았다. 한편 새로운 곳에서의 적응도 쉽지 않을 터이다. 새로운 것에 대한 두려움, 처음부터 제로베이스에서 시작하기에는 지금 갖고 있는 편안함과 안락함을 뒤로해야 한다는 것이 못내 아쉬웠다. 그럼에도 이직을 통해 얻어지는 긍정적인 면을 보고 스스로의 성장의 기회로 삼고 싶었다. 이직을 준비하는 분들께 작은 도움이 되었으면 좋겠다. 나는 이직을 통해 기대했다.

첫째, 이직을 통해 자신이 한 단계 성장한다. 기존 업무와 달라진 환경에서 업무역량은 높아진다. 새로운 환경과 업무 적응을 위해 몸부림친 결과 절대적인 업무능력을 향상시킬 수 있다. 한마디로 살아남기 위한 발악으로 업무에 임하고 최선을 다할 수밖에 없는 환경에 나 자신을 밀어 넣었기에 얻어진 일이다. 그 예로 처음에 엑셀도 할 줄 몰랐던 내가 처음 엑셀 프로그램을 접했을 때의 황당하고 불안한 마음을 생각하면 지금도 아찔하다. 일을 하려면 기본이었기에 나는 밤을 새워 많은 오류들을 잡아 나갔고 관련 책을 보며 배우고 노력했다. 그 결과 고급 수준은 아니지만 평상 시 업무 하는데 지장이 없을 정도의 수준이 되었다.

둘째, 이직을 통해 좋은 회사에 대한 구분이 가능해졌다. 기존의

잦은 오티(Over Time)와 야근, 보수적인 문화에 많은 어려움을
겪어야 했다. 특히 일한 만큼 받는 급여가 적음에 대해 문제가 많
다고 생각을 했다. 그러나 좀 더 나은 회사로 이직을 하면서 일한
만큼의 적절한 보수를 받는다고 생각을 했다. 물론 근무여건도 상
당 부분 개선되었다. 특히 현장 근무를 하다 보니 주말이나 연휴를
쉴 수가 없었다. 그러나 판촉 세일즈를 하면서 주말과 연휴, 그리
고 간혹 '샌드위치 데이'에도 쉴 수 있는 기회가 생겼다. 놀라운
경험이었다. 특히 가족들은 주말과 휴일에 일한다는 것에 대해 가
장의 특별한 직업을 이해해 주었는데, 주말, 연휴를 쉬니 너무 좋
아했다. 짧은 기간 가족과 함께 많은 곳에 여행을 다녔다. 그만큼
이직으로 경제적 시간적 여유가 생겼기에 우리 가족은 많은 것들
을 시도하고 즐겼다.

셋째, 업무 경력에 자산과 노하우가 늘어났다. 회사마다 지니고
있는 장단점을 내 것으로 소화하여 나의 자산으로 만들었다. 그것
들을 차곡차곡 데이터화해서 온전히 나의 것으로 만들며 노하우도
쌓이게 되었다. 한 회사의 시스템을 경험하면서 내게 더욱 풍부해
진 경험과 경력이 쌓이게 된 것이다. 그 당시에 나는 모든 것에
목말라하고 있었다. 단적으로 표현하자면 마른 스펀지에 주변에 있
는 모든 물(정보)을 빨아 당기는 그런 느낌이었다.

이직을 통해 기존 보다 좀 더 나아진 처우개선과 대우, 직급으
로 이동했다. 이런 새로운 나 자신을 발견하고 자존감도 회복하는

274

계기가 되었다. 물론 그에 따르는 스트레스는 증가했지만 반면 '잃는 것이 있으면 얻는 것도 있다.'라는 진리를 깨닫게 되었다. 그러나 단순히 현재 현실을 벗어나기 위한 도망이나 외면으로 이직을 선택한다면 반드시 새로 이직한 회사에서 지금 겪고 있는 어려움에 두 배 이상 문제가 다시 발생할 수 있다. 그래서 가장 기본 전제가 되어야 할 것이 현재, 지금 최선의 노력을 다해야 한다. 그것을 바탕으로 이직이 이어져야 한다. 자신을 한 단계 업그레이드하기 위해 이직을 고려한다면 나는 단연코 이직을 권유한다. 새로운 직장에 도전하라. 나 자신의 발전과 새로워지는 노하우를 위해 자신을 갈고닦아야 한다. 기존 직장은 기회를 줄 수 있으나 나를 보장해 주지는 않는다. 이직을 고려하고 도전하는 호텔리어 당신을 응원한다.

아무런 위험을 감수하지 않는다면 더 큰 위험을 감수하게 될 것이다.

If you don't risk anything you risk even more.

- 에리카 종 Erica Jong -

독서를 생활화하자

아낌없이 주는 나무

서울을 가기 위해 고속 터미널에서 표를 한 장 끊었다. 버스 출발시간은 20분이나 남아 있다. 대략 10명 정도가 터미널 휴게실에 버스가 오길 기다리고 있다. 그중에서 40대 초반으로 보이는 남성과 20대 중반의 여성이 책을 읽고 있다. 간혹 버스 시간을 확인해 보면서 책장을 넘기고 있다. 왠지 보기가 좋다. 자투리 시간을 활용해서 책을 읽는다는 것을 생각해 본다. 책 속에 푹 빠져있는 그들을 보면서 20분이라는 시간을 어떻게 활용해야 하는지 생각해 본다.

나는 말 잘하는 상사 한 분과 일을 함께한 경험이 있다. 논리적이고 설득력 있게 말하는 모습이 뵐 때마다 부럽고 배우고 싶었고 존경스러웠다. 어떤 상황에서도 주저함 없이 상대를 배려해 가면서 물 흐르듯 자신의 주장을 펴나갔다. 막힘이 없는 모습이 언제나 부러움의 대상이었다. 이런 분들의 공통된 특징이 있는데 첫째, 자신이 아닌 상대의 입장에서 대화하고, 둘째, 대화 시 용모, 태도, 음성 등 첫인상에 많은 신경을 쓰며, 셋째, 말은 결론-서론-본론-결론 순으로 가능한 짧게 말하고, 넷째, 이를 위해 많은 준비를 한다고 한다. 정말 함께 일했던 그 상사를 정확하고 적절히 표현했다고 생각한다. 상사와 식사를 할 일이 있어 물어보았다. 그 비결에 대해. 상사는 망설임 없이 '당연히 독서.'라고 하셨다. 말 잘하는 것이 독서의 힘이라는 말이었다. 그분의 권유로 책을 가까이하기 시작했다. 그분은 그렇게 그 회사의 임원이 되셨다. 항상 그분을 생각할 때 마다 자랑스럽고 그분이 지금도 존경스럽다.

우리는 책을 통해 많은 것을 얻는다. 그중에서 독서를 통해 얻는 것에 대해 정리해 보았다.

첫째, 책을 통해 상상력과 공감 능력이 향상된다. 수많은 책을 접하면서 책이 전해주는 많은 이야기들 속에 상황과 표현들이 자연스럽게 상상력을 자극하고 키워나감을 느낀다. 아울러 책 속에서 나와 비슷한 생각과 견해를 만나게 되면 자연스럽게 공감한다. 견해가 틀리다면 그것을 '그렇게도 생각할 수도 있구나.'하는 다양한 생각과 의견들을 보고 생각을 정리해 본다.

둘째, 책을 통해 스트레스와 평정심을 얻는다. 책을 읽다 보면 차분해지는 나를 만난다. 간혹 한 장에 글을 여러 번 읽을 때도 있다. 이럴 때면 생각이 번잡해서 읽어도 무엇을 읽었는지 기억에 남지 않는 경험을 한다. 다시 같은 곳을 읽어 내려가다 보면 번잡하고 복잡한 심정이 정리된다. 이를 통해 정신도 집중하고 스트레스도 호전되며 차분해지면서 평정심을 회복하게 된다.

셋째, 다른 사람의 삶을 간접적으로 경험해 볼 수 있다. 책 한 권에는 한 사람의 생각과 가치관이 들어있다. 짧은 시간을 통해 그 사람과 일대일로 대화하는 효과가 있다. 그 대화를 통해 한 사람의 삶을 간접적으로 경험이 가능하다. 그리고 과거와 그리고 현재의 많은 사람들을 자연스럽게 만날 수 있다.

넷째, 생각의 파이가 확장된다. 책은 눈으로 읽고 머리를 통해 집중하며 분석을 통해 능동적으로 흡수되는 과정을 거친다. 이런 과정을 통해 자신이 가지고 있는 생각의 크기가 확장됨을 느낀다. 강을 건너기 위해 노를 젓는 것 같다. 노를 저으면 저을수록 앞으로 나갈 수 있는 체험을 할 수 있다. 이렇게 책 속에서 새로운 지식을 얻는다. 그 밖에도 서툰 표현으로 발생하는 상대편의 오해나 자신의 생각을 제대로 전달하는데 필요한 어휘력과 표현력이 풍부해진다. 아울러 알고 있는 지식들이 늘어나면서 대화에도 여유가 생기고 한편으론 대화를 주도해가는 나를 발견한다.

하루를 끝내고 동료들과 술 한 잔하며 시간을 보내고, 무의식적으로 TV 앞에서 멍 때리고 있는 나 자신, 침대에 누워 휴대폰 속에 SNS에 빠져 있는 자신을 종종 발견한다. 이렇게 하루하루가 지나가고 내 머릿속은 비워가는 허무함과 무기력함을 느꼈다. 이런 상황을 벗어나야 했다. 그중 효과적인 방법이 독서였다. 초기에는 습관을 들이는 것이 무엇보다 필요하다. 이것도 습관화되면 삶이 윤택해지는 지름길임을 알게 된다. 요즘은 다양한 독서클럽이 운영되고 있으니 혼자 하는 독서보다 여럿이 모여 다양한 의견 교환을 통해 생각하지 못한 것들을 깨달을 수 있는 기회도 있다. 이렇게 세상을 보는 시각도 넓히고 삶의 지혜를 얻을 수 있다.

호텔 생활을 하면서 가족들과 많은 시간을 함께하지 못했다. 그럼에도 예쁜 두 딸이 착하게 성장하였다. 큰딸이 초등학교에 들어가고 아이와 그림책을 통해 독서카드를 만든 적이 있다. 숙제이기도 했던 것 같다. 그림책을 읽고 줄거리를 간단하게 정리하고 느낀점을 두 줄 쓰는 형식의 독서카드였다. 의외로 큰 딸은 잘 따라왔고 흥미를 느끼는 것 같았다. 그리고 학교에서 칭찬과 함께 상장을 받아왔다. 그 이후로는 시키지 않아도 열심히 했고 매번 상장을 받아와서 아빠에게 보여 주었다. 상장을 볼 때마다 칭찬을 해주었다. 두 살 터울인 작은 딸도 그것이 보기 좋았는지 큰 아이를 따라 했다. 그리고 일 년에도 몇 차례 번갈아가며 상장을 자랑했다. 그런 것들이 습관화되고 차곡차곡 쌓여 그 내공으로 자신들이 원하는 대학을 갔고 잘 성장하고 있다. 나는 그런 독서의 습관이 두 딸이 하고자 하는 일에 방향을 제시해 주는 길잡이가 되었다고 생각한다. 남들 다 쉬는 주말에 아빠와 함께 할 수 없었는데도 이해해 주고 잘 커준 두 딸에게 감사할 뿐이다.

내가 경험한 일부 대기업 소속의 호텔과 리조트를 제외하면 직원들의 정기적인 교육이 거의 없다고 보아야 한다. 대학 졸업 후 사회에서의 집중적인 교육을 만나보기란 여간 쉬운 일이 아니다. 특히 호텔과 리조트에서의 재교육을 장기간 진행하기란 쉽지 않은 현실이다. 단 2~3일의 별도의 교육도 10년 주기로 보면 손에 꼽힐 정도이다. 그것도 운이 좋아 좋은 직장을 들어가야 가능한 것이 현실이다.

그래서 나는 간혹 신입사원들과 만날 기회가 있을 때 질문을 한다. 인생에서 무엇이 가장 소중하냐고. 대부분 절반은 건강을 말한다. 그럼 몸의 건강을 위해 피트니스를 다니거나 하는데 정신의 건강을 위해 우리는 무엇을 해야 하는지 물으면 그땐 대부분 독서를 꼽는다. 나는 그런 독서의 조용한 전파가가 되고 있다. 독서를 통해 자신의 한계를 한 단계 더 업그레이드하며 자신을 갈고닦아야 한다.

독서를 아낌없이 주는 나무의 일화에 비유한다. 마지막 베어진 밑동마저 나그네의 휴식처로 내어 주는 아낌없이 주는 나무 말이다. 요즘 문화가 기브 앤 테이크(Give & Take)라고 하지만 아낌없이 주는 독서를 권장한다. 호텔리어로 지금까지도 계속 받는 것에만 익숙한 삶이었다. 이제 후배들을 위해 받은 만큼 돌려주어야 할 때가 왔다는 것을 알고 있다. 가능하면 직접 다가가 나의 경험과 노하우를 주고 또 주고 나누어 주는 삶을 살고 싶다. 내가 서 있는 이 곳이 나 혼자만 잘한다고 된 것이 아님을 잘 알고 있다.

함께 한 방향으로 한마음이 되어 나갈 때 조직도 힘이 솟고 좋은 성과도 나올 것이다. 이제 그 중심에 서서 하나 되도록 배려하고 봉사하는 내가 되길 희망한다. 아낌없이 주는 책과 나를 다짐해 본다.

인간의 감정은 누군가를 만날 때와 헤어질 때 가장 순수하며 가장 빛난다.
Man's feelings are always purest and most glowing in the hour of meeting and of farewell.

- 장 폴 리히터 Jean Paul Richter -

도전하라

세일즈팀의 매력에 빠지다

　많은 부서 중에 판촉 세일즈팀과 인연이 되었다. 호텔에서 판촉 세일즈팀은 사업 계획의 수립과 영업, 실적, 분석 등을 실현한다. 또한 호텔의 기존 고객과 신규 고객을 유치 관리한다. 아울러 각종 컴플레인을 확인하고 관리한다. 연회장과 레스토랑, 부대시설, 객실 등 회사의 전반적이고 충분한 지식을 바탕으로 상품을 판매한다. 각종 세미나와 가족행사 등 당일, 숙박 행사를 유치하게 된다. 통상 프런트 데스크와 식음료의 근무경력이 어느 정도 뒷받침이 되어야 근무가 가능하다. 내가 근무한 곳은 결혼식 위주의 행사는 단체예약실을 별도 운영하였고, 그 밖의 단체 행사는 세일즈팀에서 담당을 했다. 세일즈팀은 외부에 많은 고객들을 만날 수 있었고 대부분 주말에 휴무를 한다. 관광숙박업체에서 주말을 쉬기란 쉬운 일이 아니다. 일부 부서를 제외하면 고객이 제일 많은 주말은 근무하고 주중에 휴무를 하는 근무형태다. 이제 내가 경험한 세일즈팀의 매력에 함께 해보자.

오랫동안 현장에 근무하다 보니 어려움도 장점도 있었다. 주말과 연휴에 휴무를 한다는 것이 말처럼 쉽지는 않다. 고객이 제일 많은 시기에 부득이 휴무를 하면 그만큼 남아 있을 동료들의 수고를 생각하니 마음이 편치 않은 이유이다. 그렇다고 모든 부서가 같은 상황은 아니다. 사무실 직원들과 예약실, 세일즈팀은 주말에 휴무를 한다. 물론 간혹 주말에도 필요에 따라 근무하게 된다.

세일즈팀 인연은 선택의 여지가 없는 상황이었다. 다행히도 함께 일하고 있던 선배의 강력한 추천 덕이었다. 처음 일주일간 스스로가 느낀 심정은 아주 참담했다. 막막했기 때문이었다. 특히 신규 오픈 호텔이었기 때문에 모두들 같은 마음이었다. 현장근무를 하며 10년간 단체 행사를 지켜보았으니 완전한 초자는 아니었지만 새로운 도시에서 막막함과 중압감을 떨치기에 힘이 부치는 상황이었다. 다행히 훌륭한 팀장을 만났기에 일주일 간 그와 함께 도시를 돌았다. 공단과 시내를 다니면 다닐수록 그 막막함은 더욱 커져만 갔다.

이틀을 꼬박 숙소에서 생각에 생각을 했다. 생각을 거듭했지만 쉽지 않았다. 결국 결론은 지금 입장에서 내가 할 수 있는 것부터 먼저 하기로 했다. 그리고 그것들을 과감히 실행에 옮겼다.

첫 번째, 내가 찾아가야 할 고객의 정보를 확보해 보자는 생각이 들었다. 일명 나만의 가망고객이다. 기존 호텔을 이용한 고객 중에 단체 행사를 할 만한 곳과 예약실에서 넘어온 고객 연락처를 받아 일단 몸으로 부딪쳐 보기로 한 것이다. 우선 전화를 드려 약속을 잡았다. 그때 만났던 중소기업 대표님은 아직도 잊지 않는다. 배의 일부를 만드는 넓은 공장을 지나 사무실동 2층에 자리 잡은 소박한 대표이사 사무실은 나를 당황케 했다. 그러나 우려도 잠시 내게 아주 호의적으로 대해 주셨고 바쁜 시간을 배려해 주셨다. 사전 약속만 된다면 언제든 찾아오라 하셨고 실제로 나는 수시로 그곳을 방문하였다. 사장님께서는 회사 간부들을 소개 주셨고 행사는 물론 가족 모임까지 맡겨 주셨다. 그리고 주변 회사도 소개해 주셔서 나중에는 만날 고객들이 순차적으로 늘어나 대기 고객이 생기는 상황까지 왔다. 내겐 고맙고 감사한 일이었다. 여기서 나의 원칙이 하나 생겼다. 무슨 일이 있어도 반갑게 전화를 받는다. 그것이 밤이든 낮이든 그리고 반드시 약속 시간을 지키는 일이다.

두 번째, 행정기관을 찾아갔다. 행정기관은 누구에게나 열려 있는 공간이다. 담당자와 담당업무, 연락처는 자세하게 인터넷 검색을 하면 기관별로 자세히 설명이 되어 있다. 단, 사전 약속이 우선이다. 또 하나, 행정기관에 가면 사무실 입구에 자리 배치와 담당자 사진과 이름이 적혀있다. 처음 찾는 나에게는 더없이 고마운 정보가 아닐 수 없다. 내가 찾은 대부분의 직원들은 누구를 찾아왔다고 하면 최대한 친절하게 그에게 안내를 해 주었다.

아울러 약속한 고객에게 소개를 받기도 했고 인근에 있는 기관도 함께 방문을 했다. 인터넷 지도 검색을 통해 인근 주변에 행정기관의 명칭들이 나열되어 있다. 다시 그 행정기관을 검색하면 행사 관련 부서와 담당자, 담당자의 업무들이 나열되어 있다. 주로 총무과가 각종 행사 주관을 하는 경우도 많지만 시청과 군청의 경우는 개별 과별 행사가 추진되는 경우가 많다. 시간이 지나 시청한 번 들어가면 하루 종일 시청에 담당 과장님들과 차 한잔하는 일이 다반사였다. 어느 부서가 다음 달 지역주민 대상 행사가 있다. 어느 부서는 외국인 초청 행사가 몇 차례 있다는 정보가 수집되게 된다. 이를 적극 활용을 해서 많은 행사를 유치하게 되었다. 그러나 관공서 행사는 예산집행 행사가 많아 요구사항이 많고 까다롭다. 특히 비용이 초과되지 않도록 관리가 필요하기에 행사가 있는 날이면 회사에 남아 관심을 가져 주었다. 그런 날이면 한편으론 내게는 회사에 찾아온 고객들을 앉아서 만날 수 있는 절호의 기회인 셈이다. 더불어 행정기관의 정산은 한 달 이내 또는 행사 종료와 함께 법인카드 결제로 미수금 발생이 없는 장점이 있다.

세 번째, 호텔과 리조트의 동종업계 세일즈 매니저들과 교류를 활용했다. 각자의 입지여건에 따라 행사를 유치하다가 어려운 상황에 봉착하게 된다. 그럴 때 소개받기 위함이다. 내게 있어 개인적 친분은 상당히 큰 힘을 발휘했다. 아울러 호텔 옆에 천 명을 수용할 수 있는 컨벤션이 자리하고 있어 십분 활용을 하였다. 지역의 유일한 대형 컨벤션은 해당 지역 도청과 시청에서 많은 지원과 도움을 주고받는다. 이를 알기에 나는 나만의 다양한 정보력을 통해 관계자들에게 사전 협조를 요청하였고, 그들 입장에서는 향후 6개월 이후의 행사 정보를 쉽게 접하니 항상 내게 우호적이었고 거꾸로 내가 모르는 정보를 그들을 통해 얻었다. 한 번은 800명의 대형 행사가 있는데 행사 담당자는 숙박시설의 정보에 대해 목말라 있었다. 최소 400실 이상의 객실 확보가 관건이었다. 주변의 호텔 매니저들을 만나 가능한 객실 확보를 통해 그 행사를 잘 마무리하였다. 그 일을 통해 연합 형태의 객실판매가 이루어졌고 다양한 정보를 소유하게 되었다. 이후에 관련 모임을 참여하면서 지역과 지역을 오고 가는 정보까지 확보가 가능해졌고 대형 행사들은 유치가 어려우면 다른 지역으로 안내하여 서로 행사가 유치되도록 노력했다.

네 번째, 휴대폰에 연락처 천 개 저장하기에 도전했다. 지역이 정해지면 가능한 많은 사람을 만나려고 노력했다. 그리고 그들에게 명함을 전달했다. 나를 알리기 위해 가장 효과적인 방법은 명함이다. 하루에 많을 때는 40장의 명함을 주고받았다. 결코 쉬운 일이 아니었다. 다행히도 회사에서는 명함에 대해서 충분히 지원을 해주었다. 휴대폰에 고객 명단이 500명이 되는 날 나는 조용히 축배의 잔을 들었다. 참으로 대견하고 자랑스러운 나였다. 단순히 명함이 명함으로 끝나지 않았고 명함끼리 상호작용을 통해 다른 사람들과의 인연을 만들어 주었다. 초기 하루하루 오늘은 누구를 만날까 걱정되고 두려웠는데, 이젠 만나야 할 분들이 너무 많다는 것이 너무 행복했고 감격스러웠다. 움직이면 움직일수록 행사와 실적은 늘어만 갔다. 나는 명함을 주머니에도 차에도 가방에도 항상 준비해 두었다. 전장에 나간 병사에게 총알이 떨어지는 것은 있을 수 없는 일이다. 항상 명함이 떨어져 난처한 일이 없도록 항상 준비를 하였다.

세일즈를 통하여 새로운 신세계를 맛보았다. 나는 세일즈에 매력에 푹 빠진 것이다. 그만큼 엄청난 노력을 했다. 그리고 즐거웠다. 이때 하루하루가 행복했고 자신감이 넘쳐났다. 새로운 것을 도전하고 시도했다. 이런 도전과 시도를 통해 최고의 자리인 총지배인까지 왔다.

어느 책에선가 이런 말이 있었다. '천재는 노력하는 사람을 이길 수 없고 노력하는 사람은 즐기는 사람을 이길 수 없다.' 일을 대하는 마음과 자세에 대한 귀중한 조언이다. 일을 마음껏 즐겨라. 그리고 새로운 도전을 두려워 말자. 예비 호텔리어와 현직의 호텔리어들의 다양하고 색다른 도전을 기대하고 그들을 응원한다. 도전하라.

시도하지 않는 곳에 성공이 있었던 예는 결코 없다.

– H, 넬슨 –

삶을 바꾸는 습관 만들기

총지배인의 조언

내게는 10년간의 개인 사생활을 기록한 두툼한 체크리스트 파일이 있다. 매달 A4용지로 한 장씩 기록되고 있다. 매일 아침과 저녁에 기록되는 몸무게, 기도 횟수, 운동 여부, 야식을 먹었는지, 그리고 음주 여부, 그리고 지극히 개인적인 것들이 암호 형태로 기록되어 있다. 그것은 10년간 살아온 나의 기록이다. 물론 일기와는 별개로 체중계가 있는 벽에 걸어져 있다. 처음에는 단순히 건강을 위해 몸무게를 기록하고 관리하기 위한 목적이었다. 그리고 은행 이자 입금일과 기부 단체의 입금하는 날들이 추가되었다. 이렇게 시작한 것이 정신적 육체적 건강관리와 자기관리가 조금씩 추가되었다. 목록은 삭제되고 새로운 것들이 추가되길 반복하였다. 이렇게 월별 체크리스트는 내게 좋은 습관을 만들어 자신을 관리하고 나 자신의 생활습관을 개선하는데 중요한 역할을 하였다. 이제 내가 경험한 삶을 바꾸는 습관 만들기를 공개하니 자신에 맞는 적절한 방법을 고민해 스스로의 자기관리와 좋은 습관을 만들어 보길 바란다. 저 마다 처해 있는 입장이 다 다르기 때문에.

전국을 돌려 직장을 옮겨 다니다 보니 가족들과 함께 이동하는데 한계가 있었다. 아울러 직장이 바뀔 때마다 새로운 직장에 적응해야 하고 동료 직원들과 어울리다 보니 사실 몸 상태가 엉망이 되었다. 곳곳에서 몸의 이상 징후가 나타났고 특히 업무에도 지장을 주고 있었다. 이대로는 몸도 마음도 문제가 있다고 생각했다. 다시 초심으로 나를 다잡을 필요가 있었다. 그래서 현재의 나 자신에게 무엇이 문제인지 진단하였다. 나는 나 자신에게 물었다. 진정 자신이 무엇을 바라고 원하는지. 꿈을 이루기 위해 나는 어디까지 와 있는지. 그리고 지금 나의 상태는 어떤지를 스스로에게 질문을 하였다.

이때 나는 오늘 할 일을 내일로 미루는 습관이 자리 잡고 있었다. 특히 내 잘못을 인정하지 않고 문제가 발생하면 남 탓을 하는 버릇도 있었다. 이러다 보니 새로운 것에 도전하지 않고 요행을 바라는 '로또'도 자주 사고 있었다. 또한 지나치게 남을 의식하는 사람으로 바뀌어 있었다. 정말 내게 변화가 절실했다.

내가 내린 결론은 좋은 습관을 갖는 것이 필요하다는 판단이었다. 이를 위해 규칙적인 생활환경과 긍정적인 마인드 갖기, 새로운 목표를 세우고 실천하는 것이 무엇보다도 절실하다고 생각했다. 그 래서 좋은 습관 만들기 위한 계획 수립에 도전했다. 내가 직접 경 험하고 실행한 좋은 습관 만들기 위한 방법을 소개한다.

첫째, 쉽고 작게 시작하라.
우리는 얼마나 많은 '작심삼일'을 경험했던가? 이유는 목표가 너 무 높게 설정했던 것은 아닌지 되돌아봐야 한다. 특히 이루고자 하 는 목표를 달성하기 위한 습관을 만들기 위해선 처음부터 단순하 며 쉽고 작은 것부터 시작해야 한다. 또한 아주 구체적이어야 한 다. 너무 넓고 애매한 습관을 목표로 한다면 중간에 또다시 멈추는 경험을 하고 말 것이다. 예를 들어 독서를 하고 싶다면 언제, 얼마 만큼 읽을지 구체적으로 정해야 한다. 단순히 독서를 해야지 하면 책을 들자마자 잠이 온다든지, 한 손에는 책을 들고 한손에는 어느 새 스마트 폰을 들고 유튜브를 보고 있을 것이다. 아울러 스스로 감당할 수 있는 선에서 목표를 정해야 한다. 이후 월 1권 독서하 기로 시작해서 습관화되었다면 다음 연도에 월 2권으로 조금씩 높 여가는 것이 좋다.

둘째, 지금 당장 행동하라.
우리는 무엇인가를 시작하기 위해 다음 달 1일부터, 다음 주 월 요일부터 해야지 하고 시작 시점을 정한다. 이런 시작 시점을 정하 는 것을 다른 시각에서 보면 시작을 미루는 것이다. 좋은 습관 만들기 위해 마음의 결정을 하였다면 지금 당장 시작해야 한다. 생각하지 않고 그냥 행동으로 습관을 실천해야 한다. 나이키의 슬로건 'Just Do It'을 보자. 우린 때론 너무 많은 생각에 사로잡혀 시작하지도 못하고 포기하거나 많은 변명을 먼저 생각한다. '오늘은 너무 더우니깐(책을 덮고 TV 뉴스를 보자)', '30분만 더 자자. 어제 늦게 잤으니깐(내일부터 일찍 일어나자)', '오늘은 비가 와서(운동을 쉬자)' 이렇게 이유를 대고 계속 변명만 한다면 어떤 경우라도 끝없이 변명하다가 끝날 것이다. 자. 미루지 말고 지금 당장 시작하자. 행동하자.

셋째, 꾸준히 반복하라.

무엇보다도 연속성 있게 꾸준히 반복하는 것이 좋은 습관을 만드는데 필요하다. 지속 반복하다 보면 몸이 기억하고 의식도 계속 정해진 시간에 하는 행동을 기억하게 될 것이다. 나는 이것을 '뇌에 각인시키는 작업'이라고 생각한다. 이렇게 뇌에 각인시키기 위해 중요한 것인 습관화를 위해 '언제', '어디서', '어떤 행동'을 할지 정해놓는 일이다. 나는 새벽 6시에 기상해서 1시간에서 2시간을 글을 쓴다. 꾸준히 글쓰기를 반복한다. 처음에는 습관화되지 않아 힘들고 집중하지 못했다. 그러나 하루 이틀 정해진 시간에 아무도 없는, 누구에게도 방해 받지 않는 시간대를 정해 스스로 원하는 방향의 글을 쓰기 시작했다. 일주일이 지나고 한 달이 지나니 아주 자연스러워졌다. 이젠 알람이 없이도 아침 6시면 자연스럽게 눈이 떠진다. 참으로 신기한 일이다. 나는 이것을 통해 내가 원하는 것을 이룰 수 있었다.

　넷째, 중간 중간 자신에게 보상하라.

　목표를 정하고 습관을 만드는 중간 중간에 나 자신에게 적절한 보상을 하자. 이 적절한 보상을 통해 더욱 의욕적으로 실천할 수 있다. 그리고 정해진 습관 형성에 윤활유 역할을 할 것이다. 어차피 오늘 하루에 끝나는 일이 아니기에 이것 또한 길게 볼 필요가 있다. 생소하고 인맥이 없는 도시에서 나와 회사를 알리기 위해 노력해야 했던 판촉 세일즈 시절, 내게는 한 분 한 분의 고객 명함이 소중했다. 100명, 500명, 1,000명의 명함과 연락처가 쌓이는 날, 나는 나만의 작은 축하행사를 했다. 그동안 고생한 스스로에게 곰장어 야채볶음 한 접시에 소주 한 병으로 힘겹고 어려웠던 시간을 위로했다. 나 자신을 위한 작은 축하파티인 셈이다. 아울러 다음 단계의 목표와 습관의 완성을 위해 다짐의 자리인 셈이다. 반드시 넘어야만 하는 길고 긴 산행에서의 잠시 휴식처럼 말이다.

　다섯째, 매일매일 실천하고 체크하라.

　아무리 좋은 습관과 멋진 목표 설정도 그 실천에 있어 눈에 보이지 않고 계량화되지 않으면 의미가 없다고 생각한다. 작심삼일을 너무 많이 경험한 탓이다. 이왕이면 이틀에 한번, 일주일에 두 번과 같은 주기가 아니라 매일매일 하루에 한 번씩 체크할 수 있다면 의지도 새롭게 다지고 중간에 포기하지 않을 수 있다. 그리고 눈에 잘 띄게 기록하여 경과를 한눈에 볼 수 있다면 좋겠다는 생각을 했다. 그래서 탄생한 것이 'Month Self Control Plan'이라는 제목에 체크리스트였다. 일일 단위로 기록한다. 몸무게(아침, 저녁), 기도(아침, 저녁, 로사리오), 독서(페이지 기록), 운동(만보기, 천보 단위 기록), 그리고 지극히 개인적인 것들을 기록한다. 야식이나 술을 먹었는지. 아주 중요한 기념일 등을 표기하는 것들이다. 다른 방법으론 탁상용 달력이나 노트에 실천한 결과를 기록하는 것도 좋은 방법이 될 수 있다.

제일 중요한 것은 현재 나의 삶을 긍정적이고 발전적인 방향으로 바꾸고자 하는 나의 다짐과 의지가 필요하다. 그다음은 다짐과 의지를 담아 무리하지 않고 실천 가능한 쉽고 작은 목표, 그리고 생각은 그만하고 시작, 실천, 행동하는 것이다. 그것도 일회성이 아니라 꾸준히 반복한다. 그러나 우리는 사람이기에 지치고 힘들 수 있다. 이때 필요한 것은 자신이 생각하는 단계단계 마다 보상을 하는 일이다. 그리고 지속 가능하고 매일매일 확인하고 체크할 수 있는 방법으로 진행사항과 어디까지 왔는지 스스로 확인하고 다짐할 수 있다면 당신은 당신이 원하는 좋은 습관을 가질 수 있다. 누구에게 보여주고 자랑하는 것이 아니라 바로 자신 스스로에게 당당하고 멋진 습관을 만들 수 있다. 이제 스스로 좋은 습관을 만들었다면 이 습관을 좀 더 크게 발전시키고 자신의 원대한 꿈과 목표를 담아 실행해 보자.

'천 리 길도 한 걸음부터 시작한다.'라는 말과 같이 지금 당장 시작해 보자. 원래부터 안 되는 사람은 없다. 의지가 부족한 사람도 없다. 이제 나에게 맞는, 나만이 할 수 있는 방법을 찾아 실행에 옮겨보자. 답답하고 우울한 지금의 현실을 벗어나 새로운 삶, 새로운 인생을 만나보자. 삶을 바꾸는 좋은 습관 만들기를 통해 멋진 인생을, 당당하고 씩씩한 새로운 당신을 만나보길 기원한다. Just Do It.

　당신 스스로가 하지 않으면 아무도 당신의 운명을 개선해 주지 않을 것이다.

- B. 브레히트 -

고개 빳빳이 들고 당당해라

닮고 싶은 사람을 찾아라

살면서 롤 모델(Roll Model)이 있는가? 이미 마음속에 간직하고 있을 수도 있고 없을 수도 있다. 롤 모델은 자신이 닮고 싶은 사람을 정해서 그 사람처럼 노력하여 이루고 싶은, 내 삶과 인생에 이정표가 될 만한 사람을 지칭한다. 어떤 이는 자신의 부모님을 정하기도 하고, 일부는 유명한 사람을, 어떤 이는 위인전의 인물을 롤 모델로 삼기도 한다. 그러나 대게는 주변에서 배울 점이 많은 사람을 롤 모델로 세운다. 너새니얼 호손의 소설 '큰 바위 얼굴'의 주인공 어니스트처럼 내 마음속에 닮고 싶은 인물이 하나쯤 있다면 어떨까. 목표를 잃게 되거나 어려움에 닥쳐 힘들 때마다 삶에 도움이 될 것이다. 지금 당신만의 롤 모델은 누구인가?

최근에 읽은 책에 롤 모델을 세우는 방법이 있어 간략히 소개한다. 첫째, 관심분야에 성공한 사람의 책을 찾아서 읽어 본다. 둘째, 책의 강연 또는 세미나에 참석해서 저자를 만나 본다. 셋째, 이미 자신이 원하고 꿈꾸던 삶을 살고 있거나 같은 꿈을 가진 사람들과 모임에 참석하여 교류한다. 그럼 롤 모델이 되기 위한 조건은 아마 이쯤 되지 않을까? 롤 모델 상대가 도전을 즐긴다. 긍정적인 마인드를 지닌 사람으로 밝은 성격의 소유자다. 규칙적인 생활을 하며 철저한 자기관리를 한다. 배우고 싶은 긍정적인 에너지를 지닌 열정적인 사람 일 것이다.

이렇게 롤 모델을 누구를 거울로 삼느냐에 따라 인생이 완전히 뒤바뀔 수 있다. 또한 거울로 삼는다는 것은 단순히 거울로 보는 것이 아니라 우리가 존경하는 사람에 대해 세심하게 관찰하는 것이다. 존경하는 그분의 자질, 그리고 습관, 태도, 마인드, 가치 등을 보는 것이다.

이제 롤 모델을 정했다면 행동해야 한다. 롤 모델을 세심히 관찰하고 그대로 따라 한다. 존경하는 그분의 습관을 배우고, 루틴을 배우고, 삶을 배워야 한다. 아울러 존경하는 분을 자주 보고 만나 이야기 나눌 수 있게 환경을 만들어야 한다. 그분의 강연을 듣고, 배우고, 삶의 깊숙이 들어가야 한다. 그렇게 한다면 분명히 어느 순간 존경하는 그분을 닮아가게 된다. 그리고 스스로 그 일을 멈추지 않는 순간까지 서서히 성장하게 될 것이다. 이렇게 우리 내면에는 누구도 상상하지 못할 거대한 잠재력이 숨어 있어 그 힘을 발휘되기만을 기다리고 있다. 우리는 롤 모델을 통해 한 번 더 마음이 지혜로워지고 대인관계도 한층 더 깊어질 것이다. 또한 능력과 재능, 자기 스스로를 대하는 태도도 성숙해지고 성장해 나갈 것이다.

전라북도 군산에서 근무할 때의 일이다. 개관 초기 총지배인으로 오셔서 인연이 되었다. 그분께서 보여준 업무 스타일이 자신감 넘치고 신속하게 처리하시는 것이 신선했다. 그리고 일을 함에 있어 단호한 결단력이 나를 끌리게 만들었다. 처음부터 내게 호의적인 분은 아니셨지만 자주 불러 위로와 용기를 불어 넣어주셨다. 그 당시는 판촉 세일즈로 부서를 바꾸고 고전하고 있던 때였다. 자주 혼도 많이 났다. 그분은 성격이 직설적이고 에둘러 표현하시는 법이 없었다. 직설화법에 모든 직원들의 경계 대상 1호였다. 그러나 외부 근무가 잦은 내겐 오히려 총지배인 사무실에 가서 도움을 많이 요청했다. 특히 기관단체의 행사 유치를 위해 호텔로 답사와 초청해서 오시는 분들의 환대를 요청했다. 개관 초기에 모든 직원들이 호텔을 알리는데 많은 애를 섰다. '백문이 불여일견'이라고 고객에게 직접 호텔 방문과 시설 답사를 유도했다. 이때 항상 총지배인이 먼저 나서서 고객들을 반갑게 맞이해 차를 대접해 주셨다. 그렇게 믿음과 신뢰에 힘을 실어주실 때에는 천군만마가 부럽지 않았다. 그 덕분에 행사는 지속적으로 유치되었다. 아울러 나는 기관단체에서 항상 반겨주는 대상이 되었다. 힘들고 어려움에 봉착할 때마다 그분은 "고개 빳빳이 들고 당당해라"라고 격려해 주셨다. 우왕좌왕하며 실수도 잦았다. 그때마다 좌절하지 않도록 혼도 내고 필요에 따라 방법도 알려주셨다. 대형 컨벤션 행사가 결정되고 유치되면 모든 직원들을 동원하여 마무리가 잘 되도록 지원도 아끼지 않았다. 이렇게 사회생활에서 나를 알아주고 믿어주는 상사가 있다면 얼마나 행복한 사람인가. 마음껏 자신의 능력을 펼칠 수 있다면 얼마나 멋진 일인가. '물 만난 고기'라는 표현은 전혀 지나치지 않았다. 최선을 다했고 거칠 것 없었다. 그분은 내게 다양한 영감을 주셨다. 그리고 많은 인연을 이끌어 주신 분이다. 그러니 내겐 존경하는 마음과 함께 당연히 롤 모델이 되었다. 얼마 지나지 않아 서울 특급호텔로 자리를 옮기셨다. 그리고 내게도 서울에서 일할 수 있는 기회가 왔고 이후 서울에서도 항상 도움을 주셨고 인연은 계속되었다. 그 인연으로 그분을 닮은 총지배인이 되었다고 생각한다.

나는 간혹 누군가가 나를 롤 모델로 삼는 끔찍한 상상에 놀라곤 한다. 있을 수는 있는 일이다. 그렇기 때문에 더욱더 자기관리에 철저히 해야 했다. 언제나 후회 없이 최선을 다하며 모범이 되려고 노력했다. 자신감 있는 행동과 결단력 있는 업무추진을 진행했다. 그러나 누구에게는 롤 모델이지만 타인에게는 정말 끔찍한 경험일 수도 있다. 다시 한 번 더 나 자신을 되돌아보고 반성해 본다. 그럼에도 불구하고 누군가 나를 롤 모델로 삼는다면 열정을 다해 노력하는 사람으로 기억되길 진정으로 소망한다.

롤 모델(Roll Model). 자신이 닮고 싶은 사람을 정해서 그 사람처럼 되려고 노력한다. 그럼에도 실제로 그 사람을 닮기는 어려울 수도 있다. 어떻게 보면 내가 닮고 싶은 사람으로 똑같이 될 필요는 없을지 모른다. 다만 닮고 싶은 사람을 즐겁게 닮아가려는 노력을 하다 보면 자신의 삶을 긍정적인 방향으로 변화시켜 줄 것이다. 또한 호텔리어로서 성장해가는 자신을 발견할 것이다. 자, 이제 롤모델을 정해보자. 밑져야 본전이다. 일단 정해보자.

서두르지 말라. 그러나 쉬지도 말라.

- 괴테 -

미래에 사라질 7가지

호텔&리조트에 사라질 7가지

호텔&리조트 산업은 오랜 시간 진화해 왔다. 그리고 또한 앞으로도 계속 진화할 것이다. 그러나 최근 기술의 진보를 통해 호텔, 리조트만의 고유하고 독특한 특징들이 변화 속도가 가속화되며 사라지고 없어지기도 한다. 반면 호텔&리조트에도 새로운 것이 생기고 시도되는 것들도 많다. 일련의 상황을 볼 때 기본적인 서비스라는 개념들도 변화하고 있다. 그중에 어떤 것들은 변화가 진행 중이고 어떤 것들은 서서히 사라질 것으로 예상된다. 그리고 새로운 것들이 그 자리를 채울 것이다. 그럼 어떤 것들이 사라지고 있는지, 그리고 어떤 것들이 향후 사라질지. 또한 어떤 것들이 그 자리를 채우게 될지 생각해 보았다.

우선, 우리가 사용하고 있는 스마트폰을 생각해보자. 어렸을 때 고향 시골집에 전화기가 들어왔다. 검은색 전화기에 옆에 돌리는 손잡이가 있어 교환원을 통해 통화가 가능했다. 그러고 보니 우리 사촌 누님이 우체국에 교환원으로 근무한 것이 생각난다. 이후 군대에서 사용하는 무전기처럼 벽돌같이 생긴 휴대폰으로 시작해서, 개인 휴대용 삐삐가 생각난다. 호출용으로 사용했으나 몇 년 되지 않아 사라지고 한 손에 들어오는 폴더형 휴대폰으로 다시 스마트폰으로 바뀌었다. 이 여파로 나는 최근 집 전화를 해지했다. 그리고 스마트 폰이 카메라, 필름, 디카, MP3, 카세트테이프, 비디오테이프 등이 사라지게 된 원인이 되었다. 이젠 손목시계 형태로 스마트 워치로 진화하고 있고, SF 영화에 나오는 것 같이 시야 앞에 화면이 자동으로 펼쳐지면서 모든 것을 할 수 있는 시대가 곧 도래 할 것이다. 이처럼 기술의 발달로 인해 기존의 것들이 사라지고 새로운 것들이 생겨나기 시작하는 것은 이제 거스를 수 없는 시대적 흐름 같다.

과학과 기술의 진보를 통해 호텔과 리조트에서 사라지고 새로 생긴 것을 살펴보면, 우리가 흔히 사용하는 와이파이는 이제 유료가 아닌 무료로 진행되고 있다. 와이파이 무료제공이 이젠 당연히 제공되는 것으로 굳어 버렸다. 그리고 세탁기와 자판기, 편의점들이 내부에 생겨나면서부터 먹고 마시고 생활용품까지 편리하게 이용할 수 있도록 변화하고 있다. 객실 내 제공되던 노트북도 이젠 시들해졌다. 눈부시게 발전하는 모바일 환경과 스마트 폰으로 인해 회사의 먹거리가 조금씩 사라지고 있다. 사실 이면에는 시장의 냉정함이 깔려있다. 그리고 고객들의 편리함과 니즈가 빠르게 변화하고 있다. 부대 매출 감소에 인건비 압박을 받고 있으며, 이는 고객 패턴 변화에 따른 결과이다. 이에 나름 내부적 대응에도 쉽게 개선되지 않아 업계의 고민이 깊어지고 있다.

이제 호텔&리조트에서 제공되는 서비스 중 역사 속으로 사라지게 될 7가지에 대해 알아보자

첫째, 프런트 데스크와 객실 키. 이미 일본의 '이상한 나라' 헨나에서는 로봇이 고객을 맞이하고 있다. 우리 주변에서도 이미 프런트 데스크를 키오스크와 스마트 폰으로 대체하려는 움직임이 곳곳에서 시도되고 있다. 객실 키는 메탈 키에서 플라스틱 카드 키로 스마트 폰으로 옮겨가고 있다. 심지어 체크인과 체크아웃 기능까지 처리가 간편하게 될 것이다. 정산과 예약은 이미 간편하고 보편화된 지 오래다. 스마트 폰으로 객실 문을 열고 닫고 객실의 환경도 컨트롤이 가능하게 된다.

둘째, 룸서비스. 단순하게 따져보아도 이익은 고사하고 매출 대비 셰프의 인건비조차 커버하기 어려운 실정이다. 호텔에선 이미 돈이 되지 않는 서비스로 인식된 지 오래다. 그야말로 돈 먹는 하마. 골칫거리로 전락했다. 한편 고객의 수요도 많지 않기 때문이기

도 하다. 최근 언택트(비대면, 비접촉) 문화의 확산으로 간단한 생수와 타월 등을 객실로 배달해주는 로봇의 활약이 언론에 조명을 받고 있다. 이에 일부 중소형 업체에서는 To go, 배달 앱 등을 도입하여 시도하는 곳도 생겨났다.

셋째, 호텔의 상징인 어메니티(Amenity). 사실 호텔에서 제공되는 서비스의 꽃이다. 호텔과 리조트에서는 동종업계에 차별성을 위해 특화시키기도 했다. 그러나 서서히 휴양지 리조트에서는 이미 슬며시 사라진지 오래다. 특히 환경부가 발표한 '일회용품 줄이기 중장기 계획'에 의해 2024년까지 모든 숙박업소에서 무상 제공 금지를 법으로 공표하였다. 환경파괴의 원인으로 꼽히는 대상 1호로 낙인이 찍힌 상태다. 업계에선 고객의 컴플레인 걱정이 제일 신경 쓰이는 부분이다. 이에 대용량 용기를 비치하는 추세가 두드러지고 일부에서는 판매를 고민하고 있는 것 같다. 일부 5성급 어메니티를 구성(바디로션, 컨디셔너, 샴푸, 바디워시), 퇴실 시 가져다 인터넷에 유통하기도 했는데 이젠 그것도 호랑이 담배피던 시절로 회상이 될 수도 있겠다.

넷째, 객실의 욕조와 옷장. 대체적으로 객실의 좁은 공간 활용을 위해 욕조에서 샤워부스로 바뀌고 있고 대부분 고객도 욕조보다는 샤워부스를 선호하고 있다. 아니, 길들여졌을 수도 있나? 특히 간혹 발생되는 미끄럼 사고 방지 역할과 효과가 있다. 그러나 요즘 '호캉스'로 대변되는 젊은 고객들은 욕조를 선호하기도 한다. 그들은 객실에서 장기간 머물면서 VOD, Netflix를 즐기고 솜사탕 같은 입욕제를 활용에 이벤트를 즐기기도 한다. 그러나 대세는 거스를 수 없는 법이다. 아울러 옷장도 상당히 공간을 차지하는 것 중에 하나이다. 이제 벽을 활용한 개방형 랙이나 혹 설치를 통해 편하게 이용할 것이다. 고객들이 이젠 자신의 옷을 숨겨둘 이유가 하나도 없게 되었고 오히려 객실 내 진열하게 될 것이다.

다섯째, 비즈니스센터. 데스크톱과 복사, 프린터 공간이 이젠 필요해지지 않았다. 이미 경량 노트북과 스마트 폰을 개인이 소유하고 있는데 이런 공간 자체가 필요 없는 공간이 되었다. 최근에는 이를 보완하기 위해 작은 라이브러리(Library) 공간을 만들어 제공하기도 한다.

여섯째, 카펫의 퇴출. 객실과 복도에 화려하고 푹신한 카펫은 그곳의 격을 나타내는 시절이 있었다. 그러나 반대 측면에서 보면 관리하기 어렵고 청소 및 유지비용이 많이 든다. 그래서 요즘 추세는 관리가 용이하고 깨끗하고 깔끔한 디자인 요소가 가미된 내구성이 강한 원목 마루나 강화 마루, 타일 등으로 대체되고 있다. 특히 로비도 이제는 카펫과 대리석이 사라지고 그곳만의 이미지를 살린 콘셉트를 보여주는 다양한 시도를 하고 있다.

일곱째, 성경책. 숙박업체에는 기드온 교회에서 제공되는 무료 성경책이 구비되어 있다. 그리고 요즘 불교에서도 불교 성전을 무료로 배포하면서 비치된 곳도 종종 있다. 그러나 요즘 이마저도 눈에 보이지 않고 간혹 다른 용도로 사용되고 훼손되는 사례가 많아 필요한 고객에게만 제공하는 곳도 늘어나지만 차차 사라지게 될 것이다. 언젠가 직원 하나가 코란 비치도 고려해 보아야 하는 것이 아닌가라는 제안이 있었다. 글쎄.

이처럼 대부분의 업무들이 자동화와 로봇으로 대체될 것으로 예상된다. 여기에 회사의 수익성 재고와 고객의 니즈(Needs)에 맞추어 축소되고 변화를 맞게 될 것이다. 이에 기술혁신에 따라 직원들의 수도 줄고 일거리가 줄어들 것으로 예상된다. 안타까운 일이 아닐 수 없다. 그러나 결국에는 서비스산업의 본질인 따뜻한 인간미 넘치는 인적 서비스를 로봇이 대신할 수 없다. 인간만이 가지고 있는 고유의 특성을 특화하는 것만이 살아남을 수 있는 방법이라고 본다. 따뜻한 인간미가 있고, 추억이 있는 곳, 새로운 고객의 필요한 서비스를 발굴해 내는 것이 경쟁력이 될 것으로 본다.

소수의 신경 쓰는 사람들만으로는 세상을 바꿀 수 없다고 믿지 마라. 사실 그들이 세상을 바꿨던 사람들이다.

- 마거릿 미드 Margaret Mead -

호텔&리조트에서 성장한다는 것
호텔&리조트에서 일하고 싶다면

　호텔과 리조트에서 일하고 싶은 예비 호텔리어와 부모로부터 가장 많이 받는 질문들이 있다. 진로와 미래를 어떻게 준비하면 좋을까? 취업을 위해 필요한 것과 알차게 미래를 준비할 수만 있다면? 취업할 때 중요한 스펙이 있다면? 취업 이후에 어떻게 성장해야 할까? 아울러 현업에서 관리자가 되었을 때 갖추고 경계해야 할 것들을 정리해 보았다. 물론 경험에 의한 조언이다. 조언을 듣고 스스로가 자신의 것으로 받아들여 발전시켜 나간다면 좋겠다. 어찌 인생에 '이거다'라는 정답이 어디 있겠는가? 그럼에도 작은 도움이 되었으면 하는 바람이다. 아울러 수년의 경험을 다 표현할 수 없음을 아쉬움으로 간직한다.

최근에 지인의 부모로부터 자녀에 대한 조언을 구한다는 말에 식사 자리를 가졌고, 취업을 준비하는 딸에게 산책하며 해준 말들, 이직을 고민하는 후배와의 자리에서 한 말들을 네 가지로 정리해보았다.

　　첫째, 진로에 대한 조언이다. 호텔과 리조트에서 일하고 싶다면 부서별로 학력은 제한이 없다. 그 이유는 모든 부서의 직원이 대학원을 나오거나 관광계열을 전공한 사람들은 아니라는 뜻이다. 근부부서가 객실 파트, 식음 파트, 조리 파트, 마케팅 및 판촉 파트 그리고 기타 지원부서인 백 오피스로 나뉘어진다. 우리가 알고 있는 프런트 데스크가 있지만 하우스키핑의 룸 메이드도 있고 환경미화원도 있다. 만약, 지금부터 준비하는 입장이라면 고등학교를 졸업해도 상관은 없다. 다만, 업계에서 자신의 경쟁력과 성장하는 데한계가 있다는 것이다. 아울러 야간대학이나 편입도 가능하지만 내가 해보니 안 되는 것은 아니지만 권하고 싶지 않다. 그 어려움과힘겨움을 알기에. 부모님들께서 '배움에도 때가 있다'고 하는데 이유가 있는 법이다. 가능하면 전문교육기관을 수료하고, 기회가 된다면 빠르게 졸업을 하고 졸업 후 경력을 쌓을 수 있는 전문대학을 그리고 경쟁력을 갖추기 위해서는 4년제 대학에 관광계열의 다양한 학과를 진학하면 된다. 최근에는 4년제 대학 졸업자의 취업인력들이 대거 늘면서 인사에도 4년제 대졸자의 평준화가 이루어지니 참고하면 좋겠다. 아울러 본인의 경쟁력을 위해 영어는 필수이고 외국어 중 일본어, 중국어 등과 같은 어학실력을 추가하면 자신의 몸값을 올리고 선택의 폭이 넓어지는 중요한 강점이 된다. 정말 개인적인 노력과 투자가 필요한 일이다.

둘째, 취업에 관한 조언이다. 나는 우리 딸들에게 감사하다. 학기 기간 내에는 열심히 공부하고 방학기간에는 열심히 아르바이트 및 근로를 통해 용돈도 벌고 사회경험도 쌓았다. 항상 어린아이 같은 딸들이 똘망똘망하고 자신의 주관과 자존감을 찾아가는 모습이 대견하다. 요즘은 학생들이 취업과 자신의 경쟁력을 위해 자격증과 교내와 외부 대회 참석을 통해 스펙 쌓기를 하고 있다. 좋은 생각이다. 더불어 방학 기간을 활용한 호텔과 리조트, 여행사, 레저 업체에 아르바이트 또는 실습을 권유한다. 여름철에는 바닷가와 휴양 관광지에 겨울에는 스키장이 있는 리조트의 경험도 좋은 방법이다. 사전에 직업을 체험할 수 있고, 막연한 업계의 환상을 조기에 걷어 낼 수 있는 기회라고 생각한다. 간혹 대학에 방문하여 학생들을 만나 면접을 진행해 보면 직접 체험보다는 간접 체험을 통해 직업에 대한 환상이 있는 것이 사실이다. 방학기간을 활용한 다양한 곳의 육체적 정신적 경험이 자신의 미래 직업을 생각해 볼 수 있는 기회가 될 수 있다. 참고로 관광계열의 전공자들이 꼭 호텔이나 리조트에 취업을 하는 것은 아니다. 공무원 사회에도 많은 전공자들이 포진되어 있고 각종 공사, 여행사, 항공사 등에 넓게 일하고 있다. 미리 사전에 경험을 통해 자신에 맞는 분야와 직업을 알아보는 것을 적극 추천한다. 일각에서는 귀하게 키운 자식들에게 험한 일을 시키고 싶지 않다고 정직하게 말하는 분들도 계신다. 그러면서도 업계에서 성공을 바라는 이율배반적인 태도는 아쉬운 마음이다. 부모로서의 마음은 이해하지만 자식에게 물고기를 잡는 방법을 알려주는 것이 현명한 일일 것이다. 그런 면에서 스스로 적극적으로 다양한 업계의 경험을 통해 부딪치고 느껴보는 젊은 청춘에게 응원의 박수를 보낸다.

셋째, 일하면서 성장하기에 관한 조언이다. 한 가지, 또는 한 업계에 종사하다 보면 매너리즘에 빠지기 쉽다. 매너리즘에 빠져 한 순간 자신의 경쟁력과 현재의 경력, 지위 등 모든 것을 잃을 수 있다. 안락함과 편안함을 추구하는 것이 잘못되었다는 말은 결코 아니다. 다만 자신의 성장을 위해 생각해 볼 필요가 있다. 이런 측면에서 현직 호텔리어에게 몇 가지 충고를 해주고 싶다. 하나, 목표를 설정하고 도전하기를 권한다. 물론 모든 것을 잃을 수 있는 부담과 두려움은 존재한다. 그러나 자신의 미래와 지속 가능한 성장을 위해 도전이 필요하다. 그리고 문제가 있더라도 복구할 수 있을 때 도전하는 것도 한 방편이다. 그리고 둘, 협력과 배려의 마음이 필요하다. 직장 생활에서 자신이 가지고 있는 정보를 독점하고 자신이 터득한 노하우를 움켜쥐고 있는 사람들이 있다. 이것은 나눔과 공유를 통해 함께 성장함을 모르기 때문이다. 세상은 넓고 유능한 사람이 너무 많다. 독불장군이 아니라 상대를 배려하고 함께 성장하려는 긍정적이고 열린 자세가 필요하다. 셋, 스스로 마음의 여유를 찾아야 한다. 취미, 여행, 종교 활동 등 다양한 방법으로 육체적, 정신적 건강 유지가 절대적으로 필요하다. 내 육신과 정신이 건강해야 가족과 주변을 챙길 수 있다. 잠깐이라도 자신의 주변을 되돌아 볼 수 있는 시간이 절실하다. 사람은 일을 통해 성취하고 성장해 나간다. 그 일을 즐겁고 행복하게 품격 있는 성장을 이끌기 위해 현명한 행동이 필요하다.

넷째, 경계해야 할 것들에 관한 조언이다. 직장 경력이 쌓이고 사원에서 관리자로 성장하며 뼈저린 실책과 실수에 반성하고 실천하려 노력하고 있다. 이 중에 반드시 사회생활에서 경계해야 할 두 가지가 있다. 하나, 자만하지 말아야 한다. 우리는 간혹 착각을 한다. 나의 직위, 권위, 실력, 정치력이 사람을 움직이는 힘이라고 믿는다. 하지만 결코 그렇지 않다. '높은 지위는 한 사람의 모든 능력과 실력을 보여주는 성공의 상징이다. 그러나 지금 높은 자리에 있다고 해서 절대 기고만장하지 마라. 지위는 영원한 것이 아니다'라는 말이 있다. 역시 윗사람으로써 항상 아랫사람을 잘 살펴야 함을 강조하는 말이다. 그럼에도 불구하고 한순간 조직에서 나락으로 떨어지는 일들이 발생한다. 그곳에는 어김없이 '자만'이 자리하고 있다. 자만하지 마라. '벼는 익을수록 고개를 숙인다.'는 말처럼 항상 겸손해야 하는 이유다. 만약 지금 나락으로 떨어진 경우라면 스스로 깊이 반성하고 모든 일이 '제 탓입니다.'라 생각해야 한다. 남의 탓은 도움이 되질 않는다. 누구나 고난에 직면하면 완벽한 사람은 없다. 다시 용기를 내어 그 고난을 노력으로 반드시 이겨낼 수 있다. 사람은 고난을 통해 한 단계 성장하기 때문이다. 둘, 져줄 수 있는 힘과 용기를 가져라. 조선의 재상 맹사성에게 한 고승이 이런 말을 했다고 한다. "사람들과의 관계 속에서 지금 힘든 순간을 겪고 있다고 생각되면 이 말을 기억하십시오. 고개를 숙이면 부딪치는 법이 없습니다." 져주는 것과 끌려간다는 것은 다르다. 져준다는 것은 가고자 하는 방향을 가기 위해 품어주고 낮아지고 물러나 주는 것이다. 끌려간다는 것은 가고자 하는 방향을 가지 못하고 상대의 방향으로 가서 원하는 것을 얻을 수 없다. 그러므로 져준다는 것은 그럴 만한 힘과 용기가 있다는 사실이다. 약한 사람은 져줄 수 없다. 능력이 없거나 실력이 부족해서 져주는 것이 아니다. 져줄 수 있는 것은 힘과 용기가 필요하다.

인생에 정답이 없음을 우리는 잘 알고 있다. 호텔과 리조트에서 일하고 성장하는 일도 정해진 길은 없다. 그럼에도 누구나 총지배인이 될 수 있는 것은 아니다. 그러나 오늘 하루를 최선을 다하고 열정을 다하면 그것들이 하나하나 모여 충실한 성과로 다가올 것임을 믿어 의심치 않는다. 가능하면 좀 더 많은 이야기를 해주고 싶은 마음이다. 나의 이런 조언이 호텔, 리조트에서 일하고 싶은 후배와 현직 호텔리어에게 희망과 작은 힘이 되어주길 바란다. 모두 빛나는 성과와 튼실한 성장을 기원한다.

변명 중에서도 가장 어리석고 못난 변명은 "시간이 없어서" 라는 변명이다.

- 에디슨 -

호텔리어, 못 다한 이야기

내 인생과 나의 길과 못 다한 이야기

1

마무리 글을 정리하려니 계절이 변해있고 아쉬운 마음이다. 좀
더 많은 이야기를 나누고 싶어 욕심이 앞섰다. 그러다 보니 정작
나의 이야기는 조금 빠진 듯하다. 그리고 호텔, 리조트 산업에 대
한 미래 전망에 대해 정리해 보고 취업을 준비하는 사람들에게 작
은 정보라도 더 전달하고 싶다. 또한 현직에서 일하고 있는 호텔리
어들에게도 용기와 희망을 주는 이야기를 전하고 싶은 마음이 간
절하다. 속담에 '목마른 사람이 우물을 판다' 꼭 필요한 사람에게
간절한 마음이 전달되기를 바라는 마음이다.

2

이야기를 하다 보니 호텔, 리조트에 대한 무거운 이야기와 답답함을 많이 토로한 것 같다. 그러나 실상 어렵고 힘들고 고난이 없는 삶이 어디 있겠는가. 그러나 호텔리어로서 즐거움과 행복한 일도 함께 있게 마련이다. 나는 호텔에서 사랑스러운 아내를 만났다. 조금은 팔푼이 같은 말이지만 사실 아직도 아내가 제일 예쁘고 아름다운 사람이라고 생각한다. 첫 직장에서 대학 선후배로 만나 인연이 되었다. 그리고 내게는 소중한 두 명의 딸이 함께하고 있다. 아직은 대학생이기는 하지만 곧 자신들의 삶을 위해 힘찬 비상을 할 것이다. 호텔과 리조트를 오가며 이루 말할 수 없는 많은 분들의 도움과 관심으로 오래도록 업계에서 지낼 수 있었음에 감사하고 고마운 마음이다. 이 기회를 통해 감사와 고마움을 전한다. 그리고 10여 년을 넘게 직장문제로 국내에 도의 경계를 넘어 주말부부와 보름 부부(15일)로 살아야 했던 시절, 두 딸을 키우며 마음 졸였을 아내에게도 고마운 마음을 전한다. 나 자신의 성장과 새로운 도전을 위해 사업장을 이동할 때, 다른 회사로 옮길 때마다 마음을 졸이고 불안해하던 아내였다. 인생을 살다 보니 본의 아니게 선택의 여지없이 일을 우선으로 하다가 벌어진 일이었다. 그러다 보니 산책을 하던지 시장을 보러 가는 길이더라도 손을 꼭 잡아주고 걷는 습관이 생겨났다. 물론 간혹 서로의 의견이 맞지 않아

다투거나 작은 일에도 화를 내는 경우가 있다. 하지만 서로 멀리 떨어져 사는 외로움과 아쉬움을 알기에 지금 이 순간이 가장 소중하고 귀한 시간임을 서로 알고 있다. 그래서인지 두 딸들도 성격이 모나지 않고 자매가 서로 우애가 돈독한 것 같다. 이 또한 감사하고 고마운 일이 아닐 수 없다.

3

나는 누구에게도 말하지 못한 중대한 실수투성이의 삶을 살았다. 지금도 생각하면 아찔하고 낯이 뜨거워진다. 창피하고 부끄럽고 나 자신에게 원망스럽기까지 하다. 나는 이 실수로 정말 작은 쥐구멍이라도 들어가 숨고 싶은 심경이었다. 그리고 수많은 자책과 실수와 잘못을 반복하지 않기 위해 부단히 노력하는 삶을 살았다고 생각한다. 스스로 낙담하고 좌절하지 않기 위해 다양한 방법을 동원했다. 책을 읽기도 하고 밤새 걷기도 하고 기도도 하였다. 그 결과 나름대로 평정심과 그 일에 대해 객관적으로 바라볼 수 있었다. 되돌아 생각해 보면 그런 치명적인 실수와 잘못으로 인해 스스로 조금씩 성장해서 이 자리까지 왔다고 생각한다. 아울러 성과를 내기 위해 무엇보다도 열심히 일했다. 자존감과 자신감을 키우기 위해 작은 일부터 성공시키고 완성해 나갔고, 그 바탕에 성실하고 꼼꼼하게 큰 성과를 이루어 냈다. 그리고 성과와 결실에 대한 스스로에게 셀프 보상을 했다. 그간 제일 갖고 싶은 것을 나 자신을 위해 구입하거나, 자신을 위해 온전한 오후를 투자하는 일도 하였다. 스스로의 보상을 통해 새로운 목표에 도전하고 목표를 달성하기 위해 부단히 노력을 하였다. 내게 있어 모든 성과는 지금 이 시간, 순간순간 최선을 다한 하루하루가 모여 이룩된 결과라고 할 수 있다. 또한, 사람을 많이 상대하는 직업이다 보니 많은 어려움이 발생한다. 더불어 내부 직원들과 직장 상사로 인한 스트레스도 만만치 않다. 간혹 아무리 생각해도 도저히 말과 행동이 이해 가지 않는 일들이 생겨난다. 이럴 때 일수록 상대방과 나의 생각이 다름을 인정해야 함을 깨달았다. 이 또한 커다란 용기와 현명한 선택이 필요한 일이었다. 이렇게 서로 다름을 인정하고 배려하는 마음이 생기고 나니 조금은 마음이 편안해졌다.

4

통상 성인들께서 인생을 물로 비유한다. 물은 유연하지만 빠르고 민첩하다. 물은 담는 그릇의 형태와 모양에 따라 정해진다. 그래서 애써 무언가를 새로 만들거나 없애버릴 필요도 없다. 물은 아무리 막아도 멈추지 않고 약간의 틈과 기울기만 있다면 방향을 틀어 흐른다. 물의 본질은 멈추지 않고 흐르는 것이다. 이렇게 계속 흐르기 위해선 민첩성이 필요하다. 유연하고 민첩하게 흐르는 것이 물의 속성이라면 우리의 삶도 물과 같아지면 어떠할까? 아울러 험한 세상을 살기 위해 때로는 나의 용기와 지혜가 필요하다. 다른 사람들에게 의지하지 말고 누구누구 때문이라고 탓도 하지 말자. 중요한 것은 다른 사람과의 비교가 아니라 나 자신, 스스로에게 해답이 있다. 내 호흡으로 한 걸음 한걸음 뚜벅뚜벅 나의 길을 걸어가는 것이 중요하다.

5

요즘 호텔과 리조트 산업의 인력 시장은 취업대란이다. 채용 인력은 기대보다 역량이 많이 떨어지기 때문이다. 거기에다 취업에 목마른 예비 호텔리어들은 비싼 등록금에 관광전공을 하고도 서울로 서울(인 서울)만 고집하는 경우도 한몫을 한다. 서울과 지방의 부익부 빈익빈(富益富 貧益貧) 현상은 계속되고 있다. 그럼에도 서울도 현장에서 필요한 채용대란의 괴리는 마찬가지다. 관광, 외식, 여가, 호텔경영, 조리 등 관련 전공자들이 필요 수요보다 과다 공급도 한몫을 더하고 있다. 더불어 업계의 저임금과 고용불안, 채용의 눈높이는 높고 산업 환경은 정보통신 융합의 제4차 산업혁명으로 진퇴양난이다.

그럼에도 불구하고 여전히 호텔과 리조트는 사람이 만들고 성장시키는 곳이다. 여전히 일할 자리는 있고 역량을 갖춘 인재를 찾고 기다리고 있다. 호텔과 리조트에서 일한다는 것이 겉보기에는 화려해도 스트레스가 많은 직업이다. 입사 시 업계의 충분한 인식과 이해가 절실하다. 입사 초기에 힘든 적응 기간을 잘 견딘다면 성장할 수 있는 기회가 많은 곳이다. 업계는 인력풀이 크지 않아 작은 노력에도 두각을 나타낼 수 있고 성장할 수 있는 기회의 땅과 같다. 그런 측면에서 예비 호텔리어들이 다양한 노력과 업계의 인재상에 맞는 준비가 필요하다. 호텔리어가 갖추어야 할 요건들을 한 번 더 강조하면 첫째, 업무 수행에 하고자 하는 열정, 둘째, 육체적 정신적 강한 멘탈이 필요하고 셋째, 감정노동에 대한 투철한 직업정신이 요구된다. 초심으로 돌아가 자신이 원하는 곳에 입사만 할 수 있다면 부서를 연연하지 않고 열심히 해보겠다는 결심과 마음가짐이 요구된다.

관광산업은 아직도 매력적인 산업이고 중장기적 성장 가능성이 높고 전망도 좋다. 향후 호텔과 리조트 산업의 미래는 크게 두 가지로 변화할 것이다. 첫째, 기술의 발전에 따라 노동집약적 산업에서 인건비를 절감하는 방향으로 바뀌어 나갈 것이다. 둘째, 시장은 고가와 저가로 양분되고 대중화는 더욱 가속 될 것이다. 셋째, 유사한 시장이 늘어나면서 경쟁도 치열해질 것이다. 이런 상황에서도 사람의 세심한 서비스는 더욱 빛을 발할 것이고 감성과 인성이 기반이 된 사고와 행동이 결국 경쟁력의 원천이 될 것이다. 이제 일하고 있는 산업 환경도 급속히 변화하고 이에 맞는 경쟁력의 준비와 대비가 필요한 시점이다. 자신의 미래와 자신을 성장시키기 위해 변화하는 환경들을 주의 깊게 관찰 할 필요가 있다.

　수많은 직원 채용과 반대로 나 또한 면접 응시자로써 입장이 바뀌다 보니 끝나고 나면 항상 아쉬움이 남았다. 그때부터 이 아쉬움과 부족함을 채우기 위해 나만의 '직원 채용 면접 매뉴얼'을 만들어 활용하고 있다. 그리고 중요한 질문과 대답을 듣고 나서 마무리할 때 꼭 면접자에게 궁금한 사항이나 면접 중에 추가할 것이 있으면 말할 기회를 준다.

　"마지막으로 궁금하거나 하고 싶은 말이 있으면 하세요." 천금 같은 마지막 기회인 셈이다. 진솔하고 담백하게 궁금한 것을 물어보거나 자신의 열정과 마음가짐을 짧게 준비하면 된다. 그 마지막 질문처럼 나에게는 지금 이 기간이 너무 소중하다. 인생을 살면서 마지막으로 부족한 점이 없도록 준비하고 최선을 다해 하루하루를 살기를 바란다. 현업에 근무하시는 동료 호텔리어와 예비 호텔리어들에게 진심으로 그들의 미래를 응원하며 이글을 맺고자 한다. 이 글을 보시는 분들 모두에게 감사와 사랑의 마음을 담아 앞날의 발전과 성장하는 날들이 되기를 기원한다.

　사람은 스스로 믿는 대로 된다.

- 안톤 체호프 -

Epilogue

길을 잃고 방황하던 시절이 있었다. 그리고 그 길이라고 확신을 하며 가던 길이 있었다. 또 한편으론 선택의 기로에 서서 숱한 밤을 지새우던 젊은 날들이 내게도 있었다. 그럴 때 손을 잡아주고 따뜻한 말 한마디로 나를 잡아준 이들이 있었다. 바로 선배 호텔리어들이다. 이제 받은 만큼 돌려주고 베풀어야 하는 시간이 왔다. 그래서 지금 이 시간, 이 자리가 감사하고 고마울 뿐이다.

결코 녹록지 않는 길이 호텔리어의 길이다. 그러나 자신의 의지와 노력으로 결실을 얻을 수 있는 것도 호텔리어의 길이다. 특히 감사하게도 작은 딸이 호텔리어의 길로 접어들어 일을 하고 있다. 부모의 마음으로 한없는 영광이다. 혹자는 부모로서 같은 어려움을 겪지 않기를 바라는 심정이겠으나 그럼에도 불구하고 어려움 속에서 굳건히 딛고 일어서 호텔리어로서 성장하길 기원하는 마음이다. 더불어 지금도 현장에서 고전분투 중인 현직, 호텔리어를 꿈꾸는 예비 호텔리어들이여!

포기하지 마라!

도전하라!

그리고 끊임없이 성장하고 원하는 꿈을 이루길 간절히 바란다.

2022년 5월
저자 유 영 준